本书是2019年度国家社科基金高校思政课研究专项项目
"中国近现代史纲要课程的政治认同功能研究"
（19VSZ090）的结项成果

从理论到实践

"中国近现代史纲要"课程的
政治认同功能研究

刘薇 ◎ 著

天津出版传媒集团

天津人民出版社

图书在版编目（CIP）数据

从理论到实践："中国近现代史纲要"课程的政治
认同功能研究 / 刘薇著. -- 天津：天津人民出版社，
2025. 6. -- ISBN 978-7-201-21124-4

Ⅰ. K25；G641

中国国家版本馆 CIP 数据核字第 2025J7H292 号

从理论到实践:"中国近现代史纲要"课程的政治认同功能研究
CONG LILUN DAO SHIJIAN: "ZHONGGUO JINXIANDAI SHI GANGYAO"
KECHENG DE ZHENGZHI RENTONG GONGNENG YANJIU

出　　版	天津人民出版社
出版人	刘锦泉
地　　址	天津市和平区西康路35号康岳大厦
邮政编码	300051
邮购电话	（022）23332469
电子信箱	reader@tjrmcbs.com

策划编辑	郑　玥
责任编辑	佐　拉
装帧设计	汤　磊

印　　刷	天津新华印务有限公司
经　　销	新华书店
开　　本	710毫米×1000毫米　1/16
印　　张	16.25
插　　页	2
字　　数	260千字
版次印次	2025年6月第1版　2025年6月第1次印刷
定　　价	89.00元

目 录

第一章　导　论

政治认同是维护国家政治安全的前提,历史记忆是塑造政治认同的重要基础。"中国近现代史纲要"(以下简称"纲要")课程作为历史记忆的重要建构载体,具有强化大学生群体的政治认同、坚守和巩固国家意识形态阵地的重要功能。

"纲要"课作为一门具有历史学基本属性的思想政治理论课,其本质就是通过历史记忆的建构来强化大学生的政治认同。这一目标的实现是一个从理论到实践的过程:首先要厘清历史记忆与政治认同之间内在的逻辑关系,之后研究历史记忆向政治认同的演进和转化机制,再明确"纲要"课承载历史记忆的基本形态,在此基础上探讨"纲要"课如何通过建构历史记忆的方式促进大学生的政治认同,最后分析影响"纲要"课政治认同功能实现的诸教学要素,并对"纲要"课进行"立体化"改造,开发教学方法和手段介入历史记忆到政治认同的转化过程,提升"纲要"课的教学效果,以此达致强化大学生政治认同、促进国家政治稳定和政治安全的目标。这一过程的研究和实现,要明晰核心内容的基本概念与范畴,即记忆与历史记忆、认同与政治认同的定义与内涵、特征与属性、内容与层次、作用与功能等。同时,还需要进一步明确"纲要"课的课程性质、教学目标与价值功能,因为这直接关系到其是否具有承载历史记忆、实现政治认同的基本功能。这是本书得以展开的理论基础和基本前提。

一、记忆与历史记忆

记忆作为一个心理学概念，于20世纪20年代前后被以莫里斯·哈布瓦赫(Maurice Halbwachs)为代表的西方学者正式引入近代社会学的研究领域。按照近代西方的研究范式，记忆可划分为个人记忆与集体记忆(社会记忆)，而历史记忆属于集体记忆的一种，是一个社会集体记忆的结果。历史记忆具有社会性、具象性、延续性与现实性等基本特征。历史记忆是主观选择与建构的结果，认同与区分是其基本功能。

（一）记忆、社会记忆与集体记忆

记忆作为人脑对过去经验的心理反映形式，本是认知心理学的研究范畴，表现为人们对感知过的、体验过的、想象过的东西的识记、保持和再现，是进行思维、想象等高级心理活动的基础。[①]识记是外部世界在人脑中的主观印象，保持是记忆主体对记忆材料的主动储存，再现是人们对记忆内容和所获经验的创造性运用。在认知心理学层面，记忆着重指向人脑的记忆过程及认知规律。因此，早期心理学家更多的是将记忆认作一种个体的生理现象或内心活动，将其研究限定于实验层面。1932年，英国著名心理学家弗雷德里克·C.巴特莱特(Frederic Charles Bartlett)出版了《记忆：一个实验的和社会的心理学研究》一书，首次提出社会文化是影响个体记忆的重要因素。他认为，记忆并不是个体对外界刺激作出的简单反应和再现，记忆也非纯粹

---

① 冯契：《哲学大辞典》，上海辞书出版社，2001年，第598页。

个体的内部事务;人的记忆受其生活于其中的社会文化的影响,群体特定的传统、习俗和价值偏好对个体记忆的形成具有不可忽视的作用。①

而真正使记忆的研究突破心理学框架并将其引入社会学领域的是法国著名社会学家莫里斯·哈布瓦赫(Maurice Halbwachs)。在借鉴涂尔干(Émile Durkheim)"集体意识"和"集体欢腾"概念的基础上,哈布瓦赫提出了"集体记忆"的概念。涂尔干认为,社会是一个同一体,其秩序的维持依赖于集体意识。但涂尔干提出了一个问题:"当常规行为成为一个时代的秩序时,在这种平淡无奇的时期里,又是什么把人们整合在了一起的呢?"②哈布瓦赫回答了这个问题,他认为,日常生活中的空白是由集体记忆来填充的。集体记忆是一个特定社会群体的成员共享往事的过程和结果,它保证了集体的特性和连续性。③"集体记忆是共同体道德和知识框架的组成部分,如果没有集体记忆,共同体可能不会持久,一个真正的共同体是'记忆的共同体',一个不会忘记过去的共同体。"④

哈布瓦赫特别强调记忆的社会性,认为"集体记忆不是一个既定的概念,而是一个社会建构的过程"⑤。这是因为,个体记忆的获得依赖于社会交往,"人们通常正是在社会之中才获得了他们的记忆的。也正是在社会中,他们才能进行回忆、识别和对记忆加以定位"⑥。因此,"不存在所谓纯粹内部的,亦即只能在个体记忆内部加以保存的回忆"。也就是说,脱离社会交

---

① 吴玉军、顾豪迈:《国家认同建构中的历史记忆问题》,《中国特色社会主义研究》,2018年第3期。

② 《涂尔干文集》(第1卷),渠东、汲喆译,上海人民出版社,1999年,第11页。

③ 潘丽文:《青年政治认同建构的红色记忆路径》,《思想理论教育》,2018年第10期。

④ Michel Anteby, Virag Molnar. Collective Memory Meets Organizational Identity: Remembering to Forget in A Firm's Rhetorical History, *The Academy of Management Journal*, 2012(3).

⑤ [法]莫里斯·哈布瓦赫:《论集体记忆》,毕然、郭金华译,上海人民出版社,2002年,第39页。

⑥ [法]莫里斯·哈布瓦赫:《论集体记忆》,毕然、郭金华译,上海人民出版社,2002年,第68~69页。

往而完全独立的纯粹的个体记忆是不存在的。"一旦一个回忆再现了一个集体知觉,它本身就只可能是集体性的了;对个体来说,仅仅凭借他自身的力量,是不可能重新再现他以前再现的东西的,除非他诉诸所有群体的思想。"①

在哈布瓦赫思想的影响下,美国社会学家保罗·康纳顿(Paul Connerton)在其著作《社会如何记忆》中提出了"社会记忆"的概念,详细论述了记忆的社会建构机制。社会记忆指通过各种形式保存、流传的所有记忆的集合,包括集体记忆和个体记忆。但集体记忆不是个体记忆的简单累加,而是"集体的记忆"。在保罗·康纳顿看来,集体记忆是群体的一种社会行为,是排除了个体形态的记忆,它强调集体成员的共享,指具有特定文化内聚性和同一性的群体对自己过去的记忆。

(二)历史记忆的内涵及基本特征

在近现代的历史学和社会学研究中,许多学者进一步将记忆划分为社会记忆、集体记忆与历史记忆,并认为三者的范围是依次递减的关系。其中,历史记忆的范围最小,是一个社会集体记忆的结果。历史记忆作为集体记忆的范畴,它是集体记忆当中以历史形态呈现和流传下来的记忆,"是一个社会中多数成员脑海里留存的对过去事件的系统性再现"②。历史记忆是共同体认定的"历史",是共同体成员中普遍流传的记忆,是共同体成员对往事的共享。它借助文字、图画、仪式、节日、纪念场所等实体形式创建并保留下来,通过回忆、叙述或重构等手段加以强化,被共同体成员所依赖并形成

---

① [法]莫里斯·哈布瓦赫:《论集体记忆》,毕然、郭金华译,上海人民出版社,2002年,第284页。

② [俄]亚历山大·L.尼基福罗夫:《历史记忆:意识的建构》,冯红译,《国外理论动态》,2017年第12期。

普遍认同。

依据历史记忆的基本内涵和定义,不难看出,历史记忆具有社会性、具象性、延续性与现实性等基本特征:

第一,历史记忆的社会性。历史记忆作为一个特定社会群体的成员共享往事的过程和结果,其产生与存在必然依赖于某一社会环境,"没有记忆能够在生活于社会中的人们用来确定和恢复其记忆的框架之外存在"①。与个体意识与个体行为不同,历史记忆是共同体成员的集体意识和集体行为,它的形成离不开社会成员之间的交流、交往和分享。有学者指出,形成记忆的三大支柱——语言、逻辑、概念,都是在社会交往中获得的。因此,没有脱离社会而独立存在的记忆。从这个意义上说,历史记忆必然是一种社会性的存在。

第二,历史记忆的具象性。历史记忆总是通过一定的媒介或载体得以保存、流传和呈现出来。如哈布瓦赫所说,历史记忆"是通过书写记录和其他类型的记录(比如照片)才能触及社会行动者,但是却能通过纪念活动、法定节日诸如此类的东西而存续下来"②。传承历史记忆的载体既包括各种形式的文本,如报纸、杂志、日记、回忆录等,也包括重现历史记忆的图像、声音、器物、空间、仪式、纪念日等象征符号与时空载体。"作为人脑对过去经验的心理反映形式,集体记忆所蕴含的物质客体和象征符号相互交织,形成附着于和强加在这种物质现实之上、为群体共享的东西。"③历史记忆是一种客观存在的具体现实,是一种可感知的、生动的和丰富的物质形态与精神

---

① [法]莫里斯·哈布瓦赫:《论集体记忆》,毕然、郭金华译,上海人民出版社,2002年,第76页。
② [法]莫里斯·哈布瓦赫:《论集体记忆》,毕然、郭金华译,上海人民出版社,2002年,第42页。
③ [法]莫里斯·哈布瓦赫:《论集体记忆》,毕然、郭金华译,上海人民出版社,2002年,第335页。

形态。①

第三,历史记忆的延续性。历史记忆是在"直接碰到的、既定的、从过去承继下来的条件下"②的创造,不同时期对同一历史人物、历史事件和历史现象的历史记忆具有相似性和相同性。历史记忆的延续性带有明显的时空概念的意蕴,即随着时间的流逝,尽管发生了某些微小的变化,但其主体本质、核心因素和基本构成始终保持同一性与不变性。这种继承和延续是历史记忆发展的前提和基础。③

第四,历史记忆的现实性。历史记忆虽然面向过去,但更关注现实、指向未来。"我们在一个与过去的事件和事物有因果联系的脉络中体验现在的世界,从而,我们体验现在的时候,会参照我们未曾体验的事件和事物。"④而历史记忆正是通过时间坐标的改变,使人能够"穿越"历史与现实。如有学者所指出,"我们在认识体验现在时,是以我们逆向的过去、正向的未来为参照系的"。尽管历史记忆"是一种聚焦于过去的时间体验模式"⑤,但其真正的焦点却是现实关切,即随时准备根据现实生活、社会环境、文化建构、政治情势的需要被唤醒。历史记忆是对过去的阐释,是通过回忆、叙述、重构等方式应对当下,服务于现实的需要。

(三)历史记忆的主观建构与价值功能

从本质上来看,历史记忆本身并不是一种纯粹客观的实体,而是共同体

---

① 康立芳:《以历史记忆培育政治认同——大学生思想政治教育的新视角》,《湖北社会科学》,2016年第5期。

② 《马克思恩格斯选集》(第一卷),人民出版社,1995年,第585页。

③ 康立芳:《以历史记忆培育政治认同——大学生思想政治教育的新视角》,《湖北社会科学》,2016年第5期。

④ [美]保罗·康纳顿:《社会如何记忆》,纳日碧力戈译,上海人民出版,2000年,第5页。

⑤ 赵琼:《国家认同建构中的历史记忆问题——以对共有祖先的追述为视角》,《中国政法大学学报》,2014年第3期。

主观见之于客观的选择性建构,也就是说,历史记忆是主观建构的产物。历史记忆的主观性是其得以被建构的基本前提。历史记忆首先要回答"谁的记忆""谁的历史"这一问题,即历史记忆的主体问题。尽管历史事实本身只有一个,但是不同主体对同一历史人物、历史事件、历史现象的记忆却未必相同,甚至会产生完全相反的观感和记忆。导致这种现象的原因,客观上讲,哈布瓦赫提出,人们的代际和年龄差异影响着他们对历史的记忆。发生在青春期和成年早期的事件,对人们建构记忆有着更深刻的影响。主观上,不同的认识框架与价值体系,赋予了相同事件不同的记忆方式。①例如,中日两国民众对于"南京大屠杀"这一历史事件就呈现出截然相反的历史记忆。

历史记忆的主观性使得其能够按照一定的目的要求被剪裁、编辑与重释,也使得历史记忆的选择性成为可能。事实上,历史记忆并不是对全部历史事实的记忆,而是记忆的主体根据自身的价值判断进行的选择性记忆与结构性遗忘的辩证统一体。选择什么,遗忘什么,取决于记忆主体的现实需要和利益诉求。法国著名历史学家皮埃尔·诺拉(Pierre Nora)在《记忆之场——法国国民意识的文化社会史》一书中提出,社会、民族、家庭、种族和政党自愿寄放记忆内容的地方构成了人们的"记忆之场",这是"作为它们人格必要组成部分而可以找寻到它们记忆的地方"②。"记忆之场"是记忆的主体带有某种目的性的主观选择的结果。与之相对应的,那些没有被选择的某些客观存在的历史事实,则被安放于"遗忘之带",在历史的长河中逐渐被人们无意识地遗忘。国内有学者将这一现象称之为"策略性选择",就是记忆的主体基于现实需要与利益诉求,而对部分历史事实与记忆材料进行有

---

① 赵琼:《国家认同建构中的历史记忆问题——以对共有祖先的追述为视角》,《中国政法大学学报》,2014年第3期。

② Pierre Nora, *Lam moire collective*, Retz – CEPL, 1978,p.401.

目的的筛选与呈现。认为共同体历史记忆的建构本质上就是"共同体根据他们所处特定情境的利益需要,到他们所具有的'历史积淀'当中去策略性地选择'记忆'和'讲述'某些事情和事件"①。这种选择性记忆与结构性遗忘共同造就了历史记忆的生成逻辑,即记忆的主体通过往复不断的"选择"与"遗忘"机制,主观能动地建构着历史记忆,刻画与讲述着历史事实的某一侧面,而不是历史事实的全部。

历史记忆作为一种意识形态领域的建构,是"诸多个体记忆在社会占主导意识形态和文化规范的作用下被合力统摄作用的结果"②。历史记忆的选择与建构与多种现实因素相关,政治立场、社会环境、思想储备等都在不同程度上影响着历史记忆的内容、形态、目的和叙事方式。其中,起决定性作用的因素往往是权力。有学者言,权力是历史记忆背后的实际操控者。历史记忆的权力导向,其实质就是历史记忆服务于谁的问题。因此,在历史记忆建构的过程中,无论是政治权力,抑或是经济、文化、教育、学术等方面的权力,都在不同程度上以直接的或间接的、显现的或隐喻的方式参与其中,通过权力的作用实现对历史材料的选择、剪裁,并根据权力的需要对其拼接与诠释。从权力的角度而言,历史记忆的建构过程,也就是"权力把群体过去的活动理想化的过程"③。

历史记忆是主观建构的产物,是权力主导下的选择性记忆与结构性遗忘共同作用的结果。如前所述,历史记忆不能完全等同于历史事实,二者既有联系又有区别。历史记忆与历史事实都具有经验传递的功能,所不同的

---

① 彭兆荣:《无边界记忆——广西恭城平地瑶"盘王婆"祭仪变形》,《广西民族研究》,2005年第4期。

② 吴玉军、顾豪迈:《国家认同建构中的历史记忆问题》,《中国特色社会主义研究》,2018年第3期。

③ 陈华:《建构历史记忆 增强政治认同——"中国近现代史纲要"课程叙事的意义与功能》,《思想政治课研究》,2017年第2期。

是,历史事实具有"原生性",是过去真真切切发生过的客观存在,而历史记忆是过去发生过的事情当中被集体记忆的部分,是被主观"建构"后的事实,是人们根据现实需要对客观史实进行的选择与阐释。"历史是已经发生的事情,记忆是人们相信事情已经发生了。"①也就是说,历史一定是历史记忆,但历史记忆并不一定是历史。历史记忆源于历史事实,并建立在历史事实的基础上。历史记忆取材于历史事实,形成于客观历史事实与主观意识建构的共同作用。历史记忆带有明显的目的性特征与强烈的政治意图。

历史记忆的基本功能是认同与区分。这是由历史记忆的选择建构性所决定的。历史记忆的建构与个体及群体的身份认同与边界区分联系紧密,"只有记忆才能建立身份"②,形塑认同。选择性记忆与结构性遗忘是建构历史记忆的必然环节,其本身就蕴含着认同与区分的意义。在共同体进行"选择"与"遗忘"的过程中,被记忆的部分即被选择与认同的部分,被遗忘的部分即需要区分的环节。被记忆的部分成为生成同一性认同的"记忆支撑",而被遗忘的部分则成为差异性区分的标志。由此,选择性记忆与结构性遗忘自然形成了区分"自我"与"他者","我们"与"他们","我们的记忆"与"他们的记忆"的边界。共同体边界的确立直接指向自我包容与他者斥异。共同体成员通过往事的共享建立共有的情感联结与价值理念。在共同情感与同一价值的作用下,形成对共同体成员的自我包容与群体的身份认同。共同体之外的成员由于缺乏共同情感与同一价值的作用,被排斥于共同体之外,从而形成他者斥异的状态。自我包容与他者斥异是共同体对历史记忆进行选择与建构的自然结果,也由此决定了历史记忆认同与区分的基本价值功能。

---

① 赖国栋:《历史记忆研究——基于20世纪西方历史理论的反思》,复旦大学博士学位论文,2009年。

② [法]阿尔弗雷德·格罗塞:《身份认同的困境》,王鲲译,社会科学文献出版社,2010年。

二、认同与政治认同

与"记忆"一样,"认同"也是一个心理学概念,表征着承认、认可、赞同的情感和态度。政治认同就是认同主体对政治体系的承认、认可和赞同,具有情感、心理和行为的三重属性。政治认同具有意识性、多维性、实践性、动态性和社会性等基本特征,在促进社会政权稳固、维持社会政治稳定以及促进社会政治发展等方面具有重要作用。一般来看,政治认同包括国家层面的政治认同、政治制度与政策层面的政治认同以及政治价值观层面的政治认同。

(一)认同的基本概念及其解读

认同(identity),最初是一个心理学概念,表达的是个体或群体在处理自我与他者关系时形成的自我意识。最早使用"认同"概念的是奥地利著名心理学家弗洛伊德(Sigmund Freud),他把认同"看作是一个心理过程,是个人向另一个人或团体的价值、规范与面貌去模仿、内化并形成自己的行为模式的过程,认同是个体与他人有情感联系的原初形式"[①]。认同反映着自我对共同体的情感、态度,是个体和共同体之间利益、情感与价值关系的体现。

在现代汉语中,"认同"意指承认、认可和赞同。分析这一概念可知,"认同"首先表达的是事物之间的同一性,即"不同时空条件下某种事物与另一事物为相同事物的现象,描述事物的一贯性"[②]。这一层面的"认同"概念,强

---

① 梁丽萍:《中国人的宗教心理——宗教认同的理论分析与实证研究》,社会科学文献出版社,2004年,第12页。

② 江宜桦:《自由主义、民族主义与国家认同》,扬智文化事业股份有限公司,1998年,第8~11页。

调的是客观存在的相似性或相同性,是个体或群体在与他人或其他群体的交往中,发现了与自身的相同或相似之处,并由此生发出情感上的亲近。这一层面有学者称之为"认同的原生性"①。"认同"概念蕴含的第二层意义是赞同、同意。"指主体对某个组织、团体或观点持支持、赞同或肯定的态度或判断,表达个体或群体对事物或观点的肯定性。"②从这一层面上讲,认同是某一个体或群体对外界人或事物的一种肯定性的心理反应和行为表达,即"对某一现象承认、认可并且自愿地按其规范行事"③。这种建立在内心好感与意志赞同基础上的积极肯定的情感体验和实践行为,体现了"认同"的主观性与实践性特征,是构建"认同"的情感基础与逻辑起点。由"认同"的同一性与肯定意义延展而来的是确认与归属,这是"认同"概念的第三层含义。它意指"个体或群体通过辨识自己的特色、确定自己属于哪一种类属、不属于哪一种类属的活动,表达个体或群体的归属性"④。"认同"的同一性使得认同主体得以寻求与自身具有相同或相似符号特征的个人与群体,从而确定个人或群体的身份"边界",界定出"我""我们"的形象,形成个人对群体的从属与归依。在这一过程中,又自然而然地包含着"斥异"的意义。即发现"我""我们"与他者之间的差异,进而认识到某些个体或群体"非我族群"的特征与身份,形成个体与群体之间的界限。从这个意义上说,"认同"在本质上就是区分"他者"与"我者",建立归属意识与确立身份证明。

---

① 陈华:《建构历史记忆 增强政治认同——"中国近现代史纲要"课程叙事的意义与功能》,《思想政治课研究》,2017年第2期。
② 江宜桦:《自由主义、民族主义与国家认同》,扬智文化事业股份有限公司,1998年,第8~11页。
③ 李素华:《对政治认同的功能和资源分析》,复旦大学博士学位论文,2005年。
④ 江宜桦:《自由主义、民族主义与国家认同》,扬智文化事业股份有限公司,1998年,第8~11页。

(二)政治认同的内涵及本质属性

根据"认同"一词的基本内涵,政治认同可以理解为认同主体对政治体系的承认、认可和赞同,是一种政治生活中和政治领域内的认同现象。在研究领域上,属于政治心理学和政治社会学的研究范畴。政治认同的概念最早来源于西方,20世纪70年代,美国学者沃特·罗森堡姆(Walter.A.Rosen-baum)在其著作《政治文化》中首次提出了政治认同概念。他指出:"政治认同,是指一个人感觉他属于什么政治单位(国家、民族、城镇、区域),地理区域和团体,在某些重要的主观意识上,此是他自己的社会认同的一部分,特别地,这些认同包括那些他感觉要强烈效忠、尽义务或责任的单位和团体。"①我国政治学界对政治认同的概念借鉴于此,陶东明在《中国大百科全书·政治学》中指出:"社会个体成员在一定社会中生活,总要在一定的社会联系中确定自己的身份,如把自己看作某一政党的党员、某一阶级的成员、某一政治过程的参与者或某一政治信念的追求者等等,并自觉地以组织及过程的规范来规范自己的政治行为。这种现象就是政治认同。"②分析政治认同的概念可知,政治认同既包含着人们在政治生活中产生的认可、同意的情感倾向,也蕴藏着亲近、接纳的心理归属,更指向规范、支持的行为实践,具有情感、心理和行为的三重属性。

政治认同首先是一种个人或群体对政治体系所产生的认可、同意的情感倾向。根据心理学的一般定义,"情感"是指"对外界刺激肯定或否定的心理反应",而"情感倾向"指的是"一个人的情感指向什么和为什么会引起"。如前所述,"认同"一词本身具有"认可、赞同"的情感意义,那么政治认同则可以理解为个人或群体基于内心的认可和赞同而对政治体系产生的积极肯

---

① [美]沃特·罗森堡姆:《政治文化》,陈鸿瑜译,桂冠股份有限公司,1992年,第6页。
② 陶东明:《中国大百科全书·政治学》,中国大百科全书出版社,1992年,第501页。

定的心理反应。情感作为态度这一整体中的一部分,与态度中的内向感受、意向具有协调一致性,也就是说,情感在很大程度上影响甚至决定着一个人对待他人或其他事物的态度。而政治认同就是"国民对政治组织、机构及其政治权威采取认可和拥护态度的体验"①。就这个意义而言,一个个体或社会群体对现有政治体系的情感倾向,影响甚至决定着其对政治体系的基本态度,即对政治体系是否认同以及认同的程度。

其次,政治认同是人们在社会政治生活中产生的一种感情和意识上的归属感。政治认同与人们的政治心理具有密切的关系,从"心理归属"的角度来理解"政治认同"的内涵,是当前国内外学界占主流的视角和观点。生活在一定社会环境中的人,总需要通过一定的社会联系来确认自己的身份属性。具体在政治生活当中,就是通过加入某个政党或一定的政治组织或政治群体来确立自己的心理归属与身份认同。有学者分析认为,将政治认同理解为政治生活中的"心理归属",着眼的是政治隶属关系——我属于哪个政治单位?我属于哪个政治组织?我属于哪个政治群体?我和其他政治单位、政治组织、政治群体中的成员有何区别?②这种因相似性或共同性而产生的心理上的归属感,使得群体之间的"我者"和"他者"得以明确区分,其结果往往是群体内部凝聚力的增强。

最后,政治认同不仅是认同主体政治情感和政治心理的主观意识的表达,还是一种政治行为和政治实践。也就是说,政治认同既包括人们的政治情感和政治心理,也包括在此基础上人们所进行的政治活动,是政治意识与政治实践的统一体。多数学者认为,政治认同是一个从心理认同到参与行为的动态过程,是"作为政治主体的人对政治体系的归属感和认同感,以及

---

① 邱柏生:《浅析我国政治心理学研究的现状》,《复旦学报(社会科学版)》,1996年第4期。
② 彭正德:《论政治认同的内涵、结构与功能》,《湖南师范大学社会科学学报》,2014年第5期。

参与政治生活和支持政治体系的实践活动"①。还有学者对政治认同的实践属性进行了高度概括,认为"政治认同属于一定认同主体所进行的政治活动的范畴,它既是主体对一定的政治对象认知、趋同的过程,也是对自身政治价值确认、实现的过程,更是对一定政治体系进行政治行为支持的过程"②。总之,政治认同是认同主体对认同客体的心理反应与行为表达,是一个从认可、接纳的心理层面到规范、支持的实践层面的不断演化的过程。

(三)政治认同的基本特征与价值功能

从政治认同的含义可知,政治认同是政治主体对一定的政治体系产生的心理反应与行为表达,其本质是政治心理与政治行为逐渐趋同的过程。在这个过程中,政治认同表现出诸多基本特征:

第一,政治认同具有意识性。政治认同作为人的一种心理活动,属于政治心理的范畴。在塑造政治认同的过程中,人的主观意识发挥着重要作用。可以说,政治认同是个体意识作用的结果,是政治主体对政治客体即一定的政治体系产生的能动的心理反应。其中,政治认同会受到政治认知、政治情感、政治态度和政治信仰等多种因素的影响。因此,政治认同具有鲜明的意识形态性。有学者认为,意识形态是政治认同的意识性资源,是政治认同最原初的构成因素,也是较为持久的因素。③它是政治价值的核心内容与理念基础,"它通过培育社会成员对于政治体系的合法性认同和情感来起作用"④。加强意识形态建设,对于构建政治认同具有重要意义。

第二,政治认同具有实践性。"全部社会生活在本质上是实践的。"⑤实践

---

① 庄仕文:《论政治认同的内涵与结构体系》,《沈阳干部学刊》,2017年第5期。
② 方旭光:《政治认同——政治实践的范畴》,《兰州学刊》,2006年第9期。
③ 李素华:《对政治认同的功能和资源分析》,复旦大学博士学位论文,2005年。
④ 官志刚:《社会转型与秩序重建》,中国人民公安大学出版社,2004年,第375页。
⑤ 《马克思恩格斯选集》(第一卷),人民出版社,1995年,第56页。

性是政治认同的本质属性。如前所述,政治认同不仅是一种心理归属和情感倾向,更是一种政治行为和政治实践。政治认同是政治情感转化为政治行为的过程,其最终指向政治主体对政治活动的积极参与、对自身政治行为的主动规范以及对政治体系的肯定与支持。在实际的社会政治生活中,政治认同的主体通过政治行为而对一定的政治体系发生作用,以此促使政治体系作出相应的调整,从而满足和实现自身的利益、价值与需求。从这个角度来看,政治认同是政治主体有意识、有目的地改造客观世界的过程,具有明显的实践性特征。[①]此外,政治认同具有特定的政治主体和认同对象(客体),以及明确的认同目标和实现目标的方式与手段,这些构成了实践的基本要素,体现着实践的基本特征。

第三,政治认同具有多维性。政治认同的多维性体现为政治认同的内容(对象)与政治认同的主体及其相互作用的多样性与复杂性。作为政治认同直接对象的政治体系,其内容本身就是多层次、多方面的,其中既包含着对较低层次的政治政策、政府与执政党的认同,也包含着对中间层次的政治制度的认同,还包含着对较高层次的政治价值观念的认同。而这些具体的认同内容往往又是紧密交织的,各层次、各内容之间相互影响、相互制约,更加加剧了政治认同对象的错综复杂性。同时,作为政治认同主体的社会政治生活中的人,由于自身的个性特征、知识结构、利益诉求等不同,以及受到政治客体的诸多不同要素的影响,其对于不同认同对象,甚至对同一认同对象在不同时期的政治认同也会产生诸多差异,在政治认同的类型、层次以及程度等方面呈现出明显的复杂多元性。

第四,政治认同具有动态性。政治认同具有动态性特征。这是因为,作为一种客观的政治活动,政治认同必然发生于一定的社会历史条件下。而

---

① 刘惠、胡建:《论政治认同的含义、类型与特征》,《昌吉学院学报》,2014年第2期。

作为政治主体的人,对于某一时期政治体系的认同必然受到当时社会历史条件的制约,会随着社会环境和自身利益诉求的不同而发生改变。因此,政治认同不是一个固化的、一成不变的过程,而是随着政治认同的主体、客体、社会历史环境以及其他主客观因素的变化而不断发生变化。如英国社会学家安东尼·吉登斯(Anthony Giddens)所说,认同是由人类自己创造的一个动态的、没有终点的过程。①需要指出的是,政治认同的变化一般会呈现出两种状态:一种是政治主体对于同一对象在认同的强度和层次上发生的变化;另一种是政治主体予以认同对象及认同方向上的变化。②后者有可能会导致政治认同危机甚或政治不认同、政治对抗,需要特别注意。

第五,政治认同具有社会性。政治认同隶属于社会关系的范畴,是人与某一政党、政治团体或政治组织之间所形成的特定的政治关系的反映。政治认同的形成,离不开个人与他人或其他社会群体的相互交往、相互作用。一方面,个体所属的政治群体会对个人的政治情感、政治态度以及政治行为产生引导、规范与制约的作用;另一方面,个人的政治情感、政治态度和政治行为也会对他人或其他社会群体产生直接的或间接的影响。正是在这种不断往复的社会交往中,政治理念得以传播,政治价值得以宣扬,政治行为得以规范,人们的政治认同也由此得以逐渐形成。因此,可以说,政治认同是社会交往的结果,是社会关系的产物。

政治认同作为人们的政治情感、政治态度和政治行为的集合体,对社会政治生活影响深远。政治统治能否维持,政治制度能否延续,很大程度上取决于人们对于该政治体系的认可和接受程度。亚里士多德认为:"一种政体如果要达到长治久安的目的,必须使全邦各部分(各阶级)的人们都能参加

---

① Barker Chris, *Culture Studies: Theory and Practice*, Sage Publication, 2000,p.166.
② 刘惠、胡建:《论政治认同的含义、类型与特征》,《昌吉学院学报》,2014年第2期。

而且怀抱着让它存在和延续的意愿。"①这种意愿就是政治认同。在实际的社会政治生活中,政治认同在促进政权稳固、促进社会政治稳定以及促进社会政治发展等方面发挥着重要功能。

第一,政治认同有助于促进政权稳固。一般认为,政治认同是政权稳固的重要根基。这是因为,一个政权的取得以及这个政权想要保持持续、稳定的政治统治,都必须以社会大多数人对政权统治的同意、认可与支持为必要条件。也就是说,民众对政治统治的同意、支持和认可构成了政权稳固的心理基础和社会基础。社会成员对政治统治认可和同意的程度越高,政权就会获得越广泛的支持和拥护,其存在的根基越深厚,统治地位也就越稳固;相反,如果多数民众不认可、不支持某一政权,对其政治统治持不认同甚至反对的态度,那么这个政权统治的合理性与正当性就会被削弱,其政治统治的稳定性就会随之下降。从这个意义上看,政治认同与一个政权统治的稳固性在某种程度上存在着正向关系,即政治认同的程度越高,政权统治的稳固性就越强,反之亦然。因此,任何统治为维护及巩固其政权的稳固地位,都必须重视与加强政治认同的培养和塑造。

第二,政治认同有助于促进社会政治稳定。政治认同是维护和促进社会政治稳定的心理基础和重要前提。只有形成了对政治统治的广泛认同,民众才会表现出对政治制度的自觉拥护,对社会主流意识形态的坚定信仰,以及对政治运行与社会治理的坚强信心,从而奠定社会稳定的心理基础。广泛的政治认同反映在行为实践上,则体现为有助于调动社会民众参与政治生活的积极性与主动性,以实际行动支持现行的政治统治,不断扩大政治统治的社会基础,为社会政治稳定创造必要的前提条件。事实上,就政治统治而言,合法的强制也是推行政治统治的方式之一,也能够在一定程度上维

---

① [古希腊]亚里士多德:《政治学》,吴寿彭译,商务印书馆,1996年,第188页。

持政治秩序的稳定。但是这种以强制手段实现的政治稳定,由于缺少深层次的心理情感层面的认可和价值观念层面的信仰,往往是不稳固的、不持久的。总之,广泛的政治认同意味着社会民众对政治统治具有较高的满意度,能够有效避免各种政治对抗的发生,从而有助于构建和谐的政治关系和良好的政治秩序,增强社会的凝聚力,使社会政治生活稳定持久地延续下去。

第三,政治认同有助于促进社会政治发展。由于政治认同本身具有动态性特征,它往往成为衡量一个社会政治发展状况的重要标尺。在一定程度上,民众政治认同程度的高低是社会政治发展的感应器和政治治理的晴雨表。一般来说,如果民众的政治认同度普遍较高,意味着政治秩序运行正常,政治统治公正有序,政治稳定,政权稳固,社会政治生活得以良性发展;反之,如果民众的政治认同度普遍降低,则意味着政治权力出现了异化,甚或政治统治与政权存在出现了危机。在这种情况下,政权控制者就要及时寻找原因,一方面积极调整统治策略,满足社会多数群体的价值需要与利益诉求;另一方面,要采取措施充分引导民众的政治情感和政治态度,使其走向积极的政治认同而不是政治排拒,从而缓和政治矛盾,消解认同危机,促使社会政治生活重新回到正常轨道。政治认同作为一个流变的过程,其认同程度的高低始终反映着政治运行的基本状态。良好的政治认同在实际的社会政治生活中发挥着促进社会政治发展的重要功能。

(四)政治认同的内容与中国特色社会主义政治认同

政治认同的客体是一定的政治体系,这也是政治认同的内容与对象。一般认为,政治体系包括政策、国家、政府和执政党、政治制度以及政治价值观等主要内容。按照对象层次与范围的不同,政治认同的内容可具体划分为国家层面的政治认同、政治制度与政策层面的政治认同以及政治价值观层面的政治认同。①具体如下：

第一，国家层面的政治认同。国家层面的政治认同包括国家、政府与执政党三方面的内容。"国家包括具有权利和义务的公民、制度和权限、原则和权力，它是结构化的关系网络"②，是政策、执政党和政府、政治制度、政治价值观得以存在的前提。国家认同在政治认同内容中居于核心地位。"人们也许不认同某项政策，反对某个执政党和政府，拒绝接受某种政治制度安排和政治价值观，却可能仍然对国家表示忠诚。相反，当国家认同陷入危机时，其他四个层面的政治认同必然难以维系。"从权力构成的角度来看，国家是政治权力的主体，政府是直接运作政治权力的国家机构，是国家权力的具体体现。而在大多数国家的政治体系中，执政党往往在政府中居于主导地位，是运作政治权力的重要政治组织。湖南师范大学彭正德教授认为，政党和政府的区别虽然十分明显，执政党认同与政府认同也是两个不同的概念，但在实际的政治生活中，执政党认同和政府认同很难区分。这是因为，"执政党是政府的组织者和掌控者，政府的施政过程贯彻的是执政党的纲领、政策和政治主张，体现的是执政党的执政意图和执政目标，因此，当人们赋予执政党以认同的时候，也就意味着他们认同执政党组建的政府，反之亦然"③。因此，对国家、政府与执政党的认同是政治认同的重要方面，且其相互影响，密不可分。

第二，政治制度与政策层面的政治认同。政治权力的运作必须遵循一定的规则，其在实施政治统治和政治管理的过程中也要求社会成员遵守一

---

① 根据不同的标准和依据，目前学界对政治认同内容与结构的划分不一。例如有学者将政治认同的内容划分为政治价值认同、政治制度认同、政治行为认同和政治文化认同；有学者认为政治认同由制度认同、利益认同、价值认同和绩效认同有机构成，等等。出于研究需要，本书采用华侨大学赖晓飞教授提出的三个层面的划分方法。

② ［美］莱斯利·里普森：《政治学的重大问题》，刘晓等译，华夏出版社，2001年，第42页。

③ 彭正德：《论政治认同的内涵、结构与功能》，《湖南师范大学社会科学学报》，2014年第5期。

定的规则。这些规则以法律、法规、条例等方式呈现出来,构成了国家的政治制度和政策体系。政治制度与政策体系涉及国家和社会的安全与运转,也关乎执政党地位的维系与巩固,是政治认同的重要内容和对象。政策是一个国家在一定时期内为实现某一路线、任务而制定的策略、措施和行动准则。它往往与人们的日常生活息息相关,是直接和具体的,具有较强的感知性。政策作为政治权力运行的结果,是政治权力的表现和象征,人们对政策是否认同以及认同的程度如何,将影响人们对政府和执政党的政治情感与政治态度。政治制度是指政治实体在政治活动中必须遵循的各类规则,不仅包括国体、政体、国家结构制度,而且包括一系列具体的政治制度和基层民主政治制度。与具体政策相比,政治制度相对抽象,"人们通常能够清晰地表述与自己利害相关的某项政策的具体内容,却很难阐述清楚与其政治生活密切相关的某项政治制度的内涵"。同时,政治制度具有稳定性和根本性,可以不随政策的废除或执政党和政府的更替而发生改变,人们对政治制度的认识与看法也往往比较稳定。"对政治制度的认同表达的是遵守政治规则的意愿,意味着对政治权力的承认和对政治统治的同意"①,人们对政治制度的高度认同能够有效促进社会政治秩序的公正和有序。

第三,政治价值观层面的政治认同。政治价值观是政治权力运作的指导思想和价值追求,是人们衡量和评价政治现象和政治行为的依据和原则,"一般指的是社会成员对政治世界的看法,包括社会成员看待、评价某种政治系统及其政治活动的标准,以及由此形成的政治主体的价值观念和行为模式的选择标准。在某种政治文化影响下,社会成员在总体上都存在一种基本一致的政治价值观念,它直接影响着政治行为主体的政治信念、信仰和态度"②。政治价值观认同是人们对政治体系的理想、理念、信仰、主张的认

---

① 彭正德:《论政治认同的内涵、结构与功能》,《湖南师范大学社会科学学报》,2014年第5期。
② 王惠岩:《政治学原理》,高等教育出版社,1999年,第240页。

同,是政治认同最高层次的表现形式。政治价值观具有主观性,涉及政治文化与政治心理,并具有较强的政治引导功能。政治价值观认同有助于塑造人们的政治观念,增强政治认同的社会心理基础,从而实现人们对国家、执政党和政府、政策、政治制度的认同和支持,以及对社会政治秩序的服从。

总体看来,政治认同的内容和对象是一个多元统一体,包含着如前所述的对国家、执政党和政府、政策体系和政治制度以及政治价值观念的认同等主要内容。这些内容当中,对政策体系、执政党和政府的认同处于较为具体的较低层次的认同层级,对政治制度和政治价值观念的认同处于较为抽象的较高层次的认同层级。一般而言,层级越高其稳定性越强,对政治权力的维持与延续影响越深。

具体到中国语境下,如何界定中国特色社会主义政治认同,其关键在于确定中国特色社会主义政治认同的核心与内容。目前,学界对中国特色社会主义政治认同的核心问题的认识已基本达成共识。学者们普遍认为,中国特色社会主义政治认同的核心问题就是对中国共产党的认同和对中国特色社会主义的认同,这是当代中国政治认同的主题,也是"最根本的属性"[①]。由此,按照我们对于政治认同内容层次的划分,中国特色社会主义政治认同的内容具体可以从三个层面进行理解和研究:一是国家层面的政治认同,包括对中华人民共和国的认同、对中华人民共和国中央人民政府的认同以及对作为执政党的中国共产党的认同,这是中国特色社会主义政治认同最核心和最重要的内容;二是政治制度与政策层面的政治认同,包括对中国特色社会主义的制度认同,以及对中华人民共和国制定颁布的各种法律、制度、规定、规范等的认同;三是对政治价值观念的认同,包括对中国特色社会主义理论认同、道路认同、文化认同,以及对社会主义核心价值体系的认同。

---

① 赖晓飞:《构建中国特色社会主义的政治认同——政治认同研究的回顾与展望》,《学术论坛》,2017年第5期。

对于中国特色社会主义的政治思想和政治价值观方面的认同与我国公民的政治信仰、政治信念以及政治态度紧密相关,会对第一层面和第二层面的政治认同产生直接影响,是中国特色社会主义政治认同的重要内容。

三、"纲要"课的性质定位与价值功能

"纲要"课是一门具有历史学基本属性的思想政治理论课,除了具有一般历史学资政、育人的基本功能外,还承担着对大学生开展系统的唯物史观教育、国史国情教育、爱国主义教育以及社会主义核心价值观教育等重要职责。"纲要"课的性质定位与价值功能决定了其具有承载历史记忆、实现政治认同的基本功能。

(一)"纲要"课的性质与定位

"纲要"课是中共中央宣传部、教育部规定的我国普通高校本科生必修的一门思想政治理论课。新中国成立七十余年来,高校思想政治理论课的课程名称与设置经历了多次调整与变化,"纲要"课也历经了"新民主主义论"(新中国成立初期),"中国革命史"(1953年、1986年),"中共党史"(1961年、1984年),"毛泽东思想概论"(1998年,高校思政课"98方案")这样一个演变过程。尽管课程名称发生了变化,内容体系也各有偏向,但总体上都着力讲述了中国人民在中国共产党的领导下进行革命、建设和改革的历史进程。

2004年8月,中共中央、国务院出台《关于进一步加强和改进大学生思想政治教育的意见》,成为新时期指导大学生思想政治教育工作的纲领性文件。为具体推进其贯彻落实,中宣部和教育部于2005年联合下发了《关于进一步加强和改进高等学校思想政治理论课的意见》及《实施方案》,对高校思想政治理论课作出了重大调整,确定了普通高校本科生必修的四门思想政

治理论课,即"马克思主义基本原理""毛泽东思想、邓小平理论和'三个代表'重要思想概论""思想道德修养与法律基础"和"中国近现代史纲要",从而形成了高等学校思想政治理论课全新的课程体系(即高校思政课"05方案"),并确定自2006年秋季学期开始逐步实施。由此,"纲要"课作为一门独立的高校思想政治理论必修课固定下来。这门课程的设置,"实现了中国近现代社会发展和马克思主义中国化理论发展的统一,构成了较为全面的历史教育课程体系"①。

自"05方案"实施以来,关于"纲要"课的课程属性和定位,在学术界引起了广泛的议论,学者们形成了不同的看法和观点。有学者认为,尽管从"纲要"课的课程名称和课程内容上看是一门历史课,却不从属于历史学科的教学体系,是一门从属于马克思主义理论学科教学体系的思想政治理论课;还有学者认为,"纲要"是对中国近现代历史发展的全过程的研究,从中找出历史规律,从而发挥其社会教育的功能,应属于历史学科的范畴;也有学者提出,"纲要"既是一门历史课,又是一门思想政治理论课,应该明确将其定位为一门高校思想政治理论教育的历史课。

在笔者看来,"纲要"课兼具历史与思政两个学科,是一门具有历史学科属性的思想政治理论课。历史课是"纲要"课的基础属性,而思政课则是"纲要"课的本质属性。

"纲要"课是建立在历史学科基础上的特殊的思想政治理论课。从教学内容上说,它讲述的是"中国人民为救国存亡和实现中华民族伟大复兴而英勇奋斗、艰辛探索并不断取得伟大成就的历史。尤其是全国各族人民在中国共产党领导下,进行艰苦卓绝的斗争,经过新民主主义革命,赢得民族独立、人民解放,建立中华人民共和国的历史;经过社会主义革命、建设、改革,

---

① 刘薇:《铸魂育人——高校思想政治教育史》,南京大学出版社,2016年,第294页。

把极度贫穷落后的中国逐步变成持续走向繁荣富强、充满生机活力的社会主义中国的历史"①。显然,"纲要"课是从历史的视角,借助历史的手段和方式,以历史知识为基本依托,通过对历史事件、历史人物以及历史发展进程和规律的解读与诠释,对大学生开展中国近现代史的历史主题教育。从这个意义上说,"纲要"课具有历史学科的基本属性,承担着历史教育的基本功能。

尽管"纲要"课具有历史学科的属性和特点,但就其本质而言,仍然属于思想政治理论课的范畴。这是由"纲要"课特定的教学主题、教学内容,尤其是教学目标决定的。

从教学主题上看,"纲要"课具有特定的历史主题和历史主线。《中国近现代史纲要》课程教材"导言"部分明确指出,"纲要"课所要讲授的是"中国近代以来抵御外来侵略,争取民族独立,推翻反动统治,实现人民解放的历史",是"全国各族人民在中国共产党领导下,经过艰辛探索、艰苦奋斗,为实现中华民族伟大复兴开辟新纪元的历史",是"万众一心、奋发图强,与时俱进、开拓创新,探索、开创、坚持、捍卫、发展中国特色社会主义,进行经济建设、政治建设、文化建设、社会建设、生态文明建设并取得辉煌成就的历史。"②这构成了"纲要"课的主题和主线。"纲要"课围绕这一主题,从国家和民族的视角,突出讲授一百八十多年来中国近现代历史发展的主线(纲)与重大问题(要),显然属于思想政治理论课的范畴。

从教学内容上看,"纲要"课与专业的历史课程也存在较大差别。专业历史课程在涉及中国近现代历史时期时,其包含的内容十分丰富,是从不同视角、不同层次对中国近现代历史发展的各个方面展开深入的研究和详尽的论述。与专业的历史课程不同,"纲要"课不是一般意义上对整个近现代

---

① 本书编写组:《中国近现代史纲要》,高等教育出版社,2021年,第1页。
② 本书编写组:《中国近现代史纲要》,高等教育出版社,2021年,第6页。

中国的政治史、经济史、文化史和社会生活史等方面进行面面俱到的讲授，它侧重于近现代中国历史发展的"纲"和"要"，是要以中国近现代历史的发展为线索，重点分析近现代以来的有关历史进程、历史人物和历史事件，从中把握中国近现代历史发展的规律，帮助学生了解国史和国情。

再从教学目标上看，"纲要"课的核心目标不是纯粹的历史认知和史实传授，而是立足史观教育，引导学生"认识近现代中国社会发展和革命、建设、改革的历史进程及其内在规律，深刻领会历史和人民是怎样选择了马克思主义、选择了中国共产党、选择了社会主义道路、选择了改革开放，深刻领会中国共产党为什么能、马克思主义为什么行、中国特色社会主义为什么好，更加坚定地在中国共产党坚强领导下为实现中华民族伟大复兴而不懈奋斗"①。换言之，就是要通过历史教育，从中国近现代历史发展的进程中，为历史和人民做出"四大选择"寻求历史依据，用历史事实来坚定大学生对马克思主义理论的信仰，对中国特色社会主义道路的信心，以及对中国特色社会主义共同理想的信念。可见，"纲要"课所追求的教学目标，并不在于"就史论史"的知识性传输，而在于通过历史观教育，有意识地达致政治观念的塑造和价值理念的引领，即不仅仅是告诉学生中国近现代史是什么，更要让学生明白如何看待中国近现代的历史。这说明，"纲要"课的核心目标是思想政治教育的目标，它承担着思想政治教育的功能，本质上属于思想政治理论课。

实际上，"纲要"课历史学的基础属性和思政课的本质属性并不矛盾，两者之间存在着互为依托、互相支撑的关系。"纲要"课历史学的基础属性是教学内容的内在规定性，其思政课的本质属性是教学目标的内在规定性。②历

---

① 本书编写组：《中国近现代史纲要》，高等教育出版社，2021年，第9页。
② 于凯：《"中国近现代史纲要"课程的价值塑造功能及实现途径》，《思想理论教育》，2011年第11期。

史学的基础属性要求"求真",而思政课的本质属性要求"求信"。"求真"是"求信"的基本前提和基础,"求信"是"求真"的最终目的和结果。"求真"要求"纲要"课对历史人物、历史事件、历史进程的阐释必须符合历史事实,符合历史发展的规律,这是得出可靠历史结论的前提。"求信"体现了"纲要"课的教学目标,决定了"纲要"课必须将思想政治教育的目的寓于历史教育的内容和过程之中,以此凸显出"纲要"课的思想性、理论性和明确的政治性。因此,对"纲要"课课程属性的认识必须兼顾其历史学的基础属性与思政课的本质属性,二者不可偏废。如果偏重于"纲要"课的历史学基础属性,往往容易将其混淆于一般的历史学专业课,淡化其意识形态色彩,从而削弱了它的政治思想性,无法达致其思想政治教育的本质目标;反之,若一味强调其思想政治理论课的本质属性,忽视了历史教育的内在规律和方式方法,则容易使"纲要"课失去学理支撑,成为空洞枯燥的理论灌输,甚至沦为意识形态的宣传工具,失去其应有的生动性和说服力、感染力,也就难以实现预期的教学目标和教学效果。

(二)"纲要"课的价值与功能

在价值功能上,"纲要"课作为一门建立在历史学基础上的思想政治理论课,其本身就具备着资政、育人的基本功能。"从历史中我们可以看见自己,就好像站在时间中的一点,惊奇地注视过去和未来,对过去我们看得愈清晰,未来发展的可能性就愈多。"①历史是人类认识自己的一面镜子,它蕴含着人类的过往,也映射着人类的未来。历史具有强大的借鉴功能,如恩格斯所言:"历史就是我们的一切。"②中国自古就形成了以史资政、以史育人的优良传统,近代著名思想家梁启超曾总结:"史者何?记述人类社会赓续活

---

① [德]雅思贝尔斯:《什么是教育》,邹进译,生活·读书·新知三联书店,1991年,第58页。
② 《马克思恩格斯全集》(第三卷),人民出版社,2002年,第520页。

动之体相,校其总成绩,求得其因果关系,以为现代一般人活动之资鉴者也。"①新中国成立以来,历届党和国家领导人多次强调学习历史、研究历史、反思历史,注重从历史当中汲取经验教训,充分发挥其资政育人的教育功能。毛泽东曾指出:"我们这个民族有数千年的历史,有它的特点,有它的许多珍贵品。对于这些,我们还是小学生。……我们是马克思主义的历史主义者,我们不应当割断历史。从孔夫子到孙中山,我们应当给以总结,承继这一份珍贵的遗产。这对于指导当前的伟大的运动,是有重要的帮助的。"②邓小平也说:"了解自己的历史很重要",青年人不了解历史,"我们要用历史教育青年,教育人民。"③"要懂得些中国历史,这是中国发展的一个精神动力。"④江泽民指出:"加强中国近代史、现代史和国情的教育,加强我国优秀文化传统和革命传统的教育。"⑤胡锦涛也指出:"在新形势下,我们要更加重视学习历史知识,更加注重用中国历史特别是中国革命史来教育党员干部和人民。""只有铭记历史,特别是铭记中国共产党领导人民创造的中国革命史,才能深刻了解过去、全面把握现在、正确创造未来。"⑥党的十八大以来,习近平更是在多个场合多次强调历史教育的重要意义,他说:"历史是一个民族、一个国家形成、发展及其盛衰兴亡的真实记录,是前人的'百科全书'。"⑦"历史是一面镜子。以史为鉴,才能避免重蹈覆辙。"⑧"历史是最好的

---

① 梁启超:《中国历史研究法》,中华书局,2009年,第1页。
② 《毛泽东选集》(第二卷),人民出版社,1991年,第533-534页。
③ 《邓小平文选》(第三卷),人民出版社,1993年,第206页。
④ 《邓小平文选》(第三卷),人民出版社,1993年,第358页。
⑤ 共青团中央、中共中央文献研究室编:《毛泽东 邓小平 江泽民论青少年和青少年工作》,中央文献出版社、中国青年出版社,2000年,第286页。
⑥ 《胡锦涛在中共中央政治局第三十三次集体学习时强调:坚持不懈地学习中国革命史,发扬光大党的光荣革命传统》,新华网,2006年7月25日。
⑦ 习近平:《领导干部要读点历史》,《人民日报》,2011年9月2日。
⑧ 习近平:《携手构建合作共赢新伙伴 同心打造人类命运共同体——在第七十届联合国大会一般性辩论时的讲话》,《人民日报》,2015年9月29日。

教科书。学习党史、国史,是坚持和发展中国特色社会主义、把党和国家各项事业继续推向前进的必修课。"①"纲要"课就是建立在对中国近现代以来过往事实的系统认识基础上的历史教育,是长期以来党和国家重视历史教育的具体体现,也是实现历史本身所具有的教育基本功能的重要渠道。

从本质属性上看,"纲要"课毕竟归属于思想政治理论课,这就决定了它必然具有强大的思想政治教育功能。当然,这种思想政治教育功能的发挥是建立在历史教育功能基础之上的,体现着"纲要"课的学科特色和教学特点。从这个角度来说,"纲要"课特殊的教育功能是其他任何课程所无法取代的。具体看来,主要包括如下几个方面:

第一,开展唯物史观教育,抵制历史虚无主义侵袭。历史虚无主义是西方众多反社会主义的政治思潮之一。它以所谓"重新评价"为名,歪曲近现代中国革命历史、党的历史和中华人民共和国的历史。习近平曾严正指出,历史虚无主义的根本目的,"就是要搞乱人心,煽动推翻共产党的领导和我国社会主义制度"②。因此,旗帜鲜明地反对历史虚无主义,是事关党的执政合法性、事关中国特色社会主义道路、事关国家命运和民族前途的重大政治问题。在高等教育阶段开设"纲要"课,其首要功能就是对大学生开展系统的唯物史观教育,以科学的历史观武装大学生的头脑,使他们自觉抵制历史虚无主义的侵害。如"纲要"课教材开宗明义:"纲要"课的教学宗旨就是"通过学习中国近现代史,树牢唯物史观,提高运用科学的历史观方法论分析问题和解决问题的能力,明确中国近现代历史的主题主线、主流本质,警惕和反对历史虚无主义"③。"纲要"课通过发挥历史教育的基本功能,从史实的角

---

① 习近平:《在对历史的深入思考中更好走向未来 交出发展中国特色社会主义合格答卷》,新华网,2013年6月25日。

② 《习近平总书记系列重要讲话读本》(2016年版),学习出版社、人民出版社,2016年,第32页。

③ 本书编写组:《中国近现代史纲要》,高等教育出版社,2021年,第10页。

度运用马克思主义唯物史观的基本观点和方法,反映近现代中国社会发展的基本国史和国情,以强有力的历史事实批驳那些刻意歪曲、否认、丑化历史的错误言论,帮助大学生学会运用辩证唯物主义和历史唯物主义的基本观点,更全面、更深刻地总结历史经验,掌握历史规律,使他们能够正确认识中国人民革命与建设的历史、中国共产党和中华人民共和国的历史,从而更加坚定地拥护中国共产党的领导,更好地树立中国特色社会主义的理想信念。

第二,开展国史、国情教育,全面认识当代中国。"观察历史的中国是观察当代的中国的一个重要角度。"[①]只有充分了解历史的中国是如何一路走来,才能正确认识和全面把握我国当前阶段的基本国情,这是建设和发展中国特色社会主义的基本前提。"纲要"课作为对大学生开展国史、国情教育的主渠道,通过讲授1840年以来中国人民抵御外来侵略、争取民族独立、推翻反动统治、实现人民解放、追求国家富强的历史,全面阐释了历史和人民做出"四个选择"的历史必然性。在还原中国社会发展和革命、建设、改革的历史进程中,"纲要"课以严谨的历史逻辑揭示了"四个选择"与当代中国特色社会主义之间一脉相承的内在联系,使学生深刻理解中国特色社会主义道路、中国特色社会主义制度、中国特色社会主义理论和中国特色社会主义文化形成和发展所具有的深厚的历史渊源与现实基础。如习近平所说,"观察和认识中国,历史和现实都要看,物质和精神也都要看。中华民族5000多年文明史,中国人民近代以来170多年斗争史,中国共产党90多年奋斗史,中华人民共和国60多年发展史,改革开放30多年探索史,这些历史一脉相承,不可割裂。脱离了中国的历史,脱离了中国的文化,脱离了中国人的精神世界,脱离了当代中国的深刻变革,是难以正确认识中国的"[②]。"不了解中国历

---

① 习近平:《致第二十二届国际历史科学大会的贺信》,《人民日报》,2015年8月24日。

② 习近平:《在布鲁日欧洲学院的演讲》,《人民日报》,2014年4月2日。

史和文化,尤其是不了解近代以来的中国历史和文化,就很难全面把握当代中国的社会状况,很难全面把握当代中国人民的抱负和梦想,很难全面把握中国人民选择的发展道路。"①"纲要"课通过系统的国史、国情教育,帮助大学生更加清醒地认清历史,更加全面地把握现实,使他们在宏大的历史视野下充分认识到历史的中国与当代的中国之间发展与延续的历史逻辑,从而为中国特色社会主义道路提供存在的历史合理性,坚定大学生对中国特色社会主义道路的信心与信念。

第三,开展爱国主义教育,激发历史责任感。"爱国主义就是千百年来巩固起来的对自己的祖国的一种最深厚的感情"②,它是形塑国家认同、凝聚社会共识、激发历史责任感的重要情感支撑和精神动力。激发爱国主义情感是历史教育的应有之义,也是历史教育最为重要的社会功能之一。近代著名思想家梁启超曾言:"史学者,学问之最大而最切要者也,国民之明镜,爱国心之源泉也。"③由此可见,历史教育与爱国主义情感之间的紧密联系。"纲要"课的教学内容涵盖了自鸦片战争以来中华民族从山河破碎、饱受欺凌到砥砺奋进、革命自强,最终在中国共产党的领导下走上中国特色社会主义道路的伟大历史进程。它是一部充满灾难、落后挨打的屈辱历史,也是一部不屈不挠、砥砺奋进的抗争历史,更是一部救亡图存、改革创新的探索历史。这一百八十多年的历史进程,蕴含着极其丰富的爱国主义教育资源。近代中国落后挨打、受人欺辱的惨痛历史,可以让学生懂得民族自尊、民族自立、民族自强的重要意义;封建统治者夜郎自大、因循守旧,畏惧变革、抱残守缺的僵化姿态,可以让学生认识到改革开放、变革创新是发展中国特色社会主义的必由之路;中华民族所遭受的世所罕见的侵略和欺凌,更是可以让学生

---

① 习近平:《致第二十二届国际历史科学大会的贺信》,《人民日报》,2015年8月24日。
② 《列宁全集》(第二十八卷),人民出版社,1956年,第168~169页。
③ 《梁启超选集》,上海人民出版社,1984年,第277页。

了解到当代中国必须走和平发展道路的信心与信念。通过"纲要"课所展示出来的一部波澜壮阔的中国近现代历史的壮丽画卷,是增进大学生历史认知、培育大学生历史认同的最好题材,是激发大学生爱国主义情感、增强大学生爱国主义情怀的宝贵精神财富。清代著名思想家龚自珍有言:"智者受三千年史氏之书,则能以良史之忧忧天下。"①只有认识历史、懂得历史,才能具有忧国忧民之心,才能以天下为己任。中国近现代的历史教育,能够使大学生感受到"知耻后勇""国家兴亡,匹夫有责"的深刻意蕴,继承和发扬近代以来中国人民的爱国主义传统和革命传统,弘扬以爱国主义为核心的民族精神,增强民族自尊心、自信心和自豪感,激发振兴中华的责任感和历史使命感,从而自觉地为实现中华民族伟大复兴而努力奋斗。

第四,开展价值观教育,认同社会主义核心价值体系。"纲要"课本质上作为思想政治理论课,理所当然地具备价值观教育的功能。具体到中国语境,就是引导和帮助大学生认同社会主义核心价值观,树立起健康向上的社会主义核心价值体系。党的十六届六中全会通过的《中共中央关于构建社会主义和谐社会若干重大问题的决定》指出,"马克思主义指导思想,中国特色社会主义共同理想,以爱国主义为核心的民族精神和以改革创新为核心的时代精神,社会主义荣辱观,构成社会主义核心价值体系的基本内容"②。"纲要"课与社会主义核心价值体系之间存在着密切联系。社会主义核心价值体系是中国共产党领导中国人民在长期的革命、建设和改革实践中形成的丰富思想文化成果,体现着历史和现实的逻辑发展、理论与实践的有机结合,与"纲要"课的教学内容、教学目标相互融通、高度契合。马克思主义的指导思想既是社会主义核心价值体系的灵魂,也是中国历史和人民作出的

---

① 《龚自珍全集》,上海人民出版社,1975年,第7页。
② 《中共中央关于构建社会主义和谐社会若干重大问题的决定》,人民出版社,2006年,第22页。

第一个"历史选择",是中国共产党领导中国人民夺取中国革命、建设和改革胜利的理论保障;中国特色社会主义共同理想是社会主义核心价值体系的主题,也是引领中国人民追求理想、英勇斗争,并最终实现民族独立、人民解放、国家富强的精神动力,体现着近代以来中国人民对未来中国国富民强的历史愿望与美好期许;而以爱国主义为核心的民族精神和以改革创新为核心的时代精神,既是社会主义核心价值体系的精髓,也是中国近现代历史发展进程中得以形成的宝贵精神财富,支撑着中国共产党和中国人民披荆斩棘、励精图治、砥砺奋进;以"八荣八耻"为主要内容的社会主义荣辱观,既是社会主义核心价值体系的基础,又包含着中国近现代史中勤与俭、成与败、兴与衰、荣与辱、义与利、廉与贪等道德价值内容,是中华优秀传统文化和道德价值标准的充分体现。可见,中国近现代历史当中蕴含着社会主义核心价值体系的基本思想和基本内容,社会主义核心价值体系也体现着中国近现代历史进程的合理演进,是中国近现代历史发展过程中形成的珍贵思想精髓和优秀文化成果。"纲要"课以其独特的视角,在大学生社会主义核心价值观培育以及社会主义核心价值体系的认同教育方面,发挥着重要的推动作用。

第二章　历史记忆、政治认同 及其与"纲要"课的逻辑关联

　　历史记忆、政治认同与"纲要"课之间是否存在逻辑关联、存在何种逻辑关联,是探究"纲要"课是否具有政治认同功能,以及如何承载与实现其政治认同功能的理论基础。这一问题的背后实际蕴含着三个重要的理论问题:一是历史记忆与政治认同之间存在的内在逻辑关系问题,即历史记忆何以生成政治认同,这是"纲要"课得以具备政治认同功能的基本前提,是首先必须解决的一个深层理论问题;二是社会环境与历史记忆、政治认同三者之间构成的因果关系问题,即当前所面临的影响大学生政治认同的主要社会因素以及社会环境的变化在何种程度上影响着历史记忆及政治认同,这是决定"纲要"课政治认同功能能否"对症下药"的基础,是需要解决的一个现实理论问题;三是历史记忆、政治认同与"纲要"课之间的逻辑关联问题,即"纲要"课能在何种程度上承载历史记忆、塑造政治认同,也就是如何实现理论对"纲要"课的嵌入问题,这是决定"纲要"课政治认同功能能否实现、是否可行的关键所在。

一、选择与建构：从历史记忆到政治认同的生成逻辑

历史记忆的关系系统由符号记忆、情节记忆与价值记忆构成,它们与政治认同的三个层次——自然认同、强化认同和理解认同之间存在着对应关系。历史记忆是政治认同生成的传统根基和历史渊源阐析的延续,人们通过历史记忆寻求和建构政治认同,被记忆的历史就是被认同的历史,历史记忆的选择即意味着政治认同的达成。选择与建构蕴含与表征着从历史记忆到政治认同的生成逻辑。

(一)符号记忆、情节记忆与价值记忆

历史记忆是共同体成员对往事的共享,存在于共同体对自身过往的叙事之中,并以各种形式表现出来。它以现实作为最终指向,是连接共同体历史和现实的纽带。如法国学者保罗·利科所认为,人们不仅置身于"历史"所造成的社会现实之中,而且置身于人们自己建构的"历史"现实中的"想象"中,并将此现象归结于历史记忆"叙事"与"现实"的交互和渗透。[①]从关系结构的角度来看,历史记忆是在主观建构与客观事实的共同作用下,形成的一个由符号记忆、情节记忆和价值记忆有机构成的逐层递进的关系系统。

1.符号记忆的内涵与外延

构成历史记忆关系系统的基础是符号记忆。符号记忆一般是指承载共同体往事的具象化了的"物",如文物古迹、文字记载、纪念场所等实物。符号记忆具有意义象征,"符号是被认为携带意义的感知:意义必须用符号才能表达,符号的用途是表达意义。没有意义可以不用符号表达,也没有不表

---

① Paul Ricoeur, *Hermeneutics and the Human Sciences: Essays on Language, Action and Interpretation*, Cambridge UniversityPress, 1981,p.288.

达意义的符号。"①符号记忆具有直观性、意向性和象征性,"一定规则的同一性和内生性所决定的符号系统,承载着历史记忆的内容指向和价值要求","群体意义的承载与象征不只限于人们头脑,而且外显于公众的符号,这是人们交流思想、维系世代的媒介"。②

符号记忆是记忆主体关于特定历史人物、历史事件和历史现象的符号化了的共同记忆,主要包括:

第一,具有历史价值、文化价值的文物古迹。包括与重大历史事件、革命运动和重要人物有关的、具有纪念意义和历史意义的建筑物、遗址、纪念物等,如长辛店补习学校旧址、中共一大会址、圆明园遗址公园、南京中山陵、长沙毛泽东故居、淮海战役中的小推车等;具有历史、艺术、科学价值的文化遗址等,如反映中国悠久历史和灿烂文化的半坡文化遗址、河南殷墟文化遗址、隋唐大运河遗址、故黄河遗址等;反映不同历史时期具有时代价值的、展现社会历史发展和社会变革风貌的艺术品、工艺美术品等,如《清明上河图》、编钟、青花瓷、壁画、大型泥塑《收租院》等;反映各历史时代社会制度、社会生产、社会生活等的代表实物,如象征民主革命的中山装、象征思想解放潮流的《新青年》杂志、象征土地改革运动的契约文书、象征改革开放与时代变迁的电视机、洗衣机等。

第二,具有记录功能、反映历史发展的文字资料。各类文本是传承历史记忆的主要媒介,也是最重要的符号记忆载体之一,其内容丰富多样,范围亦是包罗万象,既包括各种革命文献资料,也包括各历史时期的报纸、杂志、日记、回忆录等。例如,反映晚清中外交涉的记录《筹办洋务始末》、反映近代中国社会转型的报纸《新民丛报》《字林西报》《申报》等,收录于一些重要

---

① 赵毅衡:《符号学》,南京大学出版社,2012年,第1页。

② 詹小美:《选择与建构:历史记忆固基政治认同的逻辑共生》,《思想理论教育》,2016年第12期。

历史人物全集中的文稿、书信、日记、电报稿等,以及反映近代中国外交历程的《顾维钧回忆录》、反映中国共产党人革命激情与革命理想的文章《可爱的中国》、反映日军发动侵华战争的《田中奏折》《东史郎日记》,对中国革命、建设和改革产生重大影响的革命家如毛泽东、邓小平等人的文集、全集等。这些记录历史、反映历史的文献资料是承载历史记忆的重要符号。

第三,具有教育意义、纪念意义的历史场馆。这些历史场馆为纪念重大历史事件或具有卓越贡献的历史人物而保存或兴建,多以事件发生的地点和人物出生、居住或工作的地方为馆址,保存和恢复历史原状,或附设陈列室,以说明历史事件发生经过和历史人物活动状况。在中国长达一百八十余年的近现代历史进程中,中国人民革命、建设与改革的历史痕迹星罗棋布,尤其是中国共产党领导中国人民革命与建设的历史足迹更是遍布全国,各地普遍设立有具有教育意义和纪念意义的革命历史场馆,如中国人民抗日战争纪念馆、(山西王家峪)八路军总部旧址、(沈阳)抗美援朝烈士陵园、(河北)李大钊故居和纪念馆、(哈尔滨)东北抗联博物馆、(徐州)淮海战役纪念馆、(四川)红军长征纪念馆、(贵州)遵义会议会址、(江西瑞金)中华苏维埃共和国历史纪念馆,等等。这些纪念场馆以建筑和展览为载体留存历史记忆,成为具有强烈精神指向和鲜明意义象征的历史符号,发挥着纪念、缅怀、教育、学习、反思和启迪等重要的功能和作用。

2.情节记忆的内涵与外延

情节记忆是历史记忆关系系统当中的中介性内容,它是指"实物"背后的、带有具体情境的故事,以及故事所承载的浓厚情感。情节记忆是对符号记忆的延伸,它丰富着符号的意义,亦是对历史记忆内容的定位,往往具有较强的生动性、丰富性和完整性。中山大学詹小美教授认为,情节记忆是识记、保持和再现一定的时间、地点和情境,展示与之相联系的人物和事件,是对历史事件和人物活动过程的记忆,亦是对事物发生、发展、变化过程的记忆,包括序幕、开端、发展、高潮、结局和尾声。"历史记忆延伸到情节记忆时,共享往事的过程在象征符号唤起的基础上更加具体、丰富和生动。"①

作为对具体情节的记忆,情节记忆大体包括记忆主体对于特定历史人物活动过程的记忆,对于历史事件发生、发展的记忆以及对于历史现象出现与存在的记忆,具体可以归纳为以下三个组成部分:

第一,对于特定历史人物活动过程的记忆。历史人物是指在历史发展中起过重要影响,在历史长河中留下足迹,在历史上有明确记载,并对人类历史进程的发展起到推动作用的人物。具体到中国近现代史上,如被誉为中国近代"开眼看世界"第一人的著名封建地主阶级改革派代表人物林则徐,近代民主革命家、中国国民党创始人、三民主义的倡导者孙中山,中国共产党、中国人民解放军、中华人民共和国的主要缔造者和领导人毛泽东,中国社会主义改革开放和现代化建设的总设计师、中国特色社会主义道路的开创者邓小平等。这些历史人物对于推动中国近现代社会的发展和演进起到了至关重要的作用。识记、保持和再现这些重要历史人物的生平以及主要活动、主要事迹,是情节记忆建构的重要方面。

第二,对于特定历史事件发生、发展的记忆。历史事件是指历史上发生的对历史进程产生重要影响的事件。将所有历史事件串联起来,就构成了整个历史的大体结构。就中国近现代历史而言,以第一次鸦片战争为起点,经历了太平天国农民起义、第二次鸦片战争、洋务运动、中法战争、甲午中日战争、戊戌变法、义和团运动、八国联军侵华战争、清末新政、辛亥革命、中华民国临时政府成立、北洋军阀统治、新文化运动、五四运动、中国共产党成立、土地革命战争、抗日战争、人民解放战争、中华人民共和国成立以及此后中国共产党带领中国人民进行社会主义革命、建设和改革的一系列重大历

---

① 詹小美:《选择与建构:历史记忆固基政治认同的逻辑共生》,《思想理论教育》,2016年第12期。

史事件。这些重大历史事件勾勒出中国近现代历史发展的宏观脉络,对于其发生、发展过程的完整叙述,是对共同体成员共享往事的情境再现,是情节记忆的重要组成部分。

第三,对于特定历史现象出现与存在的记忆。历史现象和历史本质是构成历史事物的两个基本要素。历史现象是指历史运动的外部联系和表面特征,是历史本质的外部表现。历史现象是人类历史的一个重要内容。任何历史过程、历史人物和历史事件,它们的发展变化无一不是通过历史现象表现出来的。例如,中国近代自给自足的自然经济不断遭到破坏的现象,中国近代民族资本主义经济发展缓慢的现象,中国各地区政治、经济和文化发展不平衡的现象,中国社会各阶级、各阶层对国家出路进行早期探索屡屡失败的现象,以及中外反动势力联合勾结共同镇压中国人民的现象,等等。这些历史现象表征着历史的本质,蕴藏着历史发展的内在逻辑和规律,也是情节记忆的主要内容之一。

3. 价值记忆的内涵与外延

价值记忆是在符号记忆和情节记忆的基础上,对"实物"和情感进行的"是"与"非"的价值分析与判断。价值记忆具有客观性、主体性和相对性。价值记忆是对共同体历史和往事的价值研判,它必须基于历史记忆内容的客观属性,由此形成对历史人物、历史事件和历史现象的本质判断、经验总结和价值结论。同时,"价值记忆是共同体成员共享往事的一致与运用",其价值研判的过程包含了共同体成员的主观认知和思想意志,是其主观能动性的发挥和体现。价值记忆还是"规定性、综合性和多样性的集合体","不仅具有经验层面的个体含义,而且具有整体性和系统性的结构诉求"①。价值记忆是共同体成员的再创造,是经由符号记忆和情节记忆而达致的本质

---

① 詹小美、康立芳:《集体记忆到政治认同的演进机制》,《哲学研究》,2015年第1期。

记忆,是历史记忆的理性飞跃。因此,价值记忆是历史记忆关系系统中的最高层次。

如前所述,价值记忆作为对特定历史人物、历史事件和历史现象的价值判断,与记忆主体的主观性密切相关。因此,记忆主体在对历史记忆进行价值研判时,必然受到多种主客观因素的影响。例如,不同个体或社会群体对史事的记忆存在差别,会导致对历史记忆的诠释各有不同,进而会直接或间接地影响记忆主体对历史记忆的价值判断。同时,政治立场、社会环境、现实利益、思想储备等的不同,也会导致记忆主体对某一历史人物、历史事件和历史现象作出不同的是非判断。此外,不同的历史观对同一历史人物、历史事件和历史现象也会呈现出不同的理解范式和解释框架,如对"中国近代通商口岸"这一历史现象的认识,从革命史观来看:它是西方列强对华商品输出和资本输出的基地、桥头堡,是中国半殖民地化加深的明显标记;从现代化史观来看:它是中国工业基地、技术中心、商业中心和金融中心,对推动中国经济和社会现代化发挥带头作用,是近代中国城市化、工业化发展的前沿阵地;从全球史观来看:它加强了中国和世界的联系,使中国纳入资本主义世界体系;从文明史观来看:它是中国了解和学习西方近代化工业文明的窗口,也是中国传统农业文明最早开始走向近代工业文明的地方。价值记忆的主体性特征决定了它必须具有明确的目标指向,并以此为据对历史记忆的内容和情节进行把握和强调,使共同体成员共享的历史与往事得以不断地被选择和诠释。在此基础上,共同体成员将其内化为自觉的理性和自愿的认可,使之最终趋向于或服务于历史记忆的价值目标。

(二)自然认同、强化认同与理解认同

政治认同作为社会成员在政治生活中所产生的一种情感和意识上的归属感,是对社会政治体系及其政治活动成果的认可和赞同。从关系构成来看,政治认同可分为强调情感层面的自然认同、强调行为层面的强化认同和强调价值层面的理解认同三个层次。其中,自然认同是前提和条件,强化认同是重点和关键,理解认同是目标和归宿。自然认同、强化认同和理解认同之间是层级递进、相互联系和相互作用的关系,每一个层次的政治认同都成为更高一层次认同的奠基,在政治认同的关系系统中,逐层完成由感性认同向理性认同、由表象认同向本质认同的飞跃。

1.自然认同的概念与形成

自然认同、强化认同和理解认同的逐层递进构成了政治认同深入的层次链接。其中,自然认同是政治认同层次链接系统中的初级阶段,是指"在无外力干预的情况下,通过历史继承和约定俗成达到的自然形成",是个体成员源于内心的、自发的对于其所属共同体政治体系和政治活动的肯定和遵从。自然认同作为完整的政治习得,以群体成员的直观体验和感性认知为基质,"是最基本、最普遍和最广泛的感性认同"。①

自然认同是认同主体在与周围社会进行信息互动中自然产生的。认同主体在学习社会经验、习得社会文化的基础上,形成抽象概念性思维,在经由社会实践的反复检验之后,逐步成为共同体成员普遍承认、认可和赞同的价值要求与行为规范,并形成一种"理所当然"的政治心理。在自然认同形成的过程中,遗传和模仿的交互出现和相互佐证充当了自然认同的重要手段。"遗传"和"模仿"是历时性与共时性的交互,是共同体政治生活的代际传承与代内传播。"遗传"原是生物学概念,是指"个别的遗传因子通过生殖细胞的结合复制其自身的生物学过程"②。将这一概念拓展到社会学研究领域,则被称为"社会遗传",是指社会历史基因和文化基因的复制过程。这成为社会文化传承和发展的基本机制。凭借社会遗传,社会文化的基本因子

---

① 詹小美:《中国梦价值认同的当代建构》,《青海社会科学》,2014年第4期。
② 史仲文、胡晓林:《中华文化精粹分类辞典》,中国国际广播出版社,1998年,第14页。

在不同历史时期的政治生活中得以传承,使不同历史时期的政治生活具有相似性。①"人类的经验所遵循的途径大体是一致的;在类似的情况下,人类的需要基本上是相同的;由于人类所有种族的大脑无不相同,因而心理法则的作用也是一致的。"②在社会遗传的作用下,共同体成员现有的政治认同与历史上形成的政治认同在生成机理上具有一致性。自然认同形成的另一重要手段是"模仿"。模仿是社会学习的重要方式,在共同体的政治生活中,"模仿是人们相互影响的重要途径,是个体社会化的主要方式"③。共同体成员通过模仿共同体其他成员的思想和行为,逐步树立相应的思想观念、养成相应的行为习惯。通过不断地相互模仿和相互学习,那些已经习得的思想观念和行为习惯得以持续性地强化,进而成为一种"不假思索的判断"④,最终形成共同体政治生活的习俗和传统、常识和共识,以及共同的、特定的政治心理。⑤

不难看出,自然认同是共同体成员的直观体验和感性认知,是较低层级的政治认同。一般认为,这种处于感性层面的政治认同,具有自发性、盲目性和浅表性的特征。在自然认同阶段,共同体成员对其所处的政治体系和政治生活的认同处于表象状态,更多地表现为认同主体在政治体系和政治生活中产生的政治情感与政治体验,以及由此形成的政治感觉和政治知觉,往往缺乏自觉性、目的性和深刻性,易于受到社会环境和各种主客观因素的影响。自然认同作为最初的认同意识,是政治认同关系系统和关系联结得以形成并不断演进的起点。

---

① 康立芳:《执政党认同的系统演进》,《宜春学院学报》,2016年第5期。
② [美]路易斯·亨利·摩尔根:《古代社会》(上),杨东莼译,商务印书馆,1977年,第8页。
③ 马国泉、张品兴、高聚成:《新时期新名词大辞典》,中国广播电视出版社,1992年,第1150页。
④ [意]维柯:《新科学》(上),朱光潜译,商务印书馆,1989年,第104页。
⑤ 康立芳:《执政党认同的系统演进》,《宜春学院学报》,2016年第5期。

2.强化认同的概念与形成

强化认同是在自然认同的基础上,认同主体经由教育引导和强制推崇形成的政治认同。强化认同是政治认同关系构成中的中间环节,发挥着承前启后的作用,是连接自然认同与理解认同的关键节点。由定义可知,强化认同主要通过教育引导和强制推崇而实现,是教育与强制共同作用的结果。其中,教育引导是一种"软"约束,而强制推崇则是一种"硬"约束。在实际的政治生活中,"软"约束主要表现为教育的感化力,"硬"约束主要体现为法律的强制力。二者相互叠加、互为补充,通过教化诱导和约束惩治的融合统一,自律与他律的有机结合,共同促进强化认同的生成与实现。

教育即教化培育,是一种有目的地影响人的身心发展的社会实践活动,也是人类知识文化和价值观念再生产最主要的传承方式。教育是形塑共同体成员思想观念和行为方式的有效途径,如马克思所说:"要改变一般人的本性,使它获得一定劳动部门的技能和技巧,成为发达的和专门的劳动力,就要有一定的教育或训练。"[①]强化认同的教育引导就是通过各种教育手段、教育方式和教育渠道,对共同体成员进行有目的、有计划、有组织地教化培育,使其在思想观念和心理意识上承认、认可和赞同共同体的政治体系,在行为方式上积极参与和支持共同体的政治生活,不断巩固和强化共同体成员的政治情感和身份归属。在强化认同教育引导的实施机制中,利益诱导成为重要的切入点和关键因素。这是因为:"人们为之奋斗的一切,都同他们的利益有关"[②],"不是思想,而是利益(物质的和思想的)直接支配人的行为"[③]。正因如此,"人们在教育时必须从个人的利益入手"[④]。利益是"一定

---

① 《马克思恩格斯选集》(第二卷),人民出版社,1995年,第174页。
② 《马克思恩格斯全集》(第一卷),人民出版社,1995年,第187页。
③ 苏国勋:《理性化及其限制——韦伯思想引论》,上海人民出版社,1988年,第84页。
④ [法]米歇尔·福柯:《规训与惩罚》,刘北成、杨远婴译,生活·读书·新知三联书店,2003年,第120页。

的客观需要对象在满足主体需要时,在需要主体之间进行分配时所形成的一定性质的社会关系的形式"①。在共同体的政治生活中,利益发挥着"动力作用、导向作用和支配作用"②,通过对认同主体利益的赋予或剥夺,引导利益的分配和实现,借此确立共同体政治的利益归旨。利益支配着共同体成员的政治观念和政治行为,只有当自身的利益需求得到实现和满足时,共同体成员才有可能对共同体的政治体系和政治运作形成积极的情感和认知,进而在行为上给予共同体政治以正向的支持。由此可见,从某种程度来说,教育引导的本质就是一种利益诱导,它在教化培育共同体成员、促进共同体成员达成强化认同的过程中发挥着决定性作用。

教育引导是一种"软"约束,是基于共同体成员个人内心的功利性考量,因此单纯依靠教育引导并不能完全保证共同体成员强化认同的达成,还需要借助外部强制机制的力量。当共同体成员在利益分配上出现矛盾和分歧,而通过教育引导的方式无法调节与消解时,就必须通过强化机制的威慑力、控制力和制裁力来缓和与化解冲突。在共同体的政治生活中,政治权威往往运用政治律令、政治规训以及法律制度等具有强制执行力与刚性约束力的手段来规范共同体成员的政治思想或政治行为,以此作为促进和实现共同体成员强化认同的政治保证。

强化认同的生成以共同体成员政治思想和政治行为习惯的养成为基本出发点,"只有你给他的良好原则和牢固习惯,才是最好的,最可靠的,所以也是最应该注重的。因为一切告诫与规则,无论如何反复叮咛,除非实行成了习惯,全是不中用的"③。无论是依靠内部利益驱动的教育引导,还是依赖外部权威强制的惩戒规范,强化认同的目的均在于使共同体成员养成与相

---

① 王伟光:《利益论》,人民出版社,2001年,第74页。
② 康立芳:《执政党认同的系统演进》,《宜春学院学报》,2016年第5期。
③ [英]洛克:《教育漫话》,傅任敢译,教育科学出版社,1999年,第7页。

应政治体系以及政治生活要求相一致、相适应的心理习惯和行为习惯,并将其内化于对政治制度、政治理念、政治价值的认可和赞同,外化于对政治秩序、政治系统、政治运作的遵守和支持。强化认同是认同主体实现政治自觉的初始阶段,为更高层次的、心理层面的理解认同的生成奠定基础。

3.理解认同的概念与形成

如果说强化认同是一种感性服从、趋利避害和遵守规范的交互作用的结果,那么理解认同就是"基于系统认知与强化的价值理解,是理性把握与感性归属基础上的主体自觉"①。理解认同是指认同主体通过对话交流、求同存异,达成对共同体政治的历史与现实、个体和群体的视界融合。理解认同生发于共同体成员之间的交流对话、交往互动和理解承认,是一个由自发到自觉的不断递进与强化的过程。理解认同作为一种最深层、最稳定的心理状态,是政治认同的最高层次,也是政治认同最终得以实现的标志。

作为人类特有的理性认识能力和理性认识活动,理解是借助于概念和范畴,运用逻辑的或非逻辑的思维方式,把握事物内部联系和本质规律的过程。②"实践证明:感觉到了的东西,我们不能立刻理解它,只有理解了的东西才更深刻地感觉它。感觉只解决现象问题,理论才解决本质问题。"③在德国哲学家汉斯-格奥尔格·伽达默尔诠释学的视野下,视域是理解事物内部联系和本质规律的必要条件,理解的本质就在于视域融合。④从这个意义上讲,理解认同就是以对话交流和理解沟通的方式,消除共同体成员的政治分歧与政治矛盾,达成政治理解与政治共识,最终实现历史视域与现实视域、个体视域与群体视域的深度融合。理解认同是在共同体成员的交流互动中

---

① 丁存霞、苏泽宇:《传播与认同:新时代文化强国建设的关系范式》,《青海社会科学》,2018年第6期。

② 金炳华:《哲学大辞典》,上海辞书出版社,2007年,第59页。

③ 《毛泽东选集》(第一卷),人民出版社,1991年,第286页。

④ [德]汉斯-格奥尔格·伽达默尔:《诠释学》(Ⅱ),洪汉鼎译,商务印书馆,2010年,第550页。

实现的,因此它强调集体的认知,是达致共同体成员普遍理解和广泛认同的基础。相对于感性直观的自然认同和初级自觉的强化认同,理解认同是一种更加广泛的、深刻的和稳定的理性认同。

理解认同的生成条件是主体间性和文化间性。主体间性是指作为自为存在的人与另一个作为自为存在的人的相互联系与和平共存。[1]文化间性则可以理解为文化与文化之间的横向联系和纵向发展所生成的新的文化性质。[2]理解认同的主体间性和文化间性,是在承认差异的基础上平等主体之间以及不同文化形态之间的对话与交流。[3]有学者研究认为,"共同体成员的情感共通性、精神同质性和利益一致性固基和筑牢了理解认同的基础"[4]。其中,情感的共通性源于"同一民族的人感觉到大家属于一个人们共同体的自己人的心理"[5],它通过"生活的共同性而获得"[6],是建构理解认同的基石,决定了共同体的社会意识、价值观念和心理素质;共同体精神是指共同体的共同心理,共同体精神的同质性展现了共同体的"普遍价值",为理解认同提供动力;而共同体成员在政治、经济、文化、宗教信仰、生活方式上的利益一致性则构筑了共同体稳固发展的内在凝聚力,拓展了理解认同的深度和广度。[7]主体间性和文化间性是生成理解认同的基础条件,而情感共通、精神同质和利益共享则使理解认同的最终实现成为可能。

---

① 金炳华:《哲学大辞典》,上海辞书出版社,2007年,第1939页。
② 金炳华:《哲学大辞典》,上海辞书出版社,2007年,第1973页。
③ 康立芳:《执政党认同的系统演进》,《宜春学院学报》,2016年第5期。
④ 范映渊、詹小美:《媒介化生存场域中的中国梦认同培育》,《北方民族大学学报》,2018年第4期。
⑤ 费孝通:《关于我国民族的识别问题》,《中国社会科学》,1980年第1期。
⑥ [德]汉斯-格奥尔格·伽达默尔:《真理与方法》(上卷),洪汉鼎译,上海译文出版社,1999年,第27页。
⑦ 范映渊、詹小美:《媒介化生存场域中的中国梦认同培育》,《北方民族大学学报》,2018年第4期。

(三)以历史记忆固基政治认同的内在逻辑与实现机制

历史记忆与政治认同之间存在着内在的逻辑关系,历史记忆认同与区分的基本功能指向政治认同的实现。历史记忆的三个层次对应着政治认同关系系统的三个层级,这种一一对应的关系及其演进路径构成了从历史记忆到政治认同的实现机制。

1.以历史记忆固基政治认同的内在逻辑

从内在的逻辑关系上来看,历史记忆是政治认同得以实现的前提和基础,而政治认同则是历史记忆的重要归宿与核心指向。历史记忆的选择与建构是政治认同得以生成与实现的逻辑起点与必要条件。

历史记忆是政治认同得以实现的重要前提和基础。有研究者认为,历史记忆、现实利益、价值观念与话语体系是塑造政治认同的四大支柱,"历史记忆改变人认知事物的参照物,形成不同的自我身份认同和方向感,是政治认同的参照资源"[①]。作为认同主体的人是特定历史时空下的社会存在,他/她对于个人身份的建构,必然离不开过去的经历,以及由此产生的记忆。而作为政治认同对象的政治体系,也是政治历史演变过程中的一个"点",人们对于某一政治体系的认同,也必然要将其置于特定的历史时空中。只有在纵横的历史视野中,人们才能对政治体系进行"定位",才能认识政治体系的性质、特征和本质,也才能够意识到某一政治体系的优越性,从而对这一政治体系产生认可和赞同之情,并由此产生归属于构建这一政治体系的政治组织、政治团体的心理意愿,以及维系和支持这一政治体系、政治组织及政治团体的政治行为。

政治认同本身蕴含着情感、心理和行为的三重属性,政治认同的塑造也

---

① 常轶军:《政治认同的四大支柱:历史记忆、现实利益、价值观念与话语体系》,《新视野》,2014年第6期。

需要从情感、心理和行为三个维度来汲取资源,而历史记忆能够通过回溯共同体共同"往事"的方式提供政治认同的塑造资源。无论是对于国家、执政党和政府的认同,还是对政治制度和政治价值观的认同,除了来源于人们对现实生活的满意度之外,很大程度上也源自历史记忆当中所蕴含的人们共通的情感体验。共同体成员共同经历"过往"的过程中必然伴随着共同情感的生成,这种共同的情感是维护共同体内部凝聚力的纽带,也是共同体成员建立政治身份和政治归属的情感基础。共同的情感以无形的方式将共同体成员牢固地联结在一起,并建立起区别于其他政治组织和政治群体的情感边界。同时,政治认同的塑造还有赖于共同体成员共同的政治心理。这种政治心理的生成不是一蹴而就的,而是在长期的历史发展中形成的共同的历史文化传统以及相似的思维模式和行为习惯共同造就的结果。缺少历史记忆的参与,共同体成员就缺失了促成共同政治心理的历史文化来源,政治认同的塑造也会因缺少共同的心理支撑而难以持久和稳固。历史记忆为塑造政治认同提供了必要的情感基础和心理基础,进而使人们对一定的政治体系产生了认可与赞同的情感和态度,这种情感、心理层面的认同体现在行为实践上,就表现为人们对于政治活动的积极参与和对政治体系的自觉维护和支持,最终指向行为实践层面的政治认同。

政治认同是历史记忆的重要归宿与核心指向。从本质上看,这涉及历史记忆建构的目的问题。人们不是无目的地建构历史记忆,历史记忆具有强烈的现实指向性。记忆的主体虽然面向过去建构记忆,但其目的却在于为当下的现实社会服务。也就是说,现实社会的需求是历史记忆得以被建构和唤醒的起点。无论何种社会形态,维持社会运行和发展的政治权力都是历史记忆的真正建构者,由权力主导建构的历史记忆,本质上都发挥着巩固意识形态,维护政治权力稳定和促进社会政治发展的作用。从这个意义上来看,历史记忆存在着对现存政治权力和政治体系认同的价值指向性。

建构什么样的历史记忆以及用何种方式建构历史记忆,都是由现存政治权力依据一定的政治目标所决定的,历史记忆的重要归宿就是实现社会成员对现存政治权力和政治体系的认同,这是政治权力主导下建构历史记忆的根本目的之一。政治权力通过家庭、学校、社会的教育体系将历史记忆传递给社会成员,使他们在传承和建构历史记忆的过程中塑造和巩固对现存政治权力和政治体系的认同,以达到维护政权稳固和社会政治稳定的目的。

从历史记忆的建构到政治认同的实现,是作为心理学与社会学范畴的"记忆"本身所具有的认同与区分的基本功能作用的标志。"只有记忆才能建立起身份,即您个人的相同性。""大大小小的'我想起'都是'我'的建构成分。"①可以说,没有记忆就没有身份,更没有归属与认同。历史记忆作为共同体成员共享往事的过程,通过不断地对往事进行选择、遗忘与建构,将共同体成员的身份属性标记了出来。而这种选择与遗忘本身,就意味着认同或排斥,体现着共同体成员一定的政治立场与政治身份。"记忆对待原始素材的不同态度和方式不能不受到生活现实的束缚和制约,而现实本身就意味着一定的立场、一种裁决,以及对潜意识领域的驯化。"②历史记忆使认同主体意识到"自我"与"他者"的区别,进而界定和建立起自身的政治归属与政治认同。可见,历史记忆的建构是政治认同的起点,它确立共同体成员的身份归属,催生共同体成员一致的政治认知,最终指向共同体成员政治认同的实现。

如"导言"部分所述,"认同"首先表达的是事物的同一性特征,这也是"认同"得以实现的内在条件。事物的"同一性"是在历史的坐标中实现的,它源于对事物的历时性纵向比较。"认同必须指涉一组已然存在的特征、性

---

① [法]阿尔弗雷德·格罗塞:《身份认同的困境》,王鲲译,社会科学文献出版社,2010年,第37页。

② 赵静蓉:《文化记忆与身份认同》,生活·读书·新知三联书店,2015年,第42页。

质或者关系。就是由于要辨识这些特质是否延续不变,才有认同的'同一性'意义。"①从这个意义上讲,政治认同的实现需要以历史记忆为基础。这也就是上文所提到的,作为政治认同主体的历史的人,对于自我身份的确定和归属,必然是在特定的历史时空中实现的。在这一过程中,离不开历史的纵向比较,只有意识到自身与共同体成员具有相同或相似的往事,以及某些共同的特质,才有可能确认身份并形成归属,进而产生对共同体的政治认同。而历史记忆正是对共同体共有往事的追溯,"是使人跳出标准的地理时间,进入历史时间的根本工具"②。如英国社会学家安东尼·吉登斯所言:"时——空分离及其标准化了的、'虚化'的尺度的形成,凿通了社会活动与其'嵌入'到在场情境的特殊性之间的关节点。"③历史记忆能够改变时间坐标,使认同主体能够"穿越"历史与现实,进而寻找到历史与现实的"同一性",为政治认同的实现创造必要的前提条件。

2.以历史记忆巩固政治认同的实现机制

从历史记忆到政治认同的实现机制,源于历史记忆的三个层次与政治认同的关系系统之间存在的逐层递进的对应关系,即符号记忆通过认知唤醒与情感激发指向共同体成员的自然认同,情节记忆通过情节定位与行为规范指向共同体成员的强化认同,价值记忆通过价值感知与外化实践指向共同体成员的理解认同。在这种唤醒—激发、定位—规范、内化—实践的演进路径中,历史记忆通过"符号—诠释—重构"的发展格局导向"认知—评价—建构"的政治认同系统,④最终实现共同体成员的归属意识与政治自觉。

---

① 江宜桦:《自由主义、民族主义与国家认同》,扬智文化事业股份有限公司,1998年,第17页。
② 常轶军:《政治认同的四大支柱:历史记忆、现实利益、价值观念与话语体系》,《新视野》,2014年第6期。
③ [英]安东尼吉·吉登斯:《现代性的后果》,田禾译,译林出版社,2011年,第17页。
④ 詹小美:《选择与建构:历史记忆固基政治认同的逻辑共生》,《思想理论教育》,2016年第12期。

从符号记忆到自然认同的实现机制。符号记忆是历史记忆关系系统中最基础的部分,唤醒符号记忆是激发自然认同的初始步骤。符号携带着象征意义,唤醒符号记忆,就是将历史符号承载的象征意义进行编码与转码,通过历史符号传送的意义信息唤起共同体成员共享往事的心理感知与情感体验。符号记忆的唤起是需要外部激发的,在哈布瓦赫看来,"在多数情况下,只是为了回答他人的问题,我们才会诉诸回忆。在大多数情况下,我之所以回忆,正是因为别人刺激了我;他们的记忆帮助了我的记忆,我的记忆借助了他们的记忆。至少在这些情况下,记忆的唤起并无神秘之处可言。我的记忆对我来说是外在唤起的。无论如何,我生活的群体都能为我提供重建记忆的方法"①。符号记忆的唤起对于自然认同的实现具有重要意义。自然认同作为共同体成员的直观体验和感性认知,主要指向情感层面,表现为认同主体在政治体系和政治生活中产生的政治情感与政治体验,以及由此形成的政治感觉和政治知觉。而符号记忆指向自然认同的情感性。符号记忆被唤起之后,在追溯历史、共享往事的过程中,共同体成员共有的情绪和激情被唤醒与激发,通过对共有历史的体验,对共同优良文化传统的认可,以及对群体共同的习俗、生活方式等的认同,形成群体成员的情感共鸣,并塑造其身份归属的原生性和群体特质的同一性,进而为自然认同的形成奠定情感基础。

从情节记忆到强化认同的实现机制。情节记忆是历史记忆关系系统中的中间环节,在历史记忆向政治认同的演进路径和实现机制中,它发挥着情节定位和政治规范的中介作用。情节记忆对重要历史人物、历史事件和历史现象的内容与情节进行选择与建构,通过再现"谁的记忆""记忆什么"和"怎样记忆"的历史情境,叙述重要历史情节的起因、经过、结果以及意义和

---

① [法]莫里斯·哈布瓦赫:《论集体记忆》,毕然、郭金华译,上海人民出版社,2002年,第69页。

影响,定位需要被共同体成员记忆的历史和往事。强化认同作为经由教育引导和强制推崇而形成的政治认同,利益诱导是其中的关键所在。情节记忆即指向于强化认同的利益性,"指涉于情节记忆的时空与利益内容叙事的集体回忆"①,它以认同主体选择与建构的历史情节为基础,将符号记忆所激发的情感体验上升为具体的利益性目标,并以此引导利益的分配。由于"每一既定社会的经济关系首先表现为利益"②,因此通过利益目标与利益分配的导引和规范,共同体成员的身份归属与政治特征得以进一步确立和明晰,强化认同得以进一步形成。

从价值记忆到理解认同的实现机制。价值记忆是共同体对共享往事的升华,是历史记忆关系系统中的最高层次。理解认同是政治认同结构的目标环节,从价值记忆到理解认同是政治认同最终得以实现的标志。以价值记忆生成理解认同,是一个由价值内化到实践外化的过程。价值记忆作为一种对事物价值与"是非"的理性研判,体现了历史记忆选择与建构的自觉性,由此形成了由"共同体要我这样记忆"到"我要这样记忆"的实践场,进而"为理解认同的形成奠定自为与自觉的基质"③。价值记忆具有实践性,"实践高于(理论的)认识,因为它不仅具有普遍性的品格,而且还具有直接现实性的品格"④。在实践形态的现实场域中,价值记忆强调"理性认识的决定与自由意志的抉择"⑤,体现在理解认同达成的过程中,即为认同主体根据内化的价值记忆所进行的应该与不应该、选择与不选择、有所为与有所不为的是

① 詹小美:《选择与建构:历史记忆固基政治认同的逻辑共生》,《思想理论教育》,2016年第12期。

② 《马克思恩格斯选集》(第三卷),人民出版社,1995年,第209页。

③ 詹小美:《选择与建构:历史记忆固基政治认同的逻辑共生》,《思想理论教育》,2016年第12期。

④ 《列宁全集》(第五十五卷),人民出版社,1990年,第Ⅷ-Ⅸ页。

⑤ 詹小美:《选择与建构:历史记忆固基政治认同的逻辑共生》,《思想理论教育》,2016年第12期。

非判断与行为意志。在价值记忆的持续作用下，认同主体的主观能动性不断得到强化，并持续外化于具体的行为实践。这种内化的价值规范和外在的行为表现的一致性，是价值记忆现实意义的体现，也是理解认同最终达成的标志。

二、式微与解构：社会环境影响历史记忆与政治认同

历史记忆和政治认同都是主观建构的产物，人们总是在一定的时空条件和历史背景下完成建构历史记忆、形塑政治认同的过程。因此，认同主体所处的社会环境就成为影响其建构历史记忆、形塑政治认同最重要的因素。从社会的角度出发，代际递减效应、历史虚无主义思潮和历史记忆符号的消失，是当前消解人们（尤其是青少年）历史记忆最主要的三个要素，而历史记忆的式微直接导致了一定程度上政治认同的解构。

（一）社会环境对历史记忆的消解作用

1.代际递减效应弱化历史记忆

记忆作为一项心理活动，往往会随着时间的推移而逐渐淡化甚至消失。大体看来，时间越久远，记忆越模糊。有学者将这种现象称为代际递减，并将其归属于记忆的一种特殊属性。历史记忆作为记忆的一种，自然也会在历代的延续和传承过程中发生代际递减的效应。一般而言，作为某段历史或某一历史事件的亲历者或见证人，往往会对这一历史过程或历史事件具有更深刻的记忆与更强烈的感悟，而相同的或相似的经历则更容易使他们建立起共同的历史记忆。通过这种方式建构的历史记忆多是直接的、深刻的和持久的。

相反，对于那些某一历史阶段或历史事件的非亲历者而言，他们历史记

忆的建构则具有更多的间接性,也相对困难。这是因为:首先,历史记忆以历史认知作为基础,虽然那些历史进程或历史事件的非亲历者可以通过学校教育、家庭相传或社会传承等方式来了解这些历史进程的图景,但由于缺少亲身经历的体验,难以形成深刻的印象,所习得的历史认知大多是浅表的、生硬的,很容易随着时间的流逝而消退和遗忘。其次,历史记忆的形成还需要一定的情感体验。深刻而强烈的情感体验具有强大的冲击力,能够激发情感共鸣,为历史记忆的形成奠定情感基础。在现实生活中,人们对于亲身经历过的事情往往能够产生较为深刻的精神体验和难以忘却的情感体悟,而对于那些未曾亲身经历的"往事"则难以做到真正的"感同身受",所获得的情感体验往往是短暂的、陌生的、遥远的,难以震撼人们的内心。由代际递减所导致的情感体验的弱化与消退,会直接导致人们历史记忆的淡化甚至消失。再次,由于生活场域和时空距离的转变,特别是改革开放后迅速提升的物质条件和生活水平,以及长久以来安定、和平的生活环境,使得人们(尤其是青少年)缺乏对历史尤其是革命战争年代的直接体验和感受。这不仅会导致时空上的疏离与情感上的隔阂,而且会直接影响人们的是非评判标准和价值倾向,集中表现为对历史进程、历史现象和历史事件的价值研判呈现出多元的形态,不利于同一性的历史记忆的留存和建构。最后,历史记忆在传承的过程中会遇到某些不可抗因素,如传承者的死亡、物质载体和历史符号等遭到损毁或破坏等,也会导致历史记忆的代际递减甚或代际断裂,使历史记忆呈现出逐渐弱化的状态。

2.历史虚无主义消解历史记忆

20世纪90年代以来,历史虚无主义思潮沉渣泛起,它打着"反思历史""还原真相"等旗号,通过各种方式重新解读历史,借此否定马克思主义的指导地位,否定中国走向社会主义的历史必然性,否定中国共产党执政的合理性,是一种挑战马克思主义意识形态的政治思潮。历史虚无主义对历史记忆,尤其是对中国共产党领导中国人民进行新民主主义革命和社会主义革命、建设与改革的历史记忆产生了消解作用。

历史虚无主义思潮对于历史记忆的消解作用大体可以归结为三个方面:一是以"主观评价"创伤历史记忆。历史虚无主义者借助"范式转换""价值中立"等名义,对中国历史尤其是中国革命、建设和改革的历史进行"重新评价"。他们无视新事物成长发展的自然历史过程,无限放大社会主义国家在探索社会主义道路实践过程中出现的局部曲折和失误,彻底否定社会主义事业在人类历史中的开创性作用。他们片面夸大理论与现实、社会"应然"与"实然"之间的差距,对社会发展只做共时性比较而刻意忽略历时性比较,进而得出社会主义不如资本主义的错误结论,并借此提出全盘西化的主张,极力倡导西方社会制度与思想观念,否定中国现行的政治制度和发展战略。同时,历史虚无主义者还打着"学术研究"的旗号,任意"打扮"历史,胡乱改变对近现代历史中重大历史事件、重要人物和重要问题的科学结论,贬损、丑化中国共产党的形象,借以篡改中国人民革命、建设和改革的历史记忆,从根本上否定中国革命和中国共产党的领导。二是以"碎片叙事"歪曲历史记忆。历史记忆是人们主观选择与建构的结果,因此它不仅依赖于客观的历史事实,还取决于选择与建构的方式。与唯物史观整体的、连续的建构方式不同,历史虚无主义采取"碎片叙事"的方式对历史记忆进行重新建构。历史虚无主义者无视历史事实的完整性和延续性,用碎片化的"符号"和"文本"主观拼凑历史事实,通过摘取零碎、片段、残缺的史料重构所谓的"历史真相",借此歪曲模糊人们的历史记忆。同时,片面强调个人记忆的重要性,利用个人回忆录、访谈录、日记等零散史料,淡化、割裂国家和民族的集体记忆,以达到弱化国族集体记忆的目的。三是以"娱乐恶搞"扭曲历史记忆。近年来,随着移动互联网技术的迅猛发展,电脑、智能手机等新媒体平台成为历史虚无主义思潮泛滥传播的新型载体。在这些网络平台上,历史虚无主义者用想象化、鸡汤化、主观化、虚无化、庸俗化、娱乐化的手段,消费历史、轻薄历史、曲解历史、抹黑历史、调侃历史。一些网络博主通过发布网上言论哗众取宠,戏弄、玷污、亵渎、篡改历史。而一些影视作品、文学作品则为了博取大众眼球,"戏说"历史,解构名著,甚至不惜编造出完全脱离历史条件的荒唐情节。这些"娱乐恶搞"的行为,适应了某些人的低级趣味,破坏了历史的权威性和英雄人物的崇高性,不断扭曲和颠覆着人们的历史记忆和历史观。总之,历史虚无主义思潮打着"学术研究"的旗号,以主观代替客观、以碎片代替整体、以臆想代替史实,肆意肢解和歪曲历史,通过隐蔽性和迷惑性的手段与方式,不断攻击和消解着中国人民共有的历史记忆。

3.记忆符号消失淡化历史记忆

历史记忆需要历史符号来承载,那些作为历史记忆符号而存在的历史建筑和文字资料,是唤起共同体历史记忆的"大门",它联结着人们的过去与现在。如同人们在面对一座古老建筑时,可以强烈地感受到这座建筑物最夺目的光芒并非发自它石头或者金子的材质,而是源于它久远的历史、富含语义的深沉感知以及它背后那些充满神秘色彩的神话传说。①然而在一些特殊的历史背景下,以及当前现代化的历史进程中,许多表征着历史记忆的文物古迹、文字资料以及具有纪念价值的历史场馆等遭到不同程度的损毁,一些承载着历史记忆的重要符号正在悄然消失,人们的历史记忆亦面临着随之淡化的危险。

例如,在"文化大革命"的十年内乱中,大量的历史文物、历史建筑、图文资料等历史记忆符号遭到严重破坏,造成了无可挽回的巨大损失,极大地影响了几代人历史记忆的构建。再如,在城市化的过程中,许多重要的历史建筑、名人故居等被钢筋水泥的现代建筑所取代,全部或部分地丧失了其承载

---

① 转引自李菲:《遗产:历史表述与历史记忆》,《徐州工程学院学报(社会科学版)》,2012年第6期。

历史记忆的功能。武汉市优秀历史建筑——鄂园,位于武汉市武昌区首义路81号,是叶挺24师师部旧址,是清代鄂园幸存至今的建筑。2004年,因要在它的遗址上建造办公楼,这样一座曾经被列为市级文物保护单位的建筑被推土机瞬间推掉了。现在,我们也只从资料中得知,鄂园是张之洞为了安排来鄂协办新军的教习们居住而新建的花园别墅。再如,位于北京西城区砖塔胡同西头84号院——北京鲁迅故居也面临着相同命运,从1912年到1926年,鲁迅先生在北京生活了14年,共租住了四个地方。其他三个地方均被保存,而砖塔胡同84号院(鲁迅在此创作了著名的小说《祝福》)却面临着拆除的命运。如果砖塔胡同被拆除,那么鲁迅先生在北京活动和创作的地点就断了线。该事件在社会上引发了热议,最终由于市民的强烈反对而暂时搁置。此事之后不久,又传出蒋介石重庆行营被拆除的声音,蒋介石重庆行营又称国民政府军事委员会重庆行营,旧址为三幢两楼一底的砖木结构建筑群,属于国民时期典型的中西合璧建筑,建于1935年底,卢沟桥事变数月之后,国民政府迁都重庆,国民政府军事委员会就在这里办公,蒋介石官邸也设在此处。行营躲过了重庆大轰炸时日本的飞机炸弹,却没有逃过现代化的挖掘机。[1]尽管后来在原址上进行了复建,但钢筋水泥的现代建筑早已失去了历史的厚重感,人们对这一段历史的记忆也随之渐行渐远。诸如此类事件近年来层出不穷,这些重要的历史符号是人们历史记忆的重要载体,是历史进程、重大历史事件和重要历史人物活动轨迹的"实物见证"。这些历史记忆符号的消失,使得原本鲜活的历史记忆变得遥远和空洞,也使得人们的历史记忆难以被追溯和唤起,随着时间的流逝和时代的变迁,必将永远消失于人们的记忆之中。

---

① 　熊胜华:《留住历史记忆　保护特色建筑文物》,《中华建设》,2012年,第256页。

（二）历史记忆式微解构政治认同

代际递减效应、历史虚无主义侵袭以及记忆符号消失等多重原因,直接导致了历史记忆的衰退。"历史失忆必会产生'数典忘祖'、'认贼作父'的结果而不自知,'历史认同'发生错乱,必然会产生对民族或国家的疏离感。"①历史记忆式微对于中华民族的政治认同,尤其是广大青少年群体的政治认同,产生了消弭与解构的负面作用。

1.历史记忆式微降低国家层面的政治认同

如前所述,国家层面的政治认同包括对国家和民族的认同以及对执政党和政府的认同。历史记忆式微对国家和民族认同的解构作用至少表现在两个方面:一是历史记忆式微对历史文化所产生的消解作用,直接削弱了国家认同与民族认同的基础。历史文化是建构国家认同与民族认同的基石。如清代著名思想家龚自珍所言:"欲知大道,必先为史","灭人之国,必先去其史;隳人之枋,败人之纲纪,必先去其史;绝人之材,埋塞人之教,必先去其史;夷人之祖宗,必先去其史"。②龚自珍的这段话道出了历史文化对于国家和民族的重要意义。由历史记忆衰退而引发的历史文化消亡,会直接导致国家和民族的历史被践踏、文化被解构,随之而来的便是国家和民族的自尊、自信遭到消融和涤荡,国家认同和民族认同遭到削弱与破坏,继而引发政治危机、统治危机和民族危机,最终导致国家的覆灭、政权的转移与民族的衰落。二是历史记忆式微弱化了其自身的认同与区分功能,不利于中华民族共同体的组织与构建。认同与区分是历史记忆最基本的功能,也是记忆主体进行身份定位和建立心理归属的重要依据。而身份定位与心理归属往往与政治隶属关系密切相关,即共同或相似的身份定位与心理归属使得

---

① 王仲孚:《历史认同与民族认同》,《历史教学问题》,2001年第1期。
② 《龚自珍全集》,上海人民出版社,1975年,第22页。

群体间的"我们"与"他们"得以区分,进而明确自己属于哪一政治组织或政治团体,并自觉建立起共同体的组织边界。历史记忆的式微意味着其认同与区分功能的衰弱,使得认同主体对于"我们之所以是我们""我们属于什么组织""我们与他们有何区别"这样的问题产生疑问和困惑,其直接后果便是引起身份定位的模糊与心理归属的困境,难以为认同主体明确自身的政治隶属、建立牢固的政治关系提供有力支撑,更无法塑造坚定的政治信仰并规范自身的政治行为,这对于中华民族共同体的组织与构建显然是不利的。

历史记忆式微直接影响中国共产党执政地位与政府机构的认同。中国共产党的执政地位是自鸦片战争以来中国近现代历史发展的结果,是历史和人民共同做出的必然选择,其执政地位来源于深厚的历史渊源与严谨的历史逻辑。如习近平总书记所说:"近代以后,我们的民族历经磨难,中华民族到了最危险的时候。自那时以来,为了实现中华民族伟大复兴,无数仁人志士奋起抗争,但一次又一次地失败了。中国共产党成立后,团结带领人民前仆后继、顽强奋斗,把贫穷落后的旧中国变成日益走向繁荣富强的新中国。"①"历史在人民的探索和奋斗中造就了中国共产党,中国共产党领导人民又造就了新的历史辉煌。"②历史记忆式微阻碍了人们对于近现代中国积贫积弱、备受凌辱的基本国情的认知,模糊了中国共产党带领中国人民前赴后继、英勇奋斗的历史环境与历史的必然性和正确性,加之历史虚无主义等西方政治思潮对于中国革命的竭力诋毁与嘲弄,使得人们对于中国共产党带领中国人民为争取民族独立和人民解放而进行的反帝反封建斗争的正义性产生动摇,对于中国共产党带领中国人民为实现国家富强和人民富裕而进行的社会主义革命和建设、改革开放的正当性产生怀疑,进而否定中国共产党在中国革命、建设和改革过程中的领导地位与核心作用,削弱中国共产

---

① 习近平:《人民对美好生活的向往就是我们的奋斗目标》,《人民日报》,2012年11月16日。
② 习近平:《领导干部要读点历史》,《人民日报》,2011年9月2日。

党执政的历史根基,使中国共产党当前的执政地位失去历史的前提和存在的基础。由此可见,历史记忆的式微会在很大程度上降低人们对于中国共产党执政地位的认同,而作为执政党施政纲领与政治主张的贯彻执行机构的政府也必然因此受到影响,导致人们对于政府及其各项政策的认同程度随之降低,最终造成中国共产党的执政危机以及中国社会政治局势的混乱与动荡。

2.历史记忆式微削弱政治制度与政策层面的政治认同

对政治制度以及各项具体政策的认同是政治认同的重要内容和对象。现代中国的政治制度是指1949年10月中华人民共和国成立以来,在中国大陆实行的,规范中华人民共和国国家政权、政府制度、国家与社会关系等一系列根本问题的法律、体制、规则和惯例,主要包括社会主义制度、人民代表大会制度、民族区域自治制度、基层群众自治制度及中国共产党领导的多党合作和政治协商制度。政策是政治制度的具体化,是政府、执政党或其他社会公共权威部门为解决某一问题或实现某一路线、任务而采取的措施和制定的策略,主要以法律、法规、决策和行动表现出来,一般包括行政政策、公共事业政策、劳动和社会保障政策、土地政策、教育经济政策、社会医学与卫生事业政策等。

历史记忆式微会削弱人们对于当前我国现行政治制度与政策体系的认同,这是因为:政治认同的培育和塑造有赖于积极肯定的政治评价,"政治认同是评价基础上的情感皈依"①。而政治评价包括共时性的横向比较评价与历时性的纵向分析评价两个维度。一方面,历史记忆式微使得人们对于我国政治经济社会的历史发展,尤其是我国政治制度与政策体系形成与完善的历史渊源缺少全面认识,难以对现有政治格局与政治制度进行科学清晰

---

① 潘丽文:《青年政治认同建构的红色记忆路径》,《思想理论教育》,2018年第10期。

的历时性分析,对当前党和政府的各项战略决策、政策主张亦缺乏深刻的历史性认知,无法做出正确、客观的历史性政治评价,直接影响对我国现行政治制度的认同。另一方面,在忽视历时性的分析评价的同时,在国内外各种因素的共同作用下,历史记忆式微还极易导致人们在进行共时性的横向比较时,出现以利益和现实为主导的倾向,人为地夸大当前我国社会经济发展水平和人民物质文化生活水平与西方社会之间的差距,并将我国社会主义建设过程中出现的各种问题,全部归咎于我国的政治制度与社会体制,从而导致人们对我国的政治制度作出片面、偏颇的评判,对我国的政策体系产生怀疑与不满的情绪,甚至出现"崇洋媚外""全盘西化"的情感主张,大大降低人们对我国现行政治制度与政策体系的支持与认同。

3.历史记忆式微动摇政治价值观层面的政治认同

对政治价值观层面的认同是政治认同最高级别的表现形式,在我国集中表现为对社会主义核心价值体系的信仰,以及对中国特色社会主义的道路自信、理论自信、制度自信、文化自信。历史记忆是培育和践行社会主义核心价值观的基础,是构建和形塑"四个自信"的根基。

无论是社会主义核心价值体系的形成与发展,还是"四个自信"的提出、拓展与完善,都是历代优秀共产党人对我国革命、建设和改革宝贵历史经验的总结与提炼,是我国政治经济社会在不同历史条件下持续发展的结果。中华人民共和国的成立确立了社会主义基本政治制度、基本经济制度和以马克思主义为指导思想的社会主义意识形态,为社会主义核心价值体系建设奠定了政治前提、物质基础和文化条件。改革开放以来,结合我国社会历史发展的新形势,进一步提炼出以"三个倡导"为内容的社会主义核心价值观作为社会主义核心价值体系的高度凝练和集中表达。

而中国特色社会主义的"四个自信",更是来源于中国共产党领导中国人民进行革命、建设和改革的光辉历程。中国特色社会主义道路,如习近平所说,"是在改革开放30多年的伟大实践中走出来的,是在中华人民共和国成立60多年的持续探索中走出来的,是在对近代以来170多年中华民族发展历程的深刻总结中走出来的,是在对中华民族5000多年悠久文明的传承中走出来的"①。中国特色社会主义制度,是深刻总结近代以后中国政治生活经验教训得出的基本结论,是中国社会百余年来激越变革、激荡发展的历史结果,是中国人民翻身作主、掌握自己命运的必然选择。马克思主义与中国特色社会主义理论,是经过了历史与实践检验的科学真理,"一个国家实行什么样的主义,关键要看这个主义能否解决这个国家面临的历史性课题"。在中华民族积贫积弱、任人宰割的时期,各种主义和思潮都进行过尝试……但都没能解决中国的前途和命运问题。是马克思列宁主义、毛泽东思想引导中国人民走出了漫漫长夜、建立了新中国,是中国特色社会主义使中国快速发展起来了。"历史和现实都告诉我们,只有社会主义才能救中国,只有中国特色社会主义才能发展中国,这是历史的结论、人民的选择。"②而中国特色社会主义文化,无论是蕴藏于中华民族历史沉淀与思想宝库中的中华优秀传统文化,还是形成于新民主主义革命时期的红色文化,抑或中华人民共和国成立以来尤其是改革开放以来,在伟大的社会主义实践中孕育出来的民族的科学的大众的社会主义文化,都具有极其深刻的历史根源,呈现出极其鲜明的时代特色。

历史记忆的式微使得人们难以充分认识中国人民革命、建设和改革历史进程,难以切身体验中国人民奋斗与牺牲的历史情感,难以深刻感知中国人民探索与自强的历史情境,对于社会主义核心价值体系以及中国特色社

---

① 习近平:《在对历史的深入思考中更好走向未来 交出发展中国特色社会主义合格答卷》,新华网,2013年6月25日。
② 习近平:《毫不动摇坚持和发展中国特色社会主义 在实践中不断有所发现有所创造有所前进》,《人民日报》,2013年1月6日。

会主义"四个自信"的理论源头与实践检验，无法形成完善的历史认知，更无法领会其理论的正确性与科学性，以及实践的必然性与必要性。加之西方敌对势力或别有用心分子通过各种隐蔽的手段对克思主义理论以及中国特色社会主义制度、社会主义道路和社会主义文化进行的竭力诋毁与攻击，对中国革命、建设和改革过程中所取得的历史成就的不断虚无，对中国社会主义事业发展历程中出现的失误与挫折的无限放大，人们的政治价值观难免会受到影响和冲击。在这种复杂激烈的意识形态斗争形势下，历史记忆是稳固政治价值观的根本，政治群体的历史记忆越强大，政治价值观越稳定，反之，历史记忆的衰弱则会在不同程度上引起政治价值观的动摇甚至崩塌，直接导致政治上的消极认同或不认同。

三、承载与塑造："纲要"课形塑历史记忆与政治认同

建构历史记忆是形塑政治认同的重要前提和基本路径。"纲要"课是高等教育阶段开设的一门以系统的历史观、历史认知教育为主的思想政治理论课，是引导和帮助大学生群体建构历史记忆、形塑政治认同最为重要的渠道和手段。"纲要"课承载着中国近现代以来中华民族苦难与辉煌、曲折与探索的历史记忆，在实现与强化大学生群体的政治认同方面发挥着无可替代的重要功能。

（一）以历史记忆为政治认同提供前提基础

"纲要"课作为一门以历史学为基础的思想政治理论课，其本质就是以中国近现代以来的历史史实为基本遵循，以满足现实社会政治、经济、思想文化等方面的发展需要为中心，通过人为的选择与建构，保存与传承中华民族的历史记忆，为形塑大学生的政治认同提供前提与基础。

　　"纲要"课承载的是1840年以来中华民族的历史记忆,既涵盖了中华民族屡遭欺凌、悲惨贫弱的创伤记忆,也包含着中国人民实现民族独立、国家富强的辉煌记忆,其内容十分丰富,内涵十分深刻。"纲要"课以"灿烂的中国古代文明"为开篇,回顾古代中国的发展历程,引导大学生开启和进入中国近现代的历史记忆。"纲要"课梳理了资本—帝国主义对中国的侵略及造成的影响,讲述了近代以来中国人民为救亡图存而对国家出路进行的屡次探索,记述了中国革命发生的历史必然性和中国共产党领导中国人民进行的艰苦的民族解放运动,分析了中国走上社会主义道路以及实施改革开放战略的科学性与正确性。在中华民族五千多年的历史长河中,中国近现代的历史虽然只有短短的一百八十多年的历程,却蜿蜒曲折、错综复杂,如著名历史学家费正清所言,近代以来,"中国人民走了一条岣岩坎坷的路,里里外外都充满莫测的变化"①。对于中国近现代异常庞大、复杂的历史记忆资源,"纲要"课通过较为清晰和条理化的方式将其呈现出来,政治上涵盖了从昌盛独立的封建大国到衰落依附的半殖民地半封建社会的根本改变,从封建帝制的推翻到民主共和制的建立,再到新民主主义制度和社会主义制度的建立,从国民党、北洋军阀的反动统治到中国共产党在全国范围内的全面执政;经济上覆盖了西方资本主义世界经济体系对中国传统农业社会的冲击和中国社会的回应,全球工业化趋势下中国传统社会向现代社会的艰难转型,以及民族资本主义经济的缓慢发展与社会主义经济体制的建立和商品经济的繁荣昌盛;思想文化上则囊括了从正统儒家思想的"大一统"到三民主义,再到马克思主义的选择与转变,从思想禁锢、文化专制到思想解放、百家争鸣,再到社会主义思想文化百花齐放、全面发展,等等。"纲要"课通过对有关历史进程、历史事件和历史人物的分析,将这些作为中国近现代历史发

---

① 费正清:《伟大的中国革命》,世界知识出版社,2000年,第5~6页。

展主题、主线和主流、本质的历史记忆较为全面地呈现出来。

"纲要"课保存和承载的历史记忆不仅是清晰的、全面的,而且是符合历史记忆逐层递进的生成规律的。从历史记忆关系系统的三个层次来说,"纲要"课丰富的历史记忆以大量的可认知的、承载了特定历史意义的历史符号的形式呈现出来,以更多生动的、被赋予了更加撼动人心的历史情节的方式表现出来,在由此生成的历史认知和情感共鸣的基础上,进行是非判断、价值抽象与理论概括,最终上升为最稳定、最理性的价值记忆。如有学者所言,"'纲要'课以符号的形式传播具体的历史认知,也在以叙事的方式传递共同体的情感取向,但更重要的是在传播一种理解中国社会历史发展进程的价值理性"①。依据历史记忆关系系统与政治认同之间存在的对应关系以及从历史记忆到政治认同的演进路径,"纲要"课程通过系统的历史教育,引导大学生群体共享中国近现代以来的历史与"往事",以此形成特定的符号记忆、情节记忆和价值记忆,而作为共享历史与"往事"的结果,在历史记忆的基础上,逐渐生成与之相对应的自然认同、强化认同与理解认同,最终达致大学生群体对于中国共产党与中国特色社会主义的政治认同。

(二)以历史叙事为政治认同提供发展方向

历史记忆并非对历史事实的简单重现和对历史过往的平铺直叙,建构历史记忆的重要意义和直接目的在于服务现实,即服务于现实的国家利益以及执政党的执政根基。因此,对于历史事实的选择以及如何对其进行诠释是建构历史记忆并实现其政治功能的关键所在。在选择与诠释历史事实的过程中,叙事方式发挥着重要作用。叙事是记忆对过去的重现方式,是指

---

① 陈华:《建构历史记忆 增强政治认同——"中国近现代史纲要"课程叙事的意义与功能》,《思想政治课研究》,2017年第2期。

将叙述内容作为信息由发送者传达给接受者的交流过程。①叙事作为人类的一项主观活动,反映着人们的主观意志,亦受到个人情感、态度和价值观念的影响。因此,不同的叙述者、不同的叙事视角和叙事方式会使所发送的信息和叙述的故事呈现出不同的状态。对于历史记忆而言,历史记忆的书写者和叙述者会有意或无意地将个人的主观意图、主观认识与主观判断渗透于历史记忆的书写与叙述之中,从这个角度来看,历史记忆的选择、建构与诠释也就是历史记忆的书写者和叙述者自身对于历史现象、历史事件和历史人物的情感表达和价值判断。也就是说,书写者和叙述者的情感和立场,以及他们所采用的叙事方式,直接影响着历史记忆的建构。

在历史记忆的建构中,叙事方式的选择直接指向明确的价值标准与政治目标,体现着主流的社会意识形态。历史叙事本身就意味着一种价值研判与选择评价,"人们为什么要叙说这些,不叙说那些?为什么要这样叙说而不那样叙说?为什么要选择在这样的时间和情势而非那样的时间和情势叙说等都与'话语'有关,都不是任意的社会行为"②。历史叙事进行选择和评价的标准,就是是否有利于共同体政治目标的承袭与表达,是否有利于共同体政治认同的形成与塑造。这一标准直接决定了历史叙事要选择哪些历史事件、选择怎样的叙事模式、选择何种叙述语言,从而更好地凸显历史叙事的政治意图,更好地实现历史叙事的价值目标。可以说,历史叙事是建构历史记忆的重要环节,叙述内容的取舍、叙述方式的运用等直接决定了历史记忆的书写与诠释,这一过程也自然蕴含着历史记忆鲜明的价值指向,即为维护共同体的政治需要、强化共同体的政治认同服务。

从叙事的语境来看,"纲要"课就是通过一定的历史叙事方式,创设历史

---

① 谭君强:《叙事学导论》,高等教育出版社,2008年,第10页。
② 彭兆荣:《无边界记忆——广西恭城平地瑶"盘王婆"祭仪变形》,《广西民族研究》,2005年第4期。

记忆的情境,以此帮助大学生建构历史记忆、实现政治认同。"纲要"课的教材是建构历史记忆的重要叙事文本。文本是记录和保存历史记忆最为重要的方式之一,"纲要"课的教材除了具有承载中国近现代以来历史记忆的基本功能之外,与其他历史文本相比,其特殊性还在于它的强制性、权威性和同一性。"纲要"课采用国家统编的指定教材,其编写和审定经过了极为严格的过程,无论是历史观点的表达,还是历史事件的选择、历史人物的评判以及框架体系的构建,都是反复研判、精心筛选而来,它反映着叙事者的主观选择与价值评判,体现着国家意志与执政党的政治原则和政治理念,适应着国家繁荣富强与社会政治、经济、思想文化等方面全面发展的现实需要,符合我国主流的价值观念与社会意识形态。因此,"纲要"课的教材不允许随意篡改和任意解读,也不允许在观点上"标新立异"。"纲要"课教材作为强制、权威的叙事文本,是这一课程秉持历史叙事、建构历史记忆的基础。此外,通过"纲要"课建构历史记忆,不仅需要内在同一的叙事文本,还需要对叙事文本进行外在的诠释与表达。"纲要"课教师作为历史记忆的叙述者和诠释者,不仅具备深厚扎实的历史学功底,能够对纷繁复杂的历史现象、历史人物和历史事件进行客观准确的分析和研判,还能够根据"纲要"课程中不同的叙事内容选取恰当的叙述方式、表达方式,采用适当的教学手段与教学形式,对叙述内容进行科学的解读和正确的诠释,保证大学生建构符合共同体价值目标与利益需求的历史记忆,从而为其政治认同的生成与强化提供正确的方向保证。

(三)以历史认知为政治认同提供内生动力

"认同"意指承认、认可和赞同,其首先表达的是事物的同一性含义,即一个事物经历了时空的变化之后,还保持其基本的特性。认同还表征着事物的连续性,"指的是认同主体的一种自我体验和自我经验感,它造就了一种时间和空间意识。在自我和个体认同那里,认同的连续性指的是时间和空间关系的动态一致性,它在个体认同那里表现为记忆"①。记忆是认同得以形成的前提,就个人而言,借助记忆,人们才能保持自身身份的同一性与连续性不被中断,从而获得个人身份的确立和组织的归属,明确"我是谁""我从哪里来""我隶属于哪个组织"等问题的答案。就共同体而言,共同体的历史记忆能够形成共同体成员对于共同的历史传统、生活习俗、行为习惯等的同一性与连贯性认知,为政治认同的实现奠定同一性与连贯性的精神文化基础,这是政治认同得以建立和塑造的内生动力,也是其能够得以保持和维系的稳定内核。

"纲要"课通过建构大学生的历史记忆而塑造政治认同,其基本前提就是对大学生进行较为系统、完整的历史认知教育。"纲要"课作为高等院校开设的思想政治理论课,不同于基础教育阶段单纯的历史知识的传授和灌输,其更深层次的教学目的在于在此之上帮助和引导大学生对中国近现代社会历史发展的进程进行独立思考、科学分析与理性看待,培养大学生广阔的历史视野与宏观的历史思维,从而在马克思主义唯物史观的指导下作出自己的历史判断,形成独立的历史观点与历史认识。在历史记忆与政治认同的视域下,"纲要"课开展的历史认知教育,对大学生同一性、连续性历史记忆的生成及其对政治认同的塑造集中表现在两个方面:

一是使大学生充分认识到,尽管中国近现代历史发展多灾多难、蜿蜒曲折,但中华民族的核心与本质并未发生改变。"中国近代史,是一部充满灾难、落后挨打的悲惨屈辱史。"②中华民族在近代遭受着深重的民族灾难,列强屡屡发动侵略战争,在大肆屠杀中国人民、抢夺中国资源财富的同时,凭

---

① 王成兵:《国家认同:当代认同问题研究的新焦点》,《学术论坛》,2010年第6期。
② 习近平:《在中国国际友好大会暨中国人民对外友好协会成立60周年纪念活动上的讲话》,《人民日报》,2014年5月16日。

借坚船利炮强迫中国政府签订一系列不平等条约,在中国肆意勒索权益,干涉中国内政,控制中国的内政外交。衰弱贫困的中国割地赔款、主权尽丧,一步步成为半殖民地半封建社会,甚至一度面临着亡国灭种的危险。列强的入侵给中华民族带来了无比深重的民族危机、社会危机和统治危机,在列强的侵略下,近代中国经历了领土、主权、人口、社会性质的变化,经历了政权、政府、执政党的更迭,经历了政治、经济、文化、教育等方面制度体系的变革。但无论危机如何深重,无论社会如何动荡,中华民族几千年来形成的精神内核与文化根基始终如一,中华儿女对于中华民族共同体成员的身份认同与心理归属不曾改变,这使得中华民族能够在危难关头迸发出强烈的民族意识和强大的精神力量,团结一致,自强不息,这也是中华民族近代以来历尽劫难而不死,屡遭侵略而未亡的根本原因。"纲要"课通过对这一段历史记忆的建构,引导大学生认识到支撑中华民族近代以来不屈不挠、砥砺前行的核心因素,帮助他们建立对于中华民族过去、现在和未来的同一性与连续性认知,以此固化他们作为中华民族共同体成员的个人身份与群体归属,实现他们对于中华民族共同体的文化认同、民族认同与政治认同。

二是通过历史认知,建立历史与现实的紧密联系,强化大学生对于国家和民族的历史责任感与使命感。"历史是已经过去了的现实,现实是历史的继续和发展。历史与现实之间不是任何一方面的单向运动,而是从历史到现实和从现实到历史的双向的相对运动。人们既不能离开历史的基础进行生活和创造,历史也不能不在现实中留下痕迹和影响。"[①]"纲要"课帮助大学生建构历史记忆,其目的不在于简单地回溯历史,而是通过培养同一性与连续性的历史认知,实现历史与现实时间与空间上的交互,引导大学生超越当下,突破时空的限制,与那些未曾谋面的祖先和未曾经历的事件建立文化与

---

① 刘薇:《"中国近现代史纲要"教学方法的哲学思考》,《思想教育研究》,2013年第7期。

心理上的联系,形成"记忆性的社群"。它"提供了一种道德传统,有助于表述我们生活中的一致性,使我们有义务来促进我们的历史中所有记忆和期望的理想,把我们的命运与我们的前辈同时代的人以及后代连结在一起"①。这种跨越时空的"连结"能够使大学生自觉践行和发扬先辈的精神与理念,继承和追寻先辈未曾实现的目标与梦想,更加深刻地认识到自身在历史中的定位以及在国家和民族发展中扮演的角色,从而在现实生活中更加自觉地肩负起国家和民族发展的历史责任与历史使命。

(四)以教学内容为政治认同提供历史底蕴

政治认同具有明确的时代特征与利益导向,每一个不同的历史时代,政治团体都会根据现实的政治需求与利益需要塑造不同的政治认同。如恩格斯所说:"每一个时代的理论思维,从而我们时代的理论思维,都是一种历史的产物,它在不同的时代具有完全不同的形式,同时具有完全不同的内容。"②在当代中国视域下,中国特色社会主义政治认同集中体现为对中国共产党的政党认同,以及对中国特色社会主义道路、理论、制度和文化的认同。中国特色社会主义政治认同并非凭空产生,它既根植于当代中国现实的社会生活与政治需要,是时代发展的产物,也是对中国历史尤其是中国近现代历史发展的传承与延续,源于对中国历史传统的现代吸收。正如有学者所言:"共同体政治离不开历史传统的支持和共鸣,需要从'对大多数人来说最有意义'的历史土壤中获取民族文化的养护。"③中国特色社会主义政治认同

---

① [美]丹尼尔·贝尔:《社群主义及其批评者》,李琨译,生活·读书·新知三联书店,2002年,第124页。转引自吴玉军、顾豪迈:《国家认同建构中的历史记忆问题》,《中国特色社会主义研究》,2018年第3期。

② 《马克思恩格斯选集》(第四卷),人民出版社,1995年,第284页。

③ 康立芳:《以历史记忆培育政治认同——大学生思想政治教育的新视角》,《湖北社会科学》,2016年第5期。

正是中国近现代的历史传统以及在此基础之上不断建构的代际相袭的历史记忆的结果,中国共产党的执政地位是历史进程中中国人民做出的必然选择,其执政地位具有深厚的历史根基。中国特色社会主义道路、理论、制度和文化亦是中国近现代历史中所形成的发展道路、理论体系、政治制度和文化内涵的继承与发展。

在中国近现代民族、民主革命和中国特色社会主义的伟大实践中,发展道路的抉择、理论体系的建立、政治制度的完善以及文化内涵的形成,都是中国近现代历史发展的产物,与近代以来中国社会历史发展的进程相适应。"纲要"课作为一门主要讲授中国近现代历史发展进程的思想政治理论课,其主要内容即在于讲清国史与国情,讲清近现代中国社会发展和革命、建设与改革的历史进程及其内在的规律性,讲清历史和人民选择马克思主义、选择中国共产党、选择社会主义道路和选择改革开放的必然性与正确性。从这个意义上讲,"纲要"课所涵盖的教学内容和与中国特色社会主义政治认同具有内在的一致性,它是对中国特色社会主义政治认同进行的完整的、历时的呈现,也是对中国特色社会主义政治认同作出的准确的、历史的阐释。围绕这一教学核心,"纲要"课对教学内容进行严格的筛选与设计,在"讲什么""为何讲""如何讲"的问题逻辑中实现对中国近现代历史记忆的选择与建构,并将"四个选择"的社会背景、客观原因和历史依据作为核心内容贯穿其中,以此为中国特色社会主义政治认同提供鲜明的政治图景和深厚的历史底蕴。

(五)以精神资源为政治认同提供情感驱动

在中国共产党带领中国人民进行革命、建设与改革的奋斗历程中,培育和形成了一系列彰显和反映民族精神、体现时代要求、凝聚各方力量的"精神"。这些难能可贵的"中国精神",贯穿于中华民族五千多年的历史长河,积淀于近现代中华民族复兴发展的光辉历程,是中华民族重要的精神资源,在不同历史时期发挥着强大的思想激励作用,是新时代塑造政治认同、稳定政治发展所必须依赖的情感支持与力量源泉。

"纲要"课是传承和发扬"中国精神"的重要载体,它既包含着以爱国主义为核心的民族精神,也包含着以改革创新为核心的时代精神。民族精神是一个民族在长期共同生活和社会实践中形成的,为本民族大多数成员所认同的价值取向、思维方式、道德规范、精神气质的总和。在长期的历史发展中,中华民族形成了以爱国主义为核心的团结统一、爱好和平、勤劳勇敢、自强不息的伟大民族精神。时代精神是一个时代的人们在文明创建活动中体现出来的精神风貌和优良品格,是激励一个民族奋发图强、振兴祖国的强大精神动力。当代中国形成了以改革创新为核心,以"以人为本、和平发展、社会和谐、与时俱进"为基本内涵的时代精神。

以爱国主义为核心的民族精神和以改革创新为核心的时代精神在中国近现代历史发展的进程中体现得淋漓尽致。近代以降,在资本—帝国主义的入侵和民族危机不断加深的刺激之下,中华民族开始觉醒,民族精神和民族意识得到了空前的激发,内在的民族凝聚力也得到了前所未有的增强。在新民主主义革命时期,中华民族形成了诸如以"爱国、进步、民主、科学"为核心的五四运动精神,以"坚定信念,艰苦奋斗,实事求是,敢闯新路,依靠群众,勇于胜利"为核心的井冈山精神,以"不怕牺牲、亲密团结、百折不挠"为核心的长征精神,以"开天辟地、敢为人先的首创精神,坚定理想、百折不挠的奋斗精神,立党为公、执政为民的奉献精神"为核心的红船精神,以"实事求是、理论联系实际,全心全意为人民服务和自力更生艰苦奋斗"为核心的延安精神,以及"以爱国主义为核心,以救亡图存、民族解放为主题,以自强、团结、牺牲、坚韧为基本内涵"的抗战精神等宝贵的民族精神。新中国成立以后,中国共产党带领中国人民进行了社会主义建设和改革开放的伟大实践,七十余年建设与改革的历史进程中,形成了"艰苦奋斗、勇于开拓、顾全大局、无私奉献"的北大荒精神,"自力更生,艰苦创业,团结协作,无私奉献"的红旗渠精神,"亲民爱民、艰苦奋斗、科学求实、迎难而上、无私奉献"的焦裕禄精神,"爱国、创业、求实、奉献"的大庆精神,"憎爱分明的阶级立场,言行一致的革命精神,公而忘私的共产主义风格,奋不顾身的无产阶级斗志"的雷锋精神,"热爱祖国、无私奉献,自力更生、艰苦奋斗,大力协同、勇于登攀"的"两弹一星"精神等。至改革开放新时期,更是涌现出了"万众一心、众志成城,不怕困难、顽强拼搏,坚忍不拔、敢于胜利"的抗洪精神,"万众一心、众志成城,不畏艰险、百折不挠,以人为本、尊重科学"的抗震救灾精神,"特别能吃苦、特别能战斗、特别能攻关、特别能奉献"的载人航天精神,"爱岗敬业、争创一流,艰苦奋斗、勇于创新,淡泊名利、甘于奉献"的劳模精神等众多展现时代风貌的优秀精神品质。

这些宝贵的精神财富蕴藏于"纲要"课的教学体系之中,是建构历史记忆的重要内容和丰富资源。"若一民族对其以往历史了无所知,此必为无文化之民族。此民族中之分子,对其民族必无甚深之爱,必不能为其民族真奋斗而牺牲,此民族终将无争存于世之力量。"①"纲要"课所传承的历史记忆和蕴藏的"中国精神",包含着长久以来中华民族形成的集体情感、价值追求和家国情怀,不但激发着大学生的爱国主义精神与改革创新精神,也成为新时代形塑大学生政治认同重要的价值导向。与此同时,在实践层面,以爱国主义为核心的民族精神和以改革创新为核心的时代精神还转化成为一种强大的"精神力量","爱国主义始终是把中华民族坚强团结在一起的精神力量,改革创新始终是鞭策我们在改革开放中与时俱进的精神力量"②,为引导和

---

① 钱穆:《国史大纲》(上册),商务印书馆,1996年,第2页。
② 习近平:《在十二届全国人民代表大会第一次会议上的讲话》,《人民日报》,2013年3月18日。

规范大学生的政治行为,践行国家认同、民族认同和政治认同提供着巨大的精神动力。总之,"纲要"课对历史记忆和"中国精神"的传承与激发,会"转变成'去是'和'去行动'的诱因"①,成为大学生践行政治信念、为国奋斗、为国奉献的情感驱动与力量源泉。

---

① 刘惠明:《作为中介的叙事》,世界图书出版公司,2013年,第198页。

第三章 历史记忆向政治认同转化的 社会与心理机制

　　历史记忆不仅仅是历史的再现,更是社会的再建构过程。作为政治认同四大支柱之一的历史记忆,①它以一种共同体成员共享"往事"的集体记忆的方式而存在。不同于切身体验的个人记忆,集体记忆依赖于后天的传承和习得,它是政权基于自身的需求而对信息进行的二次加工,通过信息的取舍和进一步提炼,建构和唤醒公众特定的历史记忆,从而达到政治认同的目的。从这个意义上说,历史记忆不是历史的再现,"尽管我们确信我们自己的记忆精确无误,但社会却不时地要求人们不能只是在思想中再现他们在生活中以前的事件,而且还要润饰它们,或者完善它们,乃至我们赋予它们一种现实都不曾拥有的魅力"②。所以,历史记忆不是被保留的结果,而是在当前社会基础上重新建构的结果,是"依据一定的社会现实、社会框架、社会理念和社会需求进行历史与往事的集体筛选和现实诠释"③。

　　作为人为主观建构结果的历史记忆,并不会自然转化为政治认同。"完

---

　　① 常轶军:《政治认同的四大支柱:历史记忆、现实利益、价值观念与话语体系》,《新视野》,2014年第6期。
　　② [法]莫里斯·哈布瓦赫:《论集体记忆》,毕然、郭金华译,上海人民出版社,2002年,第91页。
　　③ 詹小美、康立芳:《集体记忆到政治认同的演进机制》,《哲学研究》,2015年第1期。

整意义上的认同是一个客观因素和主观因素双重建构的过程。外在环境的变化必然催生认同主体主观认识和主观感受发生某种改变;反过来,认同主体发生变化的程度和广度对于认同对象又产生深刻的影响"①,这里所说的客观因素一般是指外部的社会因素,而主观因素则指向人的内在的心理过程。政治认同是社会和心理双重机制共同作用的结果,二者互为表里,缺一不可。缺乏有效的社会支持机制,历史记忆无法实现有效的再建构,同样,缺乏有效的心理支持机制,政治认同也无法产生足够的黏性。

一、历史记忆向政治认同转化的社会价值支持机制

历史记忆不能建构于价值的荒漠之中,它需要一整套价值系统的支持。或者说,它应该无缝嵌入某一特定的政治和社会价值系统之中,并构成这一政治和社会价值系统的一部分。事实上,在整个政治和社会价值系统稳定构建起来之前,单纯对历史记忆进行建构是非常困难的,因为历史记忆本身是政治权力主导下的选择与建构,它以维护特定的政治体系、实现特定的政治目标为目的,如果缺乏稳定的政治和社会价值系统的支持,那么历史记忆的建构就很可能会偏离既定的政治方向,无法达到其追求的政治目标。从这个意义上来说,缺乏政治和社会价值系统稳定支持的历史记忆,无法为政治认同的生成提供历史资源和价值导向,也就很难有效地转化为对于特定政治体系的认同。在政治与社会价值系统不稳定,甚或发生混乱的情况下,历史记忆的建构很可能会事与愿违,不但不能有效地塑造政治认同,甚至会发生相反的作用,对人们的政治思想、政治态度乃至政治行为产生负面影响,弱化和动摇人们对政权和政治体系的认同和支持。比如,《建党伟业》这

---

① 吴玉军:《符号、话语与国家认同》,《学术论坛》,2010年第12期。

部电影,其本意是希望通过历史记忆的建构,使社会成员了解中国共产党成立的历史背景以及领导中国革命的历史必然性。但这种建构需要在马克思主义话语体系下才有可能实现,一旦马克思主义话语体系被冲击乃至被质疑和动摇,历史记忆的建构过程就会陷入困境。尤其在前些年西方自由主义话语体系不断冲击中国主流话语市场的情境下,以《建党伟业》为载体建构的中国共产党成立的历史记忆极有可能陷入失败,甚至在一定程度上导致社会成员政治价值观的偏离。"建党伟业是向北洋军阀政府致敬的电影,该片用精彩的案例、温馨的细节为我们描述了这样一个时代,报纸可以私人控股,新闻可以批评政府,大学可以学术独立,学生可以上街游行,群众可以秘密结社,警察不可随便抓人,权利有边界,法律有作用,人权有保障,穷人有活路,青年有理想。"①可以想象,在这种社会价值系统之下,如何能够建构起有效的历史记忆,从而塑造和巩固人们对于中国共产党的认同? 人们不再是在马克思主义价值观体系下认识中国共产党领导中国人民反帝反封建、追求民主自由艰苦卓绝的历程,而是用西方价值体系解构了这个过程,人们关注的也不再是社会发展的大背景,而是具体而细微的游行示威、自由辩论等若干被架空的历史细节,从而重新诠释历史,这是非常危险的。因此,任何历史记忆的建构都不是一个孤立的过程,也不是客观的历史再现的过程,而是一个具有明确政治目标的系统工程。它需要兼容于社会主流价值体系。正因如此,我们在对历史记忆本身进行意义建构的同时,也必须正本清源,积极建构本土化的价值话语体系。只有这样,才能保证历史记忆的建构、解读和诠释不偏离正确的政治轨道,能够从根本上为维护我国的政治稳定和政治发展服务。

从理论上说,我国作为中国共产党领导的以马克思主义理论为指导的

---

① 《陈丹青在"理想国年度文化沙龙2011"的谈话》,凤凰网,2011年9月13日。

社会主义国家,国家主流价值观是清晰而明确的,不存在社会价值与历史记忆价值建构不兼容的现象。即使在改革开放后,坚持四项基本原则也一直是我国的立国之本。它是中国人民长期艰苦奋斗取得的历史经验,是党和国家政治团结稳定、持续发展进步的重要政治基础,也确保了我国改革开放的正确政治方向。理论是清晰的,但现实是复杂的。在我国很多地方依然可能存在着社会价值与历史记忆价值不兼容的现象,这在一定程度上影响着历史记忆建构的效果。

问题主要存在于两个方面:一是社会整体层面上所出现的价值体系混淆和混乱的现象。改革开放以后,面对中国社会发展中的"西学东渐"现象,我国本土话语曾一度陷入"失语"状态。尤其在政治话语系统中,在相当长一段时期内,无论是概念理论,还是方法角度,都很难跳出西方政治话语知识体系的范畴。以此审视我国的政治制度和政治实践,自然很容易得出"外国月亮圆"的结论。这种现象不仅存在于政治话语系统中,而且几乎遍布于所有社会领域,以至于我们面对西方话语系统失去了话语自信,把西方的一整套话语乃至制度奉为圭臬,西方话语体系成了评判我国一切现象的标准。虽然我国经济发展取得了长足的进步,但对社会发展诠释的话语权却在不断流失。在这种情况下,西方自由主义思想一度成为我国的政治话语主流,马克思主义话语虽然依然居于统治地位,但在非官方乃至半官方话语场域中却处于失语状态。当代大学生思维活跃,但政治上缺少稳固性和敏感性,这种社会整体层面上出现的价值体系混乱现象更易对他们产生负面影响,导致他们的政治价值观偏离。二是部分地区存在的价值观不兼容现象。在部分地区,由于历史、宗教、民族等各种社会经济原因,在社会价值观上可能出现非马克思主义甚至反马克思主义现象。这种现象主要存在于香港、澳门和偏远地区。

面对这些社会现象和现实问题,在当前历史条件下,构建起稳定的社会价值支持系统,形成完整的政治价值生态体系,对于整个社会,尤其是对于大学生群体历史记忆的建构、政治认同的形成依然至关重要。而构建稳定的社会价值支持系统,需要从以下三个方面着手:

（一）构建中国本土价值体系

无论是历史记忆的建构,还是政治认同的形成,首先必须保证其遵循正确的政治方向。这就要求积极构建中国本土价值体系,以当代中国"活"的马克思主义的基本立场、基本观点和方法为指导,避免西方政治价值理论体系对当前中国历史记忆与政治认同的影响和冲击。对此要做到两点:

一方面,在建构历史记忆的过程中,要避免将马克思主义教条化。我们必须明确认识到,马克思主义是建立在应然目标与实然状态有机统一的基础之上的科学的理论体系。在中国共产党的历史上,对待马克思主义存有两种态度:一种是马克思主义的,一种是教条主义的。教条主义破坏马克思主义大众化的政治保证和组织保证,阻碍了中国共产党对中国革命和社会主义建设作出正确的决策。在中国共产党幼年时期,党的某些领导人由于对马克思主义的某些问题产生了教条化的理解,对中国革命的领导权产生了错误认知,将统一战线中的领导权拱手让给国民党,不但导致了大革命的失败,而且阻碍了马克思主义中国化的进程。事实上,改革开放以来形成的许多新思想、新理论,以及在此指导下产生的新的社会实践,都源于新的历史条件下中国人民不断的思想解放。这些新思想、新理论、新实践不是对马克思主义基本立场、基本观点和基本方法的背离,相反,它们正是基于中国的实际以及长期以来对中国社会主义道路发展的探索实践而丰富和发展了的马克思主义。当前中国历史记忆的建构,所要坚持的就是符合当前中国国情的中国化的马克思主义,要坚决避免以教条化的马克思主义理论建构和阐释历史记忆。

另一方面,要从盲从西方的思想中解放出来,防止用西方的理论教条对中国的政治体系进行衡量和阐释。毋庸讳言,一段时期以来,那种将西方自由民主制度视为中国未来制度转型目标的思维,在不同程度上影响着中国改革实践经验的总结,也不可避免地对新时期中国历史记忆的建构和政治体系的阐释产生消极影响。要解决这一问题,就必须建立中国本土化的理论体系,防止用西方的尺子度量中国的历史和现实,要坚持以"中国理论"解决"中国问题",评判"中国价值",构建"中国记忆"。只有在"中国理论"的框架下,历史记忆的建构才能够保证正确的政治方向,政治认同的形成才能够不偏离我国社会的主流价值,大学生的思想头脑才能够不被西方价值体系所绑架。

(二)建立中国本土价值自信

构建中国本土价值体系,是保证历史记忆的政治方向,使其转化为正确政治认同的第一步。而要想使得这一体系在历史记忆向政治认同转化的过程中真正发挥作用,它就必须被人们所普遍接受、相信和认同,并由此自觉地成为人们建构历史记忆、形塑政治认同的理论武器。中国本土化价值体系需要建立强大的理论自信,只有这样,它才可能在人们建构历史记忆时发挥支配性作用,自动成为人们形成政治认同的思想根基。具体而言,建立中国本土价值自信,要在以下两个方面展开:

一是要牢固树立"四个自信",这是建立中国本土价值自信,实现历史记忆转化为政治认同的现实基础。"四个自信"源于历史,指向现实。中国特色社会主义道路是实现社会主义现代化的必由之路。党的十一届三中全会以来,中国改革开放四十多年的辉煌成就已经证明,中国特色社会主义道路是中华民族走向繁荣富强的根本保证。中国特色社会主义理论是中国特色社会主义建设的指导思想,是马克思主义不断中国化的理论精髓,其强大的科学性、真理性已经多次为历史所验证。中国特色社会主义制度具有巨大的优越性，它能够维护社会稳定、推动社会发展，最大程度地保障中国人民的自由平等权利和人身财产权利。中国特色社会主义文化与中华优秀传统文化一脉相承，其自身就蕴含着强烈的历史自豪感和民族自信心。由此可见，"四个自信"并不是凭空产生，中国特色社会主义道路、理论、制度和文化根植于中华民族肥沃的历史土壤，其形成和发展具有不可否认的历史必然性和科学正确性。正是这种已经被多次证明了的历史必然性和科学正确性，能够促使中华民族共同体成员牢固树立"四个自信"，从而为历史记忆的建构奠定坚实的现实基础。

二是要牢固树立"历史自信"，它为建立中国本土价值自信、实现历史记忆转化为政治认同提供历史根基。习近平在讲话中多次强调历史自信问题，可谓是切中要点，"历史自信"对于历史记忆的建构极具意义。历史自信源于1840年以来中华民族感天动地的抗争与探索，尤其是中国共产党成立以来带领中国人民进行的百余年的奋斗历程，不但实现了民族独立和国家富强，更是创造了彪炳史册的辉煌成就。"历史自信"就是要以史为鉴，要从党的百年奋斗历程中汲取成功经验，树立对中国共产党奋斗成就和奋斗精神的自信。"历史自信"为建构历史记忆、形塑政治认同提供深厚的历史根基，具体可以从以下三点进行把握：

首先，"历史自信"存在于中国共产党的历史使命之中。中国共产党自诞生起，就义不容辞、义无反顾地担当起实现中华民族伟大复兴的艰巨任务和崇高使命。在一定程度上可以说，追求和实现中华民族伟大复兴的历史进程，就是中国共产党一次次不断克服种种艰难险阻，完成其历史使命的奋斗过程。无论是新民主主义革命时期，中国共产党带领中国人民赢得民族独立，还是社会主义革命、建设与改革时期，中国共产党带领中国人民实现国家富强，在新的历史条件下继续开创新的历史辉煌。中国共产党成立一百余年来,她始终不负历史和人民的重托,在实现中华民族伟大复兴的历史征程中勇担重任,出色地完成了历史和人民交给的历史任务。正如习近平总书记在庆祝中国共产党成立100周年大会上的重要讲话中指出:"中国产生了共产党,这是开天辟地的大事变,深刻改变了近代以后中华民族发展的方向和进程,深刻改变了中国人民和中华民族的前途和命运,深刻改变了世界发展的趋势和格局。"[1]中国共产党在中国革命、建设与改革过程中的优秀表现,充分体现了她的先进性,由此奠定了"历史自信之基"和"历史记忆之石"。

其次,"历史自信"体现于中国共产党的历史实践之中。历史实践证明了中国共产党无愧于两个先锋队的角色,是全心全意为人民服务的马克思主义政党。中国共产党成立之前,中国人民几经探索国家出路,但最终都归于失败,始终没能摆脱贫穷落后,被奴役、被压迫的悲惨境地。中国共产党成立之后,正是在其坚强领导下,中国人民的前途命运才发生了翻天覆地的变化,真正过上了国家富强、人民幸福的美好生活。中国共产党成立百余年来的伟大历史实践,奠定了其坚强的价值基础。她所彰显的历史价值,为中国人民乃至世界人民所公认,成为当前社会条件下中国人民"历史自信"的实践来源。也正是中国共产党带领中国人民革命、建设与改革的成功实践,极大地增强了中华民族的自尊心和自信心,为建构历史记忆、强化政治认同提供了历史与现实的双重依据。

最后,树立"历史自信",要旗帜鲜明地反对历史虚无主义。历史虚无主义是冲击中华民族"历史自信"的主要政治思潮之一。如前所述,它通过虚无中华民族的历史文化、民族文化、民族传统和民族精神,抹杀和否定中华民族的辉煌历史,无限扩大中华民族的创伤记忆,由此不断打击中华民族的

---

① 习近平:《在庆祝中国共产党成立100周年大会上的讲话》,人民出版社,2021年,第3页。

自尊,涤荡中华民族的自信,使中华民族共同体历史记忆的建构偏离正常的轨道。"历史自信"的缺失以及历史记忆的歪曲,会直接导致中国共产党执政基础的动摇,使中国特色社会主义建设停滞不前,对中国政治稳定和社会发展的危害极大。因此,要树立"历史自信",就必须旗帜鲜明地反对历史虚无主义的侵害。历史虚无主义的根源是唯心史观。针对此,我们必须以历史唯物主义的历史观和方法论为理论武器,坚持实事求是,对具体问题具体分析,针锋相对地与历史虚无主义进行思想斗争,并从中不断汲取强化中华民族自信心的历史资源,保证中华民族历史记忆的科学性、完整性和政治性、时代性。

（三）搭建中国本土价值载体

从历史记忆转向政治认同的社会价值支持系统建立起来之后,还需要一定的价值载体,才有可能将其传播于社会成员之中,并潜移默化地被接受和认同。社会价值支持系统载体的搭建可以从以下三个方面着手:

第一,正本清源,夯实马克思主义理论的指导地位,为中国本土社会价值支持系统奠定坚实的思想基础。西方社会对我国政治制度进行的理论攻击以及对我国主流价值体系的文化侵袭,是影响人们（尤其是大学生群体）价值观念、政治态度与政治行为的主要消极因素之一。因此,要搭建稳固的社会价值支持系统,就必须引导人们从理论根源上充分认识我国政治制度的本质及其优越性。只有这样,才能保证在西方社会思潮的袭扰攻击下,人们的政治信仰不发生动摇,政治价值观不发生改变。

针对西方社会对我国政治制度的攻击,一方面,要使人们充分认识到,我国社会主义政治的本质是民主政治,也就是人民当家作主。从新中国成立伊始,我国的政治就是以民众的翻身解放为基础,这种翻身不仅是经济上的翻身,也是政治上的翻身,从被压迫到成为国家的主人,老百姓获得了参与国家政治生活的权利。民主才是我国政治的基础,"民主是社会主义的生命"。我国的政治体制属于一种民主性体制,它对人民的要求一直保持了足够的回应性。从宏观上来说,经济的快速发展实现了我国几千年来从未有过的繁荣富强,这是最大的民意。从微观上来说,社会保障、基础设施、医疗教育等各项公共服务事业都有了长足的进步,民众的生命权、生存权、发展权等各项权利也都得到更好的保障,老百姓的幸福感、获得感都有了切实的提高。从这个意义上说,民主在我国得到了本质上的实现。对我国政治制度的认同,首先就是对中国特色社会主义民主道路的认同。

另一方面,也要使人们充分认识到,中国共产党的领导是我国社会主义政治的根本特征。社会主义是我国政治的本质规定性,它是我国政治的根本属性。这就决定了它在内在结构和外在形态上和资本主义政治有很大不同,其中最为本质的区别就是中国共产党的领导。只有中国共产党的领导,才能保证社会主义制度不变色,也只有坚持中国共产党的领导,社会主义制度才能得到巩固和发展。社会主义制度和党的领导这两者是一体的,是不可分割的。同时,中国共产党的领导在中国还有其历史规定性和现实规定性。从历史上来说,是中国共产党领导了中国革命,通过一代代革命志士艰苦卓绝的努力,带领中国人民推翻了帝国主义、封建主义、官僚资本主义三座大山,实现了人民的翻身解放。从这个意义上说,没有共产党就没有新中国,没有中国共产党就没有中国的社会主义,是历史选择了中国共产党。从现实上来说,正是有了中国共产党的领导,新中国的建设才取得了如此伟大的成就。新中国成立后,中国共产党就显示了强大的政治整合能力,在短时间内奠定了工业体系的基础,使原来被排斥在政治体系之外的诸多社会群体都被整合到制度体系当中来,参与到社会主义建设当中。我国四十余年来经济社会的发展,也正是因为有了党的领导,才得以创造了一个稳定的内外部环境,不被某些杂音所干扰,可以"聚精会神搞建设,一心一意谋发展"。

对于西方社会攻击的所谓"专断"和"独裁",必须认识到中国共产党的领导是在民意基础上的领导,是在充分听取群众意见基础之上的决策,是建立在法治基础之上的领导,绝非罔顾民意一意孤行的领导。只有从根本上认清这一点,才有可能在复杂条件下不断加强和巩固人们对于中国共产党作为执政党的政治认同,以及对于中国特色社会主义本质及其政治制度和发展道路的政治认同。

第二,讲好历史故事,构建多元化的叙事方式,搭建中国本土社会价值支持系统的认同平台。对于社会公众来说,政治认同不是冷冰冰的理论,而应该是热腾腾的故事,是从鲜活的叙事中能够感受到的政治温度。从历史上看,中国共产党成立早期,叙事方式即已经成为其开展政治宣传、塑造政治价值、实现政治认同的重要手段之一。在中国共产党所领导的革命宣传中,组织过青年运动、妇女运动、学生运动和工人运动,并通过对旧社会、旧制度的创伤式回忆,引起群众情感上和思想上的共鸣。例如,早在1928年3月,毛泽东为策应湘南起义,在集结工农革命军时,为启迪群众的阶级觉悟就曾召开过军民诉苦大会。解放战争时期,以诉苦为中心的叙事方式也被广泛运用。在新式整军运动和土地改革中,都曾开展过轰轰烈烈的诉苦运动,形成了独具特色的倒苦水、挖苦根、复仇立功的叙事模式,引导战士和群众确立"要报仇、要雪恨,不打倒国民党蒋介石的反动统治,不消灭蒋军,是苦无止境、永无翻身之日"的政治认同。

但是,在当代中国的政治价值叙事中,我们却面临着危机和挑战:一是时间所带来的叙事对象价值淡化。时间越久,历史记忆越容易被沉淀,近代中国贫穷落后、屡遭侵略的苦难记忆和中国共产党不畏艰辛、筚路蓝缕的革命历程都容易随着时间的流逝而逐渐被人们所遗忘。二是叙事的认同危机。从叙事共鸣上来看,当代叙事远比历史叙事更能引起人们的共鸣,人们的印象也更加持久和深刻。随着时间的推移,人们对历史叙事的认同感会被逐渐销蚀殆尽。三是叙事方式的审美疲劳。一种叙事模式的长期使用会带来审美疲劳,时代的发展,社会节奏的加快,尤其是互联网原住民一代的崛起,许多传统的叙事方式不再能够取得良好的认同效果,面临着被淘汰的危机。

为强化当前中国社会政治价值叙事的有效性,首要的是要推动叙事方式的大众化。从历史上看,马克思主义之所以能够在众多社会政治学说中脱颖而出,在中国的大地上落地生根,其根本就在于中国共产党人很早就认识到了马克思主义大众化的实现路径,形成了独具中国特色的马克思主义叙事方式。当前中国社会政治价值叙事的重点也是要走向大众,以更加"接地气"的方式实现叙事方式的转变,通过"大众思维""大众话语"使中国本土政治价值系统走向民间,被全体社会成员接受和认同。具体到大学生群体而言,也要选取易于被这一群体接受的、被大学生所喜闻乐见的方式使中国本土价值系统入脑入心,成为大学生建构历史记忆、形塑政治认同的思想保证。其次是要增强社会政治价值叙事的时代性。面对远离战火、衣食无忧的新一代青年群体,过去革命战争年代诸如以诉苦为核心的种种曾经行之有效的叙事方式已不可能引起他们的思想共鸣,必须增强当代中国社会政治价值叙事的时代性。增强当代中国社会政治价值叙事的时代性,就是要重视青年一代成长的时代背景以及他们的切身经历,以他们所感受到的中国社会的新发展、新面貌来建构历史记忆,并通过富有时代性的叙事方式,增强社会政治价值叙事的吸引力和说服力。最后,要丰富社会政治价值叙事的手段和方式。信息时代的到来为中国社会政治价值叙事带来一次自我革新的机会,叙事方式和叙事手段不仅变得更加多元,而且具有了更强的针对性和可接受性。要充分利用新媒体、新技术,搭建社会政治价值叙事的新平台和新载体,使中国社会政治价值叙事变得更加鲜活而生动,更易于被大学生群体所接受和认同。

　　第三，做好符号建构，形成符号象征的意义系统，扩大中国本土社会价值支持系统的社会影响。如前所述，符号携带象征意义，无论是民族还是国家，都会形成具有自身象征意义的价值符号和价值系统。这些符号或象征着某一特定的民族文化、民族历史，或表征着国家机器的政治权力与政治价值。在实际的政治生活中，认同主体通过不断地接收政治符号，并对其携带的象征意义进行解码和转译，达到对政治权力、政治体系和政治价值的接受和认可。

　　符号象征在政治价值的传播与塑造中发挥着重要作用，要充分利用符号象征来扩大中国本土社会政治价值支持系统的社会影响。一般认为，符号象征是一个包括视觉符号、听觉符号、行为符号和其他象征性符号的综合系统，要利用符号象征来扩大中国本土社会政治价值支持系统的社会影响，就要全面发挥各种符号象征的协同作用：一是视觉符号。其核心是颜色设定。在我国长期的政治实践过程中，基本形成了以红色为核心的视觉符号系统。鲜明的红色承载着特定的政治含义，它象征着近代以来中国人民的革命历程，能够自然地唤起人们对于中国共产党领导中国人民赢得民族独立的政治记忆。视觉符号还包括图像符号等，比如英雄人物形象的设定与使用，国徽、国旗等各类符号的设定和使用，等等。视觉符号主要是通过直观的视觉激发来发挥"情感定向"的作用，即当人们看到某一以视觉方式呈现的政治符号时，会自然地将其与头脑中已经形成的政治认知和政治价值观念进行连接，进而达致唤起人们的政治情感、激活人们的政治认知和塑造人们的政治价值观念的目的。二是听觉符号。包括各类具有政治意涵的声音，例如国歌、军歌等。听觉符号往往能够产生更加强烈的"动之以情"的效果。同时，那些蕴含着鲜明政治含义的经典旋律，可以以更加隐匿的方式进入人们的听觉系统，而不会因其带有某些政治色彩而引起人们直接的反感。三是行为符号。主要包括各种政治仪式，它们是塑造人们政治价值的重要手段。这些政治仪式本质上就是在一定的时空视域下,引导人们进行的一种周期性的政治活动。它们往往通过程式化的过程以及特定的语言等唤起人们的政治情感,进而增进人们对共同政治价值的接受和认同。符号象征的意义系统,是传播政治理念、传递政治价值的重要途径。需要注意的是,由于缺乏规范性,社会上存在着许多政治符号的不正当使用甚至娱乐性使用的现象,在不同程度上消解了象征符号的政治意义,削弱了其政治价值的传递功能。

二、历史记忆向政治认同转化的心理机制

历史记忆向政治认同的转化,不仅需要来自社会的宏观层面的政治价值系统的支持,也需要来自认同主体个人的微观层面的心理支持。一般认为,政治认同心理存在以下特点:①积极性和肯定性,它们是认同主体对政治体系的积极肯定的心理反映;②自觉性和能动性,它们是认同主体对政治体系自觉和能动的心理反映;③客观制约性,即认同心理受政治体系的客观现实及其所处的客观环境的制约;④相对稳定性,即认同心理形成之后相对稳定,不易发生改变;⑤可塑性,即认同心理受多种因素影响,是可以塑造的。

心理机制在日常使用时具有不同的意涵:一是指某一心理现象或心理过程产生的过程、原因和影响因素;二是指心理特性或本能的心理反应。比如,需要转化为动机的心理机制就是人的一种心理特征或本能的心理反应;三是指一种稳定的、有效的心理生成模式。政治认同的心理机制就属于第三个层面,是一种社会心理机制。

政治认同心理机制是"在政治认同过程中,政治认同心理结构诸要素之间的有机联系,以及影响政治认同心理形成的主客观因素与政治认同心理

结构诸要素之间的有机联系"①。其中,政治认同心理结构是指政治认知、政治情感、政治意志、政治信念和政治行为等诸要素,影响政治认同心理的主观因素包括个体或群体的政治价值、政治理想、政治信念、政治情感、政治认知能力和政治态度等,客观因素包括政治制度、政治组织、政党与政府的政治行为,以及社会的政治、经济、文化和社会建设现实。②这些要素之间建立的有机联系,就构成了政治认同的心理机制。

政治认同作为生活在一定政治体系中的社会成员对现存政治体系产生的情感和意识上的归属感,是主体与客体互动进而促成的结果。因此,根据社会心理学中有关态度转化的相关理论,可以从政治认知、政治情感、政治信念和政治行为出发,构建历史记忆向政治认同转化过程中主客体互动的心理机制,从而推动从态度到行为的转变。政治认同作为政治主体的政治心理活动,其形成过程大体要经过这样几个心理阶段:一是政治认知的树立,即认同主体要形成对一定政治体系的感知、理解、判断和评价,在政治认知的基础上形成政治认识;二是政治情感的催生,即认同主体认为政治体系是否符合自己需要的内心体验与感受;三是政治信念的形成,即在政治认知和政治情感等的综合作用下,形成一定的政治价值观念和对政治的理想追求;四是政治行为的产生,即在一定政治意志的支配和控制下,产生维护政治主体所认同的政治体系的政治行为。③

(一)树立政治认知

政治认知是指社会成员对于政治体系稳定而积极地认识,并能在政治

---

① 薛中国:《当代中国政治认同心理机制研究》,吉林大学博士学位论文,2007年。
② 薛中国:《当代中国政治认同心理机制研究》,吉林大学博士学位论文,2007年。
③ 薛中国:《政治认同的心理结构和过程》,《吉林省教育学院学报》,2007年第4期。

认知过程中作出正确的判断和选择。①良好的政治认知是形成正确政治态度的基础,并辅助定位与规范政治认同。在历史记忆向政治认同的心理转化中,要十分注重政治认知图式的构建,推动大学生对政治体系由感性认识上升到理性认识。

"纲要"课作为促进大学生历史记忆转化为政治认同的重要载体,要将树立积极、正确的政治认知作为形塑大学生政治认同的心理起点,通过多重角度历史记忆的建构,形成大学生对于当前中国政治体系积极、良好的感知和判断。政治认知的过程是政治认同心理形成的基础,"纲要"课教师在建构历史记忆的过程中,要特别注意引导大学生对中国近现代以来所形成的政治体系的本质、关系、发生和发展规律等形成深刻认识,尤其是要通过历史记忆的建构使大学生充分认识到不同历史阶段中国政治体系和政治统治的本质,由此形成大学生对不同历史条件下中国政治体系和政治统治的正确判断和客观评价。比如,晚清政府代表着封建地主阶级对中国的统治,他们努力维系着封建落后的政治制度,在其黑暗、腐败、懦弱的封建统治之下,中国成为半殖民地半封建社会;辛亥革命失败之后,建立了代表大地主和买办资产阶级利益的北洋军阀的反动政权,他们在政治上实行军阀官僚的专制统治,经济上竭力维护帝国主义、地主阶级和买办资产阶级的利益,文化思想上则再度掀起了尊孔复古的思潮;1928年,国民党建立了全国统治,但其所实行的是代表地主阶级、买办大资产阶级利益的一党专政和军事独裁的统治,积极维护帝国主义、封建主义、官僚资本主义的利益,以巩固自身的统治;而中国共产党建立的政权是一个工人阶级领导的、以工农联盟为基础的人民民主专政的人民共和国,她始终代表和维护着中国最广大人民的根本利益,始终以"为中国人民谋幸福,为中华民族谋复兴"作为自己的初心和

---

① 刘伟:《大学生政治认同培育的心理机制研究》,华东师范大学硕士学位论文,2019年。

使命。在对中国近现代以来各种政治统治和政治体系的本质分析和纵向比较之下,显然中国共产党建立的政权和构建的政治体系更符合人民大众的需求和利益,由此,大学生能够自然地形成对中国共产党建立政权及其政治体系的良性认知与积极判断。"纲要"课既可以通过宏大的历史叙事说明中国近现代以来各种政治统治的实质,分析各种政治体系对中国社会发展产生的或促进或阻碍的历史作用,形成大学生对中国近现代以来各种政治统治和政治体系的宏观政治认知,也可以通过再现各种政治统治和政治体系之下,中国社会各阶级、各阶层和不同社会群体所处的生活状态和生存状态,以此来比较和证明各种政治统治和政治体系的优劣程度,帮助大学生形成对中国近现代以来各种政治统治和政治体系的微观政治认知。大学生群体对中国近现代以来政治统治和政治体系形成全面、客观的政治认知,能够有效地促进他们对于当代中国的政治制度、政治体系等作出科学、准确的政治评价,形成对于当代中国政治统治和政治体系的理性认识。这种理性认识指向一定的政治认同的意识倾向,是促进大学生历史记忆转向政治认同心理机制的起始阶段。

(二)催生政治情感

情感是人类精神世界中的主体性表现,它为人的主体性价值选择和行为选择注入独特的影响因素。①政治情感是政治主体对政治体系是否符合自己需要而产生的态度体验。表现为认同主体对政治体系的亲近与疏远、相信与怀疑、热爱与憎恨、热衷与冷漠以及服从与抗拒等或积极或消极的情感反映。②情感共鸣是政治认同形成的催化剂和黏合剂,政治情感的状态直

---

① 杜春梅:《党史学习与高校思政课增强大学生政治认同的逻辑关系》,《石家庄学院学报》,2021年第5期。

② 薛中国:《政治认同的心理结构和过程》,《吉林省教育学院学报》,2007年第4期。

接关系着人们在政治生活中的感知力和判断力,影响着认同主体的政治态度与政治行为。政治情感带有明显的政治倾向性,塑造积极的政治情感,激发大学生的情感共鸣,是构建大学生从历史记忆转向政治认同心理机制的重要步骤。

政治情感以政治认知为基础。只有对某一政治体系形成完整、客观的政治认知,并对其本质和规律形成正确的理解和评价,才有可能对这一政治体系是否符合自己的需求作出判断,进而对政治体系产生好感,形成积极肯定的政治情感。如前所述,"纲要"课通过建构历史记忆,可以很好地树立大学生的政治认知,从而为政治情感的塑造奠定基础。接下来,就是要基于已经形成的政治认知,通过一定的方式和手段来激发大学生对当前中国政治体系符合自己需要的内心体验和感受,催生大学生对当前中国政治体系积极良好的情感倾向。由政治情感的定义可知,积极良好的政治情感来源于政治体系对认同主体社会需求的满足程度,满足程度越高,政治情感越肯定,政治态度越积极。从根本上说,认同主体的社会需求主要体现为自身的利益诉求,政治体系本质上就是对处于这一体系中的社会成员进行利益的分配和调整,从这个角度来说,塑造大学生积极肯定的政治情感,就要从当前中国政治体系的本质入手,使大学生认清当前中国政治体系代表谁的利益、服务于谁的根本问题。"纲要"课通过建构中国共产党成立以来的历史记忆,能够清晰地呈现中国共产党领导中国人民进行革命、建设与改革的历史过程,充分展现中国人民迎来从"站起来""富起来"到"强起来"的历史轨迹,有力地证明了中国共产党"全心全意为人民服务"的根本宗旨,无论是新民主主义革命时期,还是社会主义建设与改革时期,中国共产党自始至终都以"人民至上"作为其核心的价值理念。在追溯历史、共享往事的过程中,大学生深刻认识到中国共产党代表人民、维护人民根本利益的根本属性,并在此基础上形成对中国共产党执政能力、执政地位以及当前中国政治体系的肯定性评价,进而催发出积极稳定的情感倾向与心理体验,以积极、良好的政治情感为历史记忆转向政治认同提供强大的情感依托。

(三)形成政治信念

政治信念是认同主体对政治体系当中所蕴含的核心政治思想、政治理论和政治价值观念坚信不疑、对政治理想执着追求的一种稳定的心理状态。政治信念属于精神观念层面,是认同主体政治意识的核心部分,在政治认同的内容层次中指向最高层级的政治价值观念的认同。在历史记忆转向政治认同的心理机制中,政治信念的塑造极其重要,它是连接政治认知、政治情感与政治行为、政治实践的中间环节。政治信念是政治认知、政治情感共同作用的结果,也是认同主体政治行为与政治实践的直接驱动源。在历史记忆转向政治认同的心理机制中,要塑造坚定的政治信念,使认同主体自觉地将政治认知和政治情感形成内化意向,并对自身的政治行为和政治实践产生积极有效的指导作用,建立从历史记忆到政治认同的实践基石。

政治信念本质上是认同主体内心深处的一种政治价值判断标准和政治价值取向,而历史记忆本身及其建构的过程,都是政治权力主导作用的结果,其中必然已经蕴含着一整套政治价值的判断标准,并以此来影响和引导认同主体的政治价值取向。那么,在历史记忆转向政治认同的心理机制中,问题的关键即在于如何通过历史记忆的建构,使认同主体接受并认同历史记忆当中所蕴含的政治价值观念,并自觉地将之内化于心、外化于行。一方面,坚定的政治信念是伴随着良好的政治认知和积极的政治情感而产生的心理过程,因此在建构历史记忆的过程中,要全面树立大学生科学、良好的政治认知,激发大学生积极、肯定的政治情感。科学、良好的政治认知能够促使大学生对政治体系作出正面的政治评价,而积极、肯定的政治情感则能够塑造大学生对政治体系认可与支持的政治态度,这是他们愿意接受特定政治价值观念影响和塑造的基本前提,也是形成坚定政治信念不可或缺的必要条件。另一方面,政治信念还包含着对政治理想执着追求的内在意蕴。塑造大学生的政治理想需要从"纲要"课的教学内容中汲取政治资源,建构中国共产党人追求共产主义远大政治理想的历史记忆,说明共产主义远大理想是支持中国共产党人实现民族独立、国家富强的强大精神动力。如习近平所指出:"中国共产党之所以叫共产党,就是因为从成立之日起我们党就把共产主义确立为远大理想。我们党之所以能够经受一次次挫折而又一次次奋起,归根到底是因为我们党有远大理想和崇高追求。"①在当前社会主义初级阶段,中国特色社会主义共同理想作为共产主义远大理想的有机组成部分,是我国全体社会成员的共同愿景和价值取向。"纲要"课要讲清中国特色社会主义共同理想对于我国社会主义现代化建设的重要意义,促进大学生对中国特色社会主义共同理想的内化,使之成为大学生参与政治生活、投身政治实践的重要精神支柱。政治信念是政治认同心理结构中比较稳定的构成要素,其塑造与形成是一个长期的、复杂的心理过程。在历史记忆向政治认同转化的心理机制中,政治信念的塑造是一个重点,也是一个难点,需要"纲要"课教师的精心设计并将其贯穿于"纲要"课教学的始终。坚定的政治信念是"政治认同的最高境界和理想状态"②,它为最终达致行为层面的政治认同提供源源不断的内在驱动力。

(四)产生政治行为

马克思认为:"全部社会生活在本质上是实践的。"③从根本上来看,政治认同最终指向政治实践,是认同主体将内化的政治思想、政治观念、政治态

---

① 习近平:《在庆祝中国共产党成立95周年大会上的讲话》,人民出版社,2016年,第10页。
② 薛中国:《政治认同的心理结构和过程》,《吉林省教育学院学报》,2007年第4期。
③ 《马克思恩格斯选集》(第一卷),人民出版社,1995年,第56页。

度和政治意识等外化为政治行为的过程。历史记忆到政治认同转化的最终目标,也是要发挥政治认同内化意向的支配和导向作用,借以形成认同主体外在的政治认同行为,使得认同主体自觉地接受某一政治制度的约束或形成对某一政治体系的支持。

政治行为作为政治认同心理的外在表现,是认同主体在一定的政治体系中参与政治运行的各种活动。政治行为是在政治认知和政治情感的影响以及政治信念的驱动下实现的。良好的政治认知和肯定的政治情感能够塑造正向、积极的政治行为,而坚定的政治信念则直接对政治行为产生指导和驱动的作用。政治行为的塑造是一个极其复杂的综合系统,在实际的政治生活中,人们的政治行为会受到各种各样不同因素的影响,既有正向的,也有反向的,既有积极的,也有消极的。正向、积极的因素有助于塑造良好的政治行为,促进认同主体遵守政治制度,参与政治活动,维护与支持他们所认同的政治体系。而反向、消极的因素则会对人们的政治行为产生负面影响,不利于认同主体良好政治行为的形成。那么,如何才能减少和降低反向消极因素对认同主体政治行为的负面影响呢?那就需要政治意志参与其中。在历史记忆转向政治认同的心理机制中,政治意志发挥着重要的调节和控制作用,它能够促进和保证良好政治行为的产生和塑造。

政治意志是政治主体自觉地按照政治体系的要求确立自己的政治目标,并为了实现政治目标,克服内在的和外在的困难、阻力和干扰,而有意识地支配、调节、控制自己的政治行为的心理过程。①政治意志是认同主体主观能动性的体现,它通过控制政治意识推动认同主体产生符合一定政治目标的政治行为,同时制止认同主体与政治目标不相符的政治行为。政治意志的塑造与政治认知、政治情感密切相关。政治意志对政治行为产生控制

---

① 薛中国:《政治认同的心理结构和过程》,《吉林省教育学院学报》,2007年第4期。

与调节作用,这种控制与调节作用以一定的政治目标为导向,而政治目标的确立必须以政治认知为前提,因为只有对政治理论、政治现实乃至整个政治体系具有了一定的认识和理解,才有可能树立自己的政治目标。同时,政治意志还受到政治情感的影响,积极肯定的政治情感有助于推动和塑造政治意志,而消极否定的政治情感则会阻碍政治意志的生成。因此,在历史记忆转向政治认同的心理机制中,"纲要"课教师要注重以良好的政治认知和积极的政治情感塑造大学生的政治意志,使之充分发挥调节、控制作用,最大限度地排除影响大学生政治认同行为的干扰因素,保证历史记忆到政治认同心理转化过程的顺利完成。

由上可知,从历史记忆到政治认同要经历一个"政治认知—政治情感—政治信念—政治意志—政治行为"的完整心理过程,它需要遵循政治心理学的建构规律,以循序渐进的方式逐步地实现和完成。在这个过程中,政治认知和政治情感是前提和基础,政治信念和政治意志是重点和关键,而政治行为则是最终的目标和指向。

总之,从历史记忆的建构到政治认同的实现,其转变的过程需要一定的机制保障。社会价值支持系统为这一转变提供了外部环境的支撑,而从历史记忆到政治认同的心理转化机制则成为这一转变的内部动因,为这一转变的最终完成提供源源不断的内在动力。社会价值支持系统与内在的心理转化机制,共同作用于历史记忆到政治认同的转变过程,二者相辅相成,内外配合,缺一不可。其中任何一种机制出现问题,都会影响到历史记忆到政治认同的转化效果。依据社会价值支持系统与心理转化机制的作用原理,"纲要"课要采取针对性的教育教学手段和方式,探索实现"纲要"课政治认同功能的实践路径,推动历史记忆向政治认同的有效转化。

第四章　"纲要"课承载历史记忆的基本形态

如前所述,历史记忆的承载形态包括符号记忆、情节记忆和价值记忆。不同形态的历史记忆在形塑政治认同的过程中发挥着不同的功能。"纲要"课作为历史记忆的主要载体,通过对其承载的符号记忆、情节记忆和价值记忆进行整体的梳理与分类,可以更好地发掘其所具有的不同的政治认同功能。据此,本章以"纲要"课教材为基本遵循,依据历史记忆之符号记忆、情节记忆和价值记忆的承载形态的划分,对"纲要"课承载历史记忆的基本形态进行研究,以此来说明"纲要"课是如何承载历史记忆的,为之后进一步挖掘符号记忆、情节记忆和价值记忆的政治认同功能奠定基础。

一、初级形态:符号记忆

符号记忆是历史记忆最初级的承载形态,是指具有象征意义的、承载了共同体往事的具象化的实物。"纲要"课教材中蕴含历史价值、承载历史记忆的符号大体包括:相关文字和文本记载、所涉及的文物古迹和纪念物,以及相关历史场馆和纪念场所等。每一不同的历史符号都具有不同的象征意义,承载着不同的历史记忆。

（一）文字资料承载的符号记忆

文字资料是承载历史记忆最重要的意义符号，内容也最为丰富、详尽和直接。一般包括不同历史时期的日记、回忆录及私人著述等，也包括不同历史阶段留存的各种历史档案，还包括公开发行的期刊、报纸、杂志等。不同类型的文字资料虽然都具有记录历史的功能，但由于其自身所呈现的不同特点，其承载历史记忆的方式和作用也不尽相同。

1.以日记、回忆录等为代表的个体文字符号

在社会记忆的研究范式下，任何一个群体历史记忆的建构，都必须以每一个群体成员的个体记忆为基本载体。相对于集体记忆而言，个体记忆带有明显的短暂性、随机性和碎片化特征，往往会随着时间的推移和时代的变迁而褪色、改变与消亡。但是，无论何种年代，个体记忆的生成始终是被置于当时的社会框架之下，是对其所处时代社会、历史的呈现与反映。因此，个体记忆尽管无法反映社会、历史的全貌，但其对于某一群体历史记忆的建构仍具有重要的价值意义。

千百年来，我国记述之风盛行，历代文人、政客乃至一般平民知识分子群体，留存的个人记述浩如烟海，其种类也是多种多样，如家谱、家书、信札、笔记、日记、奏牍、回忆录等。这些私人文字记述，是个人记忆的见证，也为群体历史记忆的建构提供了宏大的"素材库"。仅以日记为例，据《二十世纪日记知见录》编者虞坤林统计，仅其所经眼的20世纪的各种日记就达一千二百余种，并坦言几乎不可能"收全20世纪的日记"①。自近代以来的一百八十余年，以日记、回忆录等私人著述为代表的文字资料更是异常丰富，这些丰富多源的个体文字符号融汇于"纲要"课的教材体系与教学体系当中，"它们

---

① 虞坤林：《二十世纪日记知见录》，国家图书馆出版社，2014年，第373页。

构成了丰富、生动、真实和珍贵的史料来源"①。而作为"纲要"课文字符号中重要的组成部分,以日记、回忆录等私人记述为代表的个体文字符号,因其独具的私人性、私密性,在传承历史记忆方面显示出独特的功能优势。

就记忆内容而言,个体文字符号承载的历史记忆具有真实性、生动性和丰富性、时代性的特征:

第一,真实性。个体文字符号作为个人的私家著述,属于典型的"一家之言"。无论是记录个人情感与生活的私密日记,还是记录交互往来的私人信札,作者在进行记录书写时,少有将其公之于众的计划或打算。因此,其所记所写能够更加遵从作者的内心,从而更为真实地反映作者的情感与认知。此即为鲁迅所言,"写给自己看""不摆空架子""显露真面目"的一种记述。同时,如日记等记录文本,大多是采取逐日排记的方式,有些日记由于各种原因(比如战争环境下)难以做到逐日排记,也会采取几天或一周至数周的记录方式,所记都是作者近一时期的所见所识、所闻所感,相对于长时间的事后追忆来说,这种相对及时性的记录内容一般比较准确,可信度也往往更高。恰如学者陈左高在《中国日记史略》一书中所言,日记可以为自然科学史提供可靠依据,为政治史保留原始记录,为经济史提供原始材料(如币值、物价、日常生活)等。②在近代中国,各种日记资料难以计数,而《拉贝日记》无疑是近代中国众多日记资料中最完整、最翔实、史料价值最高,并最为国人所认知和记忆的日记资料之一。"拉贝于1937年9月到次年2月的短短6个月时间内写下了2460页日记,记录了日军在南京施行的500余件暴行,对日军进入南京之后犯下的滔天罪恶进行了详细的记述,时间、地点、对

---

① 郭奇林:《1860年英法侵略中国:书信、日记、回忆录中的历史》,《史学理论研究》,2015年第4期。

② 陈左高:《中国日记史略》,中国书籍出版社,2016年,第279~291页。

象、事件等都极其详尽,日记内容的真实性是无需置喙的。"①2015年10月,"南京大屠杀档案"被联合国教科文组织正式列入世界记忆名录,而作为侵华日军南京大屠杀真实记录的第一手资料,《拉贝日记》作为档案的重要组成部分也位列其中。在讲授"纲要"课教材第六章第一节"日本帝国主义的残暴统治"内容时,《拉贝日记》是非常典型的个体文字符号。拉贝通过其生动、详细、真实的文字记录,叙说着他在战争中的现时经历,而由此形成的个人记忆,也构建起了整个中华民族共同体难以忘却的创伤性记忆。同时,《拉贝日记》当中也记述了中国士兵在战争中的坚毅不屈,表现出中国人英勇抗争、绝不屈服的强烈意志深深震撼着记录者拉贝。这种真情实感既是拉贝个人记忆的一部分,也从侧面建构起饱经磨难的中华民族不屈抗争、自我拯救的历史形象,在此基础上形成的历史记忆饱含着强大的震撼力和说服力。

第二,生动性。个体文字符号相比于档案资料、报纸杂志等公共文字符号,另一明显特征是其承载的历史记忆更具生动性,更加鲜活、具体而充满历史的温度。个体记忆源于生活,作者的记录大多是从"人"的视角出发,将作为"人"的感觉与认知反映在文本记录中,根本上区别于官方文本严谨、客观、冰冷的记录方式。而这种生动具体且自带亲和力的个体文字符号,无疑增强了文字资料的可读性,进而提升了历史记忆的吸引力。例如,在讲授"纲要"课教材第八章"抗美援朝"的相关内容时,可以引入志愿军战士的战地日记作为文字符号,通过志愿军战士真实的个人经历及其记录的众多生动具体的历史细节,来揭示战争的残酷和在这场残酷的战争中所形成的伟大的抗美援朝精神。以志愿军战士朱玉麟的战地日记为例。朱玉麟是中国人民志愿军第九兵团第二十七军八十师师属侦察科英文翻译,他的战地日

---

① 吴晓明:《〈拉贝日记〉中的创伤记忆与灾难书写》,《文学教育》,2021年第11期。

记记录时间是从 1950 年 11 月 8 日至 1953 年 10 月 8 日。作者在朝鲜战场苦战三年，其日记几乎完整记录了其在朝作战的所有经历，十分珍贵。这部日记的文字记录准确而生动，其间有一段通过敌人炮火封锁的隘口的记录尤为典型：

拥得人山人海的山隘要道，人声鼎沸。往来穿梭着斗争中的人们……这里又是敌炮封锁的地方，敌人集中了好几门榴弹炮，封锁着这里。许多同志挂了彩，由担架队向后方抬去。好多同志牺牲了，有的被燃烧弹熏得和木炭相似，有的是倒卧在那里。山上都起了火，多次踏在烈士的头上或身躯上。亦顾不得这些了，脑子里想的是急急通过这里。

过这个山口，不远处又是一个封锁口，当部队通过一半时，敌人的炮齐鸣了，轰轰在咫尺之间爆炸。

任何一个同志，都有这样的认识，以敌人炮火的密集，这样的一个大部队通过如此狭小的山间小道，是要有一定伤亡的。

我和刘测绘员、张参谋就在山后背的沟里躺着，不少同志都跟着我们下了沟，沿着沟伏卧着。

我放下了军毯，裹住了自己的头和脚，不管沟里有水也好，有大小便也好，倒卧在两块大石头的中间，鼻口紧贴着潮湿的泥。一部分带着小铁锹的同志，积极在沟里挖单人壕，后来才知道单人壕是最好的防弹工事，指在行军中而言。

敌炮连续向这里射击，炮弹大部分落在山顶上或小山坡上，崩溃了的大小石块向着沟里射去，许多同志挨到了，当一块掉在我背上的军毯上时，自己在想着："也许我负伤了？"摸了摸，军毯并没有破，亦没有湿的东西，"还好，没有负伤，"我想着。

长时间地蹲在沟里，神经是非常紧张的，耳朵很注意听着敌人炮的出口声,当听到敌炮出口声,全身不由自主在整理卧的位置,尽量使自己的身体紧贴着地面,长久在这种情况下,人是累了,竟呼呼地睡入梦乡。①

作者对其在朝鲜战争中的经历记录得如此生动、细致,使人在阅读时不禁产生了文学作品之感。然而这样一部生动的作品,所记录和呈现给我们的却是最为残酷、真实的战争记忆。诸如此类,个体文字符号鲜活、生动,其中亦包含了许多为其他历史文献所忽略的历史细节。它使得人们建构起来的历史记忆不再遥远空洞、干瘪寒冷,相反,它变得充实丰满,有血有肉,个体文字符号也因此而成为"纲要"课程中承载历史记忆无可替代的符号载体。

第三,丰富性。个体文字符号所承载的历史记忆还具有丰富性的特征。这种记录的丰富性体现在如下三个方面:

一是个体记忆的内容涵盖了社会生活的方方面面。不同的作者,其生活的时代、个人经历以及职业兴趣等千差万别,他们对于社会生活的关注亦因此而各不相同。将同一历史时期的个人文字记录进行横向综合研究,大体可以窥见这个时代社会生活的全貌;而按照时间脉络将不同历史阶段专门针对某一领域或某一重大历史、社会问题的个人记述进行纵向整合,即形成了历史的延续性,可以从中寻找到其发生、发展的基本过程。

二是个体记忆的建构者具有广泛性,可以来自社会的各个阶层。新华社曾经报道过陕西省合阳县路井镇路一村五组一位普通农民侯永禄六十多年的"土地记忆"。侯永禄老人从1940年开始写日记,一直到2004年3月。三十多本两百多万字的日记,承载着一位普通农民对于时代变迁的个体记

---

① 陈爽:《可以触摸的战争记忆——记一部新发现的志愿军战地日记》,《书城》,2010年第11期。

忆,其中特别珍贵的是对于土地制度变化的历史记忆:1950年土地改革时,侯永禄老人记下了当时分地时的场景:"当看到写着自己名字的木牌子立在田间地头时,一些人禁不住热泪满面。"家庭联产承包责任制推行之后,"大包干"激发出农民的生产积极性。1985年春天,侯永禄家里买了最新的电视机,老人在日记中高兴地写道:"公社吃了大锅饭,多年粮食难过关。各种办法都试遍,最好还是大包干。"[①]另外一例是常州戚墅堰火车站职工夏英伦的解放日记。夏英伦的日记从1948年8月开始,至1949年6月结束,时间跨度恰好为解放战争前后。日记中记载了国民党统治后期严重的通货膨胀,人民生活举步维艰,同时也以一位普通常州铁路职工的独特视角记录了常州解放,以及常州铁路在战后恢复通车的情况。[②]

　　这两位个体文字记忆的建构者分别来源于农民阶层和工人阶层,这说明,个体文字记忆的建构者不再仅仅局限于社会上层或精英人士,这种建构身份的广泛性形成了记录内容的多元视角,能够更加全面地反映社会历史的全貌,以此为基础建构起来的历史记忆具有更强的丰富性与完整性。如上文所及侯永禄老人的"土地记忆","纲要"课教材中关于"土地改革"的教学内容往往都是从政府文件、制度变迁的上层、宏观视角去进行解读,而在不同时代背景与不同土地政策之下,基层农民的生产、生活究竟是一个怎样的状态,教材鲜有记述。这就使得学生对于党和政府在不同历史条件下推行的土地政策形成了条条框框的教条化认知,难以真正理解土地制度的变迁对于农民生活的实质影响,以及在推动我国政治、经济社会发展方面的巨大作用。而侯永禄老人的"土地记忆"则正好弥补了这一缺憾。他从一个普通农民的视角展现了农村六十多年来的巨大变化,使得学生对"土地改革"

---

① 新华社:《从农民日记看农村变迁:一位农民60年"土地记忆"》,《国土资源》,2009年8月。
② 吴丽霞、邱北海:《解放记忆——以戚墅堰火车站职工夏英伦日记为视角》,《档案建设》,2021年第11期。

形成了更加生动、全景、深刻的历史认识。同样,常州铁路职工夏英伦的日记也与"纲要"课教材第七章解放战争的教学内容形成了互补,生动具体地再现了国民党统治区人民生活之艰以及人民群众对于人民解放战争的支持,建构起了学生对于人民解放战争的完整历史记忆。

三是个体记忆的书写方式多种多样。有些作者注重于记事,有些作者专注于抒情;有些习惯于逐日及时记述,有些则以追忆形成回忆录;还有家谱、笔记、书信等多种形式。各种书写方式各有侧重,比如回忆录,不同于个人日记的逐日记录,回忆录是以个人经历作为时间线索,将对个人产生重大影响的历史事件标记为重要的时间节点,从而形成个人记忆与社会记忆的重合,由此完成对于历史记忆的构建。正是多种多样的书写方式,极大地丰富了个体文字符号的形式,它们虽各有侧重,但始终互为印证,共同编织起历史记忆的纵横网络。

第四,时代性。无论何种个体文字符号,都是历史时代的产物。叙事者在个体叙事文本中进行的一切记录,都有赖于其所处的时代环境,都要受制于其所处时代的框架。因此,个体文字符号往往带有鲜明的时代印记。这种鲜明的时代印记能够为阅读者营造一个设身处地的时代场域,通过对过往社会生活与个人经历的描述,为阅读者提供强大的代入感和在场感,使其在不知不觉中就能够轻而易举地感受到作者所处的时代,体验到作者过往的经历。个体文字符号的时代性,能够带给阅读者以"重返历史现场"之感,使阅读者与叙述者之间形成同一历史场域下的共情、共鸣,从而为个体记忆到历史记忆的转化建立情感基础与思想基础。

在叙事方式上,个体文字符号对于历史的记述通常有别于以往宏大的历史叙事方式,它以微观的历史叙事,呈现出更多鲜活、具体的历史细节,从而带给读者更多历史的温度。一般来说,正统的史学文献多为官方记录,是以一种宏大的方式从机构的角度记述历史,从而建构起一种宏大的历史记忆。在这个"宏大"历史记忆的建构过程中,许多历史的细节被有意无意地忽略或过滤掉了,最终呈现在人们眼前的,只是一个"宏大"的历史框架,缺少血肉,也缺少温度。对于"纲要"课而言,"纲"和"要"已经决定了教材内容必然要采用这种宏大叙事的建构方式,而以这种方式建构起来的历史记忆有助于学生形成对中国近现代历史发展的全景式认识,掌握中国近现代历史发展的客观规律,但是由于缺少历史的温度和细节,尤其缺少作为"普通人"的感受和经历,对学生而言宏大的历史记忆就显得过于空洞和遥远,很难引起情感上的共鸣,更难以做到"入脑""入心"。

而以个体文字符号为基础建构的个人记忆则很好地弥补了这一缺憾。个体文字符号一方面可以在传统宏大历史叙事之外提供更多详细具体、充满血肉的历史内容;另一方面,也可以实现研究视角的"下沉",即从传统的官方、上层、精英,沉降到民间、下层和普通民众。对于"纲要"课教学而言,这种历史细节的讲述和研究视角的转变能够为学生营造更强烈的代入感和在场感,使他们从普通人的角度去感知和认识中国近现代的历史。比如,在讲解解放战争"三大战役"相关内容时,教材当中对其评价为"这是人民战争的胜利",那么如何让学生真正理解人民群众在解放战争中的作用? 如何理解人民群众是历史的创造者这一真理? 光靠教材当中的宏大叙述显然说服力不足,这就需要教师提供更多翔实可靠的历史细节来对其进行合理的叙说和构建。淮海战役被称为是"小推车推出来的胜利",整个战役过程中,踊跃支前的人民群众达到了543万人之多,远远超过了参战军队的兵力。参与支前的民工王卓如在其回忆录《渤海运粮支前的日日夜夜》中写道:

> 该县[临邑县]宿安镇的袁振芬,因为是烈属,村里没分配他筹粮碾米任务,但他听说是前方需要的粮食,就把自己的300多斤谷子连夜碾成米,天明送到区粮站,粮站的同志不收他的粮食,他倒下小米就走,连

秤也不过,他说:"支援淮海战役人人有份,我也有一份责任!"惠民县何坊区谷家安村有80户,就有70户自动报名借粮。一位双目失明的翻身农民,没有分配他借粮任务,他拄着拐棍,摸到会场上,硬是把自己的100多斤谷子献上。他说:"要是没有解放军在前方打仗,咱分的宅子、地都保不住,咱自己吃点糠菜,也得让前方打仗的同志吃饱。"①

陈国栋、李干臣在《华中人民支援淮海战役》中记录了奋战在运输线上的民工的吃和穿:"那时,人们常吃冰冷的高粱面、玉米面、小麦面掺和在一起做的饼,我们美其名曰'三色冰激凌'。有时连这种'三色冰激凌'也吃不上。特别是在运粮途中往往会发生民工断粮的情况,这时民工宁可自己挨饿,也不动用车上的一粒军粮。"②张劲夫在《兵民是胜利之本——忆山东人民对淮海战役的支援》中则生动记录了担架队民工舍生忘死转运伤员的历史细节:

当敌人的炮火封锁了道路时,李省三就趴在地上让其他民工将伤员架在他的背上,顺着地堰慢慢地往前爬行,终于冲出了敌人的火力网。胶东北海民工团有4个民工在一次转运伤员时,遇上敌机轰炸扫射,隐蔽来不及,队员们就扑到伤员身上,用自己的身体掩护伤员,并说:"同志,打不死我就打不死你!"胶东招北担架6分队,在一次往前线送鞋时,遭到敌机轰炸,7名民工牺牲,担架被炸毁7副。民工们不但没有吓倒,反而激起了他们对敌人的无比仇恨。他们从地上爬起来,掩埋

---

① 王卓如:《渤海运粮支前的日日夜夜》,参见中共中央党史资料征集委员会主编:《淮海战役》(第3册),中共党史资料出版社,1988年,第213页。
② 陈国栋、李干臣:《华中人民支援淮海战役》,参见中共中央党史资料征集委员会主编:《淮海战役》(第3册),中共党史资料出版社,1988年,第229页。

了战友的尸体,响亮地提出:"要为死者报仇,减人不减担架,不彻底歼灭敌人不回家。"①

在这种微观叙事的框架下,作为普通民众的当事人在支前过程中的情态、体验和感受跃然纸上,使原本规模宏大的历史场景变得生活化、具象化,而一段段感人至深的真实经历,也在不知不觉中触动着学生的心灵,将他们带入当时的历史场景中,切身感受到人民群众对于人民解放军的鱼水深情,正是在人民群众的支持下,解放战争才取得了胜利,由此,也就更加深刻地理解了"人民战争的胜利"这一历史结论。

依托于个体文字符号建构起来的个人记忆,对于历史记忆的建构具有重要作用。一是对同时代的个体文字符号进行梳理和整合,可以形成对个体所处时代的政治经济、思想文化以及社会风貌等方面较为全面的历史认知,从而为历史记忆的建构奠定基础。二是个体文字符号因其真实性、丰富性等特征,可与正史互为印证,具有很强的补充功能,从而有助于提升历史记忆的严谨性与可信度。三是鲜活、生动的个体文字符号具有更强的可读性,相对于官方史料而言,更易于被人们接受和记忆,有利于历史记忆的建构与传承。四是一些涉及重要历史人物和重大历史事件的个体文字符号,具有较强的史料价值,能够极大地丰富历史记忆建构的"素材库"。

当然,由个体文字符号建构的个人记忆自身也不可避免地带有局限性。比如,这些私人化、私密性的个人记述文本,其所记所述往往是从个人视角出发,所记述的内容通常是局部的,对事物的认知也难免带有主观色彩,呈现出一定的片面性和主观性。同时,类似日记、回忆录以及信札等个体文字符号形式,大多缺少记录的主题,包含着诸多生活中的所见所闻乃至生活琐

---

① 张劲夫:《兵民是胜利之本——忆山东人民对淮海战役的支援》,参见中共中央党史资料征集委员会主编:《淮海战役》(第3册),中共党史资料出版社,1988年,第197~198页。

事,这种碎片化的个人记忆对于整体历史记忆的建构显然是不利的。由于这种局限性,个体文字符号不可能单独完成某一段历史记忆的建构,它必须与其他形态的历史符号进行多重结合。我们在利用个体文字符号的时候,也应该注重规避其局限性,从而使其在建构历史记忆的过程中发挥更大的价值功用。

2.以文字档案为代表的原始记录符号

档案是人们在各项社会活动中直接形成的各种形式的具有保存价值的原始记录。作为再现历史真实面貌的原始文献,档案是十分重要的文字符号承载形态。档案因其自身所具有的原始记录性、历史再现性和权威叙述性,发挥着保存、传承与建构历史记忆的重要作用。

首先,文字档案符号的原始记录性,使其成为历史记忆的保存载体。由档案的定义可知,档案是人类社会实践活动直接形成的真实记录,"直接形成"说明档案具有原始性,"真实记录"说明档案具有记录功能。因此,原始记录性构成了档案的本质属性。这一本质属性决定了档案在承载历史记忆的功能上与其他类别的文字符号具有明显的不同。无论是上文所及的以日记、回忆录等为代表的个体文字符号,还是包括报刊、杂志等在内的媒体文字符号,都或多或少地存在主观性、片面性的局限,其记录的内容往往不可避免地带有作者自身的情感倾向,对于历史记忆的承载与建构而言,全面性以及客观公正性不足。因此,人们在完成历史记忆的传承与构建时,即需要寻求更加客观、公正的原始记录以便与其他文字符号形成印证。这种更加客观、公正的原始记录即为阿莱达·阿斯曼所言的人类活动留下的各种"痕迹",人们倾向于从各种"痕迹"中找寻过去,这些"痕迹"就是未经处理的原始信息,包括碎片化的文字、残骸、遗迹等。①档案作为人类实践活动的原始

---

① 王蜜:《文化记忆:兴起逻辑、基本维度和媒介制约》,《国外理论动态》,2016年第6期。

记录,它包含着某一历史阶段和特定社会条件下人类实践活动的内容信息,无疑是人类实践活动"痕迹"的真实反映。档案的原始性使之成为承载历史记忆可靠的文字符号。而档案作为一种历史记录,它还具有保存和传承历史记忆的功能。档案中包含着有关特定历史时期或历史事件的记忆信息,这些记忆信息构成了历史记忆建构的丰富多彩的"素材库"。

对于中国近现代史而言,档案资料异常丰富。中国第一历史档案馆馆藏明清档案77个全宗一千余万件(册),中国第二历史档案馆馆藏中华民国时期(1912—1949年)历届中央政府及直属机构档案1354个全宗,包括南京临时政府和南方革命政权档案、民国北京政府档案、南京国民政府档案、日伪政权档案,还包括一系列珍贵的特藏档案。此外,尤其值得一提的是,随着近些年来党史研究的持续深入以及党史宣传的现实需要,包括中共历次重要会议的决议案、发言稿、往来电报、书信、日记、报刊等重要文字资料的红色档案备受关注,这些丰富的红色档案是中国共产党百余年奋斗历程的真实记录。

在"纲要"课教学中,档案作为重要的原始记录符号,对于学生历史记忆的建构无疑发挥着重要作用。例如,在近期公开的毛泽东亲自修订的《井冈山的斗争》手稿中,毛泽东提道:"莲花保存一支,其余概被豪绅缴去。"这句话的背后隐含着"莲花一支枪"的故事:农民暴动失败后,60支枪被缴去59支,仅剩的1支被共产党员贺国庆冒着生命危险藏了起来。后来这支枪成为赤卫队制胜的武器,从1支发展到17支,最后发展到成立莲花独立团,它印证了毛泽东在八七会议上提出的"枪杆子里面出政权"的著名论断。还比如朱德签署的《中国工农红军布告》、毛泽东亲自修改起草的《三大纪律八项注意的训令》、国共谈判的电报,辽沈、淮海、平津三大战役的电报等,这些丰富的档案资料是一百八十余年来中国近现代历史发展尤其是百余年来中国共产党领导中国人民革命、建设、改革留下的真实"痕迹",是见证中国近现代历史发展的重要"凭证"。历史记忆的形成是一个由"真"到"信"的过程,档案因其原始记录的本质属性,能够帮助学生形成真实的历史认知,从而为历史记忆的建构奠定基础。

其次,文字档案符号具有历史再现性,使其成为历史记忆的传承媒介。文字档案的原始记录性决定了它能够再现历史。作为对人类社会实践活动的原始记录,每一条档案中必然包含着与之相关的历史信息,这也是其可以成为历史记忆承载形态的原因之所在。每一条历史档案既可以作为单独的文字符号运用于"纲要"课堂,通过对档案符号内容的解读,从某一侧面帮助学生完成对其承载的历史意义、历史价值的认知与理解,也可以与其他形式的历史记忆载体综合运用,实现某一历史内容、历史进程的完整再现。此外,档案与其他相对分散、零散的文字符号不同,尽管它也是以一个个单独文本的形式出现,但往往可以通过档案管理人员的整理、重构,形成聚焦于某一特定历史主题的完整卷宗,从而再现某一特定历史事件或历史现象发展、演变的完整历史过程。这就是档案作为文字符号的历史再现性。例如,以中国共产党成立100周年为主题,可以将若干具有代表性、典型性的档案资料联结在一起,构成一个完整的、主题鲜明的档案文本叙事空间。在这个完整的档案文本叙事空间中,学生可以通过查阅一件件珍贵的历史档案,直观地了解到中国共产党从初创到成熟,一步步领导中国人民实现民族独立和国家富强的完整历史进程,从而建构起中国共产党成立100周年的历史记忆。

最后,文字档案符号的权威叙述性,使其成为历史记忆的建构资源。按照档案学的文件生命周期理论,档案由文件演变而来,档案和文件是同一事物在不同价值阶段的不同形态。当文件失去现行价值时,它就会被固化为档案,其公开性和活跃度随之下降,档案记录也从"功能记忆"转化为"存储记忆"。实际上,由"文件"到"档案"的转化过程,也就是政治权力选择与建构的过程。哪些文件被保留下来作为档案珍藏于档案馆,进而被挖掘成为承载历史记忆的符号,哪些文件被废弃于"遗忘之地",随着时间的流逝逐渐消失于人们的脑海,最终取决于政治权力对其价值意义的认知与评判。由档案的生成过程可知,政治权力在其中发挥着重要作用。因此,档案具有官方性和权威性,相对于其他记忆载体而言,档案符号承载的历史记忆是一种"显性记忆""正式记忆"和"优势记忆"。①同样,"文件"在成为"档案"之后,还需要对其进行编码和解码,它才有可能成为记忆符号而被人们所认知。这一过程中,采用何种叙事方式对档案符号承载的价值意义进行解读和阐释至关重要。在"纲要"课教学中,需要对档案符号进行恰当的编码与解码、叙述与阐释,使之更加符合"纲要"课的教学目标,符合当前政治经济社会发展的现实需要,符合我国主流的价值意识形态,才能确保将档案符号中蕴含的正确的历史认知、价值观念以及政治导向传递给学生,从而使其更好地发挥作为历史记忆建构资源的功能与作用。

3.以报纸、杂志为代表的媒体文字符号

以报纸、杂志为代表的媒体文字符号是承载历史记忆的重要载体。新闻媒体通过各种叙事手段选择、再现和重塑某些重要的历史人物和历史事件,通过新闻报道来影响社会认知,建构历史记忆。

首先,媒体文字符号以"现在中心观"来承载和建构历史记忆。新闻媒体作为重要的舆论宣传手段,在一定程度上具有"记录"历史的价值功能。与文字档案符号的"原始记录性"不同,媒体文字符号对历史记忆的承载显现出鲜明的主观建构性。如前所述,在哈布瓦赫的"记忆"理论框架中,历史记忆本身就是主观建构的产物。历史记忆不能等同于客观的历史,历史记忆是根据现实的需求对历史进行的重建。也就是说,需要记忆什么,忘却什

---

① 王玉珏、许佳欣:《"功能主义"和"建构主义"视角下集体记忆与档案价值挖掘和应用研究》,《北京档案》,2021年第3期。

么,根本上是由当下现实的利益需求决定的。如哈布瓦赫所指出,社会的需求促成了记忆者对事件和意象的重建。①这就构成了以当下为中心的"现在中心观"。媒体文字符号对历史记忆的承载与建构也符合"现在中心观"的记忆理论。新闻媒体对同一历史人物形象的塑造,以及对同一历史事件、历史现象的评判,在不同的时代背景和现实需求下,会呈现出明显的差异性,甚至会出现截然相反的状态。例如,义和团运动是中国近代史上一个重要的历史事件,"纲要"课教材将其定性为"反帝爱国运动",并将其作为中华民族反抗外来侵略斗争的重要历史符号进行书写。然而有学者曾经对"义和团"作为一个被叙述的符号在不同历史阶段在媒体文本中的流变进行考察,发现义和团记忆并不是一成不变的,也不是从一开始就被认定为"反帝爱国运动",而是在现实语境中不断被社会进行重新建构。1905年,出现了名为《拳祸记》的文本文论,将义和团称为"拳匪""邪教"。五四新文化运动时期,陈独秀、刘半农、鲁迅等新文化运动的代表人物纷纷在《新青年》《每周评论》等杂志上发表文章,将义和团解读为一场文化上的运动,将其视为"中国蒙昧迷信、封建文化特征的一个具象"②,进而持全盘否定的态度。而至国民大革命时期,1924年,在《向导》周刊中,出现了四篇大文章讨论义和团,在当时振兴民族精神的时代呼声中,义和团历史记忆开始被重构,它被定义为"一个唯一的反帝国主义之民族群众运动"③,它的历史价值决不减于辛亥革命和五四运动,④由此义和团被塑造成为追求民族独立的符号象征。新中国成立之后,为了提高人们对于帝国主义侵略的警惕,义和团出现了从"拳匪"话语走向"英雄"话语的历史性转折。义和团运动本身是一个客观存在的真实

---

① [法]莫里斯·哈布瓦赫:《论集体记忆》,上海人民出版社,2002年,第41~91页。

② 王先明、李尹蒂:《义和团的历史记忆与文化认同——"后义和团"的文本类型比较研究》,《人文杂志》,2011年第4期。

③ 述之:《帝国主义与义和团》,《向导》,第81期。

④ 述之:《帝国主义与义和团》,《向导》,第81期。

的历史事件,然而在不同的历史阶段,义和团历史记忆被不断改写和重塑,从"拳匪"到"野蛮人"再到"革命人",直至定位为"爱国主义者"。义和团历史记忆在不同的历史背景下,始终以现实的社会需求为中心,是文字媒体不断进行社会建构的结果。

媒体文字符号在存储、传递历史信息,承载、构建历史记忆的过程中,政治权力和政治利益发挥着支配性作用。为了使历史记忆符合当下的现实需求,政治权力甚至会借助媒体文字符号对历史事实进行剪裁、改写与扭曲,将不符合现实需求的某些方面选择性遗漏或遮掩,有些历史事件会被丢失和改写,而有些历史事件则被不断补充和扩大,这一切都取决于当时政治主导权力的现实需要。因此,在"纲要"课的教学中,运用媒体文字符号承载和建构历史记忆,需要特别注意媒体文字符号的政治性,选取和阐释其历史内涵和历史意义,必须符合当前党和国家的主流意识形态,符合当前社会发展的现实需求,而绝对不能偏离这个轨道。

其次,媒体文字符号承载历史记忆具有周期性特征。新闻媒体对于历史事件的报道往往是周期性的,这也就决定了媒体文字符号对历史记忆的承载也呈现出明显的周期性特征。学界普遍认为,新闻媒体在建构历史记忆的过程中,最重要的功能就是连接现在与过去。这一功能是通过新闻媒体对重大历史事件进行循环往复的主题性周期性报道而实现的。通过这种反复的叙述和刻写,在现实的社会语境下进行历史叙事,再现历史事件,从而达到延续和传承历史记忆的目的。媒体文字符号一般会选取重要的时间节点来完成对历史记忆的周期性建构。比如,中国共产党的成立是中国近现代史上一件"开天辟地的大事件",以庆祝中国共产党成立为主题,每一年在中国共产党成立纪念日前后,新闻媒体都会对其进行文字符号的建构,对中国共产党成立的历史记忆进行"再生产"。尤其是每逢中国共产党成立的整十年份,新闻媒体更是会根据当下的现实需求对这一历史记忆进行有意识地加工和书写,利用特定的历史时间和社会环境,强化历史记忆,完成历史与现实的连接。一百八十余年的中国近现代史波澜壮阔、曲折复杂,为历史记忆的建构留下了诸多重要的历史节点,比如《共产党宣言》出版周年纪念、五四运动爆发纪念、红军长征胜利会师纪念、一二·九运动纪念、抗日战争胜利纪念、原子弹爆炸纪念、改革开放周年庆祝等。这些重要的历史节点为媒体文字符号提供了建构历史记忆的契机与素材,通过持续不断的周期性的历史书写,媒体文字符号利用其所承载的历史信息不断唤醒着人们作为中华民族共同体成员的历史记忆,不断增强着中华民族共同体的凝聚力。

最后,媒体文字符号承载的历史记忆多以重要历史人物和重大历史事件为主题。美国哲学教授埃特瓦德·凯赛认为,社会记忆的重要特征之一,是记忆的内容对广大公众来说必须是一种具有震撼性的事件,这些事件会成为人生的转折点。媒体文字符号承载的历史记忆也具有这样的特征。因为只有那些重要的历史人物和重大的历史事件才能影响历史的发展进程,才能对历史的发展产生转折作用。也只有那些重要的历史人物和重大的历史事件才能够成为历史发展的主流和主线,才能够架构起历史发展的时空和框架。

正因如此,媒体文字符号往往将重要的历史人物和重大的历史事件作为建构历史记忆的"素材",而不是那些历史的"边角料"。比如,1931年九·一八事变爆发之后,《申报》就以此为题进行了多种形式的文字报道,通过文字符号的书写建构国人的国难记忆。该报刊载的《暴日蚕食沈阳之惨状》一文,写出了日军铁蹄下国人的悲惨境遇:"某君虎口余生,直至行抵天津,周身血液,始稍觉舒畅。而错乱之神经,固犹惊恐无定也。日军于大队入城之际,遇华人,即示生吞活剥之狰狞凶态。酒臭熏天,见者奔避不遑。无辜孩提,父母抱携不及,日兵轻用右手紧握孩提,奋力分尸为二。或以刺刀解体为四,凶狠残酷,举世罕见。壮丁登车脱险,苟为日兵瞥见,则拖曳而下,先施以鞭挞,继持利刃剖析之,车站积尸遍地,示众三日,则以麻袋载运离沈。"①同时,该报也刊载了大量文章开展宣传、鼓动工作,承担起了唤醒国人、抵抗侵略的历史任务。抗日战争全面爆发直至最后胜利,《新华日报》《群众》杂志等主流媒体也刊载了大量文章书写全面客观的抗战记忆。新中国成立后,抗美援朝战争作为保家卫国、反对美帝国主义的一个重大历史事件也不断被媒体书写。在抗美援朝出国作战70周年之际,《人民日报》等国内主流媒体对其进行了《英雄气概感天动地重温抗美援朝战场文物背后的故事》《伟大抗美援朝精神必须永续传承、世代发扬》等相关主题的报道,以媒体文字符号书写和建构抗美援朝的历史记忆,重申抗美援朝伟大精神的现实意义。总之,重要历史人物和重大历史事件在媒体文字中大多得以被记录和书写,对媒体文字符号进行历时性串联与整理,即可大体架构起较为完整的历史记忆框架。

(二)文物古迹承载的符号记忆

文物古迹承载的符号记忆主要是指与重大历史事件、历史人物和历史现象有关的,具有纪念价值和历史意义的建筑物、遗址、纪念物等实物和实体。媒介记忆学者泽利泽认为,记忆锚定于特殊空间之中,可以通过一定形式的纪念物来对其进行表达和重现。也就是说,历史建筑、历史遗址可以为历史记忆的保存和建构提供特定的记忆空间,而多种多样的纪念物则成为承载和重现历史记忆的重要载体。

一方面,文物古迹作为重要的历史符号,能够实现价值意义的凝缩,具象化地呈现历史记忆。有些实物和实体之所以能够成为"历史符号",而有些则只能作为普通的"实物"而存在,其区别即在于是否承载了特定的历史

---

① 耕飨:《暴日蚕食沈阳之惨状》,《申报》,1931年9月29日。

信息,并具有一定的象征意义。例如,在淮海战役纪念馆中,珍藏着这样一件国家一级革命文物——一根小竹竿。这根竹竿一米来长,上面用针尖刻满了密密麻麻的小字。仔细看去,开头刻着它的主人唐和恩从家乡出发的地点,山东省胶东地区莱东县(今莱阳市)陶漳区,接着刻的是他支前经过的路线,包括山东、江苏、安徽三个省的88个城镇和村庄。这不是一般的里程记录,它是数百万英雄支前民工在淮海战役中走过的艰苦光荣的战斗历程的缩影,是淮海战役伟大胜利的见证。作为中国农村随处可见的平凡物件,一般意义上的"小竹竿"只能称之为用于农民生产生活的普通"实物"(当然,其中也蕴含着中国农民生产生活的意义信息),不具备特定的历史意义和历史价值,因此不能称之为"历史符号"。而唐和恩携带着的这根特殊的"小竹竿",记录着他从胶东地区往沂蒙大山走到淮海平原跨越五千里的人民支前图。正是这样丰富重要的历史信息和价值意义,使得唐和恩的这根"小竹竿"有别于普通的"实物",而得以成为珍贵的历史符号,它再现了淮海战役中人民群众对中国共产党和人民军队踊跃支持的历史记忆。从这个意义上说,每一个珍贵的历史符号,都是若干价值意义的凝缩。

无论是不同历史时期遗留的各种历史纪念物,还是具有纪念价值和历史意义的建筑物和遗址遗迹,其中都必然蕴含着特定的历史信息和历史意义,从而发挥着承载历史记忆的价值功能。近代时事漫画《时局图》,反映了19世纪末列强掀起瓜分中国狂潮的历史信息,给人以强烈的"亡国灭种"的危机感,承载着爱国者呼吁中华民族觉醒、挽救民族危亡的爱国之情。北京大学的红楼,是中国近代史上李大钊、陈独秀最早传播马克思主义和民主科学进步思想的重要场所,再现了北京共产党早期组织成立与马克思主义在中国传播的历史图景。长辛店补习学校旧址,则承载着中国共产党早期组织到工人中去进行宣传和组织工作的历史记忆,有力地推动了马克思主义与工人运动相结合,为中国共产党的成立奠定了思想基础和阶级基础。长征路上的"半条被子",见证了红军长征的历史过程,蕴含着中国共产党与人民风雨同舟、血脉相通、生死与共的历史情感。抗日战争当中的"死字旗",彰显着中华民族不屈的民族魂以及中华儿女心中亘古不变的爱国情怀,承载着面对亡国灭种的民族危机,中华民族空前团结全力抗战的历史记忆。深圳市委大院门前的"拓荒牛"雕塑,是深圳开拓精神的象征,记录着改革开放和社会主义现代化建设新时期中国共产党领导人民开拓进取的伟大记忆。北京大兴国际机场作为党的十八大以来中国特色社会主义建设取得历史性成就的标志性符号,充分展示了新时代中国特色社会主义理论指导下中国社会的快速发展,深深凝结了新时代中国特色社会主义建设的辉煌记忆。

这些具有纪念价值和历史意义的建筑物、遗址遗迹以及历史纪念物,它们不仅仅因为其自身蕴含着各种各样的历史内容、历史意义、历史线索和历史价值而成为历史符号,更重要的是,它们能够通过历史符号将这些特定的历史信息以具象化的方式呈现出来,进而对人们的思想意识、认知情感等产生影响,为历史记忆的建构奠定基础。实物符号承载历史记忆的具象化特征,使其能够广泛地应用于"纲要"课教学,建构学生的历史记忆。当然,由于课堂教学的局限性,教师不可能将真正的具象化实物符号带入课堂,只能采用图片、影像等间接方式,向学生展示实物符号,传递历史信息。比如,甲骨文作为最早承载中华民族历史记忆的实物符号之一,当学生看到具象化的甲骨文图片时,自然会感叹于中华文明的源远流长和几千年来的绵延发展、传承不绝;当学生看到圆明园被毁前后的对比图片时,会深刻感受到西方列强对中国进行侵略与掠夺的沉痛历史,认识到只有推翻半殖民地半封建的统治秩序,才有可能真正完成实现民族独立和国家富强的历史任务;当学生看到小岗村18户农民按下红手印的"包产到户"契约图片时,他们自然会联想到家庭联产承包责任制,自觉建构起中国改革开放伟大转折的历史记忆。此外,在课堂讲授和学生历史认知的基础上,具象化的历史符号还可以将历史记忆的建构过程延展到"纲要"课堂之外的现实生活中。比如,当学生乘坐高速铁路出行时,在感慨于中国铁路交通业快速发展的同时,也会感受到国家制造业和科学技术的巨大进步;当学生漫步于校园遇到自动"送外卖""送快递"的"智能小黄车"时,会惊叹于中国智能产业的飞速发展……这些生活中随处可见的"实物符号",无形当中建构着大学生作为中华民族共同体成员的辉煌记忆。总之,各种具象化的历史符号将丰富多彩的历史信息凝结其中,并以多样化、形象化、生活化的方式展现出来,为历史记忆的建构提供了更多的可能性。

另一方面,历史建筑、遗址遗迹与留存于其中的历史纪念物相互作用,共同还原记忆空间,为建构历史记忆提供空间载体。海德格尔曾言:"记忆因被锁定在空间之中而变得有意义。空间本身就具备唤醒记忆的某种力量。"①无论是历史人物的活动,还是历史事件的发生,都必然处于一定的历史空间之中。因此,空间就成为承载与建构历史记忆的重要场所。然而历史空间并不是作为一个"空荡荡"的建筑而存在,其内外必然留存有历史人物的活动以及与历史事件发生、发展有关的各种实物、痕迹,它们共同打造了历史记忆建构的空间载体。最典型的莫过于人民英雄纪念碑与天安门广场。人民英雄纪念碑建成于1958年,位于其下座腰部的四面八块汉白玉浮雕生动再现了虎门销烟、金田起义、武昌起义、五四运动、五卅运动、南昌起义、抗日游击队、胜利渡长江的八大历史场景。人民英雄纪念碑是反映近代中国革命历程的经典历史符号。人民英雄纪念碑伫立于我国最重要的政治空间——天安门广场,与周边的五星红旗旗座、人民大会堂和革命历史博物馆共同形成了一个红色记忆的历史空间。当人们游走于天安门广场时,伫

---

① 孙逊、杨建龙:《都市空间与文化想象》,上海三联书店,2008年,第40页。

立于人民英雄纪念碑下,仰头凝视高高飘扬的五星红旗,虽然无法真正置身于那个激荡的革命年代,但是处于这样一个由众多历史符号层叠构建的历史空间,人们头脑中有关中国革命历史的记忆很快就会被唤醒和激活。

再比如,在中国近现代漫长的历史发展中,许多地方都留存着带有鲜明历史印记的名人故居、建筑集群。有着"三坊七巷一条街,半部中国近代史"美誉的福州"三坊七巷",涌现出了林则徐、沈葆桢、严复、陈宝琛、林白水、郁达夫、冰心、林觉民、林徽因、黄乃裳等百余位有历史影响力的杰出人物。其中,林则徐故居、林觉民冰心故居(林觉民牺牲后其居所被卖于冰心的祖父)、严复故居等历史建筑被完好保存。一个个鲜活的历史人物,一段段真实的历史故事,一件件珍贵的历史文物,穿梭于"三坊七巷"之中,仿佛置身于中国近现代的历史空间,看到了林则徐虎门销烟的决心,听到了严复"物竞天择、适者生存"的呐喊,感受到了林觉民《与妻书》的悲壮……这样一个由历史建筑集群打造的"记忆集群",充满了历史的感染力,它们不仅以丰富的历史符号再现了历史,而且以生活化的场景符号引导人们去感受历史、激发情感,带给人们以沉浸式的历史体验,为还原历史原貌、建构历史记忆提供了全方位的空间载体。

鉴于空间载体对于建构学生历史记忆发挥着十分重要的作用,在"纲要"课课堂教学之外,要通过课外实践环节组织学生开展参观考察活动,在与中国近现代史发展有关的名人故居、历史建筑、遗址遗迹等实体符号中开展现场教学,使学生获得身临其境之感,在多重维度的历史空间中激发他们的历史情感,深化他们的历史认知,强化他们的历史记忆。

(三)历史场馆承载的符号记忆

承载符号记忆的历史场馆多为纪念重大历史事件或重要历史人物而保存或兴建,一般以事件发生的地点和人物出生、居住或工作的地方为馆址,重现历史事件发生的经过和历史人物活动的状况。历史场馆与上文提及的历史建筑、遗址遗迹有共通之处,都是重要历史人物活动或历史事件的发生之地,而区别在于历史场馆是在再现历史人物活动和历史事件发生原貌的同时,为更好地呈现某一历史主题而进行了人为地、有目的地扩充和修建。相对于一般的历史建筑、遗址遗迹而言,历史场馆存储历史信息的功能更强大,历史纪念价值和纪念意义更突出。这类历史场馆一般包括历史档案馆、历史博物馆与历史纪念馆、展览馆。历史场馆为历史记忆的生成提供了存储空间、仪式空间、情感空间和意义空间。

1.历史场馆作为历史记忆的存储空间

法国历史学家皮埃尔·诺拉曾提出著名的"记忆之场"理论,他认为:"集体记忆的研究应该从'场所'出发……这些场所是社会(不论是何种社会)、民族、家庭、种族、政党自愿寄放它们记忆内容的地方,是作为它们人格必要组成部分而可以找寻到它们记忆的地方,这些场所可以具有地名意义,如档案馆、图书馆和博物馆,也可以具有纪念性建筑的属性,如墓地或建筑物;也可以带有象征意义,如纪念性活动、朝圣活动、周年庆典或各种标志物,也具有功能属性,如教材、自传作品、协会等。这些场所都有它们的历史。"[①]在皮埃尔·诺拉看来,历史记忆的保存与建构与"场所"息息相关,一切历史记忆都需要"场所"作为它的安放之地。历史档案馆、博物馆与历史纪念馆、展览馆作为各种历史资料、历史实物的汇聚场所,无可置疑地成为保存和承载历史记忆的"记忆之场"。这些历史场馆通过汇集的历史信息发挥着存储历史记忆的功能,同时,对外开放的公众性也使得其存储历史记忆的价值功能得以延展至更广阔的社会空间,使更广泛的社会群体有机会置身其中,在历史记忆的汇聚之地感知历史,建构记忆。

---

① Pierre Nora, *Lam moire collective*, Retz – CEPL, 1978,p.401.

2.历史场馆作为历史记忆的仪式空间

纪念仪式是建构历史记忆的重要方式。与一般常见的宗教仪式不同,纪念仪式往往是为了纪念对国家、民族发展产生过重大影响的历史人物和历史事件而举行,通过仪式化的过程,象征性地重演过去、再现历史。纪念仪式"通过描绘和展现过去的事件来使人记忆过去。它们重演过去,以具象的外观,常常包括重新体验和模拟当时的情景或境遇,重演过去之回归"①。纪念仪式不能脱离历史空间而凭空进行,它需要一个与之相连的历史性的仪式场所。历史博物馆、纪念馆等历史场馆,往往作为重要历史人物活动或重大历史事件的发生之地而具有特殊的意义,因而成为人们"重演过去"、建构记忆的重要仪式空间。这些历史场馆本身就是具有鲜明指向性的历史符号,它们与其内部保存的丰富的文字符号、实物符号一起,打造了一个相对"独立"于现实场域的整体性的历史时空,人们在这样一个历史时空中实现与现实生活暂时的"割裂",完全沉浸于纪念仪式所赋予他们的历史情境,在仪式化的过程中,重新体验当时的情形,激发情感的共鸣。正是由于历史场馆作为历史符号蕴含着特定的象征意义,使其不但具备了作为一般建筑物的物理性空间功能,而且能够成为再现历史、重回过去的仪式性场域,为纪念仪式的举行提供空间载体。

3.历史场馆作为历史记忆的情感空间

劳拉简·史密斯认为:"人们去博物馆或遗产地,往往并不仅仅是为了去获取知识,而是来调整和经营他们的情感。即人们是去表达或感受情感,或在某个他们认为具有特别的历史或文化叙事的博物馆或遗产地进行感情投资。"②"记忆"本身就是心理学概念,记忆的形成与人们的心理、情感紧密相连。同样,历史记忆建构也需要唤起人们的情感。群体成员的情感共鸣是

---

① [美]保罗·康纳顿:《社会如何记忆》,纳日碧力戈译,上海人民出版社,2000年,第90页。
② 劳拉简·史密斯、路芳:《游客情感与遗产制造》,《贵州社会科学》,2014年第12期。

建构历史记忆必要的心理基础和情感基础。情感对于建构和保持历史记忆至关重要,失去情感支撑的历史记忆,必定无法维持下去。博物馆、纪念馆等历史场馆作为一个刻意打造的高情感卷入度的历史空间,在参观游览的过程中,能够极大地唤起人们的情感共鸣。比如,当人们在历史场馆中看到抗日战争中壮烈牺牲的抗日将士的日记、衣物等遗物、纪念物时,会为抗日将士的牺牲感到悲痛,也会对日军在中国犯下的滔天罪行感到愤怒;而当人们在历史场馆中看到新中国成立以来,尤其是改革开放四十余年来,反映中国社会快速发展的各种展品时,自然会从内心深处迸发出前所未有的强烈的自豪感和成就感。这种现象被称为"情感定向"。历史场馆当中保存和陈列的一切物品都具有"情感定向"的功能,都是具有象征意义的历史符号,当人们在场馆中参观游览时,会习惯性地将他们的情感价值附着于场馆中所呈现的历史符号之上,这种"情感定向"的作用正是历史场馆能够激发人们情感共鸣的原因之所在。如前所述,情感的唤起与激发对于建构历史记忆至关重要,参观者历史记忆的生成就是伴随着他们在参观过程中被激起的或沉痛,或悲愤,或自豪的一系列情感而实现的。因此,从这个角度来说,历史场馆为历史记忆的建构提供了良好的情感空间。

4.历史场馆作为历史记忆的价值空间

博物馆、纪念馆等历史场馆因其具有强大的汇聚、保存以及承载历史信息的功能,因而成为可以安放历史记忆的"记忆之场"。历史记忆具有选择建构性,一切能够进入历史场馆并得以保存和呈现出来的历史实物,都是被选择与建构出来、并被社会群体所需要的历史符号。事实上,历史场馆中保存、珍藏的许多历史实物,都是生活中的常见物品,比如衣物、书籍、笔墨纸砚等,它们本身的物质价值并不高,但其之所以能够进入历史场馆成为历史符号,是因为物品身上留存了历史人物使用过的痕迹或见证了重大历史事件的发生、发展,从而为普通物品加载了重要的历史价值。而这种历史价值源于当前社会的现实需要,这也正是历史记忆选择与建构的基本原则。历史场馆这种强烈的现实指向性,使其能够成为建构历史记忆的价值空间。为了更好地发挥历史场馆的价值意义,场馆中的一切物品往往都进行了高导向性的编码,即人们一看到某一展品,自然能够联想、接收到其背后蕴藏的历史信息,并按照既定的价值方向对其内在的价值意义进行解码和阐释。同时,历史场馆在布局上也经过了精心的设计与安排,将其内置的各种实物符号按照一定的历史逻辑进行编排,引导人们在固定的历史逻辑中完成历史记忆的构建。

实际上,正是由于各类历史场馆在建构历史记忆过程中发挥着十分重要的作用,世界各国都非常重视历史场馆和纪念地的建设和利用,我国亦是如此。作为承载历史记忆的价值空间,历史场馆具有鲜明的政治性和意识形态性,据统计,"在我国,80%以上的纪念馆都是纪念近、现代革命史上重大事件或杰出人物的革命纪念馆"①。这并不只是因为近现代历史场馆因其年份较近而得以更多地保存下来,更重要的原因在于历史场馆所具有的重要的历史记忆空间建构价值,它在维护政治稳定、塑造社会主流价值等方面发挥着重要作用。

二、中间形态:情节记忆

情节记忆是符号记忆的延伸,从符号记忆到情节记忆的过程,就是从形象到具体的共享往事的过程。情节记忆指涉历史记忆的内容维度,是指"实物"符号背后带有具体情境的故事,以及故事所承载的浓厚情感。在"纲要"课教材和教学内容中,情节记忆包括对于特定历史人物活动过程的记忆、对

---

① 马萍、潘守永:《从"仪式性"看纪念馆的"文化展演"空间实践》,《东南文化》,2017年第2期。

于特定历史事件发生与发展的记忆,以及对于特定历史现象出现与存在的记忆。

（一）历史人物承载的情节记忆

在"纲要"课教材和教学内容中,特定历史人物承载的情节记忆是指在中国近现代历史发展过程中产生过重要影响、对中国近现代历史进程起到过推动作用的重要历史人物的活动过程。

首先,特定历史人物承载的情节记忆,能够再现生动、鲜活的生活化场景,极大地增强历史记忆的情感温度。"人"是情感的动物,历史人物也应该充满情感的温度。但事实上,长久以来,历史人物受到特定社会语境的限制,对其建构往往是"高大全"的超越世俗的形象,或侧重于呈现其不平凡的历史影响、历史功绩,或侧重于突出其高于常人的高尚的思想品德,这种人物形象的建构缺少"烟火气"和"人情味",难免使人产生遥远的距离感而造成情感的淡漠,不利于历史记忆的唤起和建构。以历史人物来承载情节记忆,就是要通过对历史人物的情感塑造,以此还原历史人物本身的情感温度。例如,我们在塑造林觉民作为革命青年的个人形象时,往往会通过解读感人至深的《与妻书》来向学生讲述他与妻子林意映凄美的爱情故事,一方面是作为"普通人"的林觉民对妻子难以割舍的深厚情感,另一方面是作为"革命者"的林觉民对处于水深火热中的祖国深沉的爱,而当二者发生矛盾时,他毅然割舍了个人情感而投身于救国救民的革命事业。面对这样一个充满血肉的林觉民,学生的思想情感很难不受到触动,他们会自动建立情感联结,设身处地地感受到林觉民为挽救国难而舍弃爱情时的艰难抉择。这种鲜活的"接地气"的人物形象以及强烈的情感激发,无疑有助于学生历史记忆的建构。

同时,以历史人物来承载情节记忆,要塑造全面、丰满、鲜活的人物形

象,避免"高大全"式的人物建构。历史人物虽然在历史发展的进程中产生
过重要影响,但他们毕竟也是生活在现实中的人,他们有作为普通人的情感
和追求,也同样有普通人的缺陷和弱点。在建构历史人物的情节记忆时,不
能将其视为"神一般的存在"而使之脱离现实的视野,也不能为了体现其作
为普通人的一面而过分夸大其自身存在的缺点和不足。我们需要建构的是
一个全面的、立体的、有血有肉的历史人物形象。比如说,在"纲要"课教学
中,我们在对青年胡适进行情节记忆的建构时,往往强调他作为新文化运动
的代表人物和作为年轻的北大教授,如何推动了中国社会的文学革命,如何
对整个中国社会的思想文化产生巨大影响。这样建构起来的胡适形象过于
单一乏味,呈现在学生面前的是一个手握36个博士学位的"大师",对学生而
言,胡适只是一个遥不可及的新文化运动的代表人物,而没有带给他们任何
情感触动,自然也谈不上历史记忆的建构。但是,如果我们在建构胡适形象
的时候,引入胡适的《留学日记》和他的自传《四十自述》,那么人物的形象就
立刻鲜活、丰满了。胡适在他的《留学日记》与自传当中生动地记录了他出
国留学前后曾经历过的一段思想上的迷茫和行为上的堕落,他整日抽烟、喝
酒、打牌,无所事事,而在经历了一段迷茫堕落的日子之后,胡适选择发奋图
强,最终考取了公派赴美留学的名额,遂赴美国康奈尔大学读书。这样建构
起来的胡适形象有血有肉,他不再是一个遥远的文化"大师",而成了一个和
我们一样具有普通人的情感和缺点的人。将这样一个充满血肉和温度的历
史人物置于生活化的场景中,无形中消除了我们对于历史人物的距离感,这
样的历史人物丰富完整,以此建构起来的历史记忆充满温度。

其次,特定历史人物的情节记忆,折射出同一时代背景下与之相关的人
物群像。作为社会性的存在,任何人都不是社会中孤立的个体,他/她总是要
归属于某些特定的社会群体,历史人物也是一样。因此,建构特定历史人物
的情节记忆,往往能够窥见同一时代背景下与之相关的人物群像。比如,在

辛亥革命过程中,对于林觉民、方声洞、喻培伦三位革命青年事迹的建构,能够清晰塑造出"黄花岗七十二烈士"的群体形象。林觉民出身于书香门第,家境优渥,父亲是位饱学多才的儒生,其自身也受到了良好的教育,在接触到西方资产阶级革命思想后,留学日本,加入了同盟会,在黄花岗起义中受伤被俘,慷慨就义,年仅24岁;方声洞出生于福州富商家庭,父亲曾担任县令,又经营过转运公司,17岁的方声洞为寻求救国之道,赴日留学,投身革命,成为中国同盟会的首批会员,黄花岗起义牺牲时年仅25岁;喻培伦出生于一个富裕的糖商家庭,在西方进步思想的熏陶下,对清廷专制统治的黑暗腐朽和东西方列强对中国的欺辱深为愤懑,1905年,他赴日留学,黄花岗起义中,喻培伦因弹尽力竭被捕,英勇就义,时年25岁。林觉民、方声洞、喻培伦3位革命青年的成长过程,以及在辛亥革命前后接受资产阶级革命思想、组织开展反清武装起义的活动轨迹,在黄花岗72烈士中具有极其鲜明的典型性。据统计,参加黄花岗起义的72烈士平均年龄只有29岁,其中9人是留日学生。他们均出身于钟鸣鼎食之家,完全可以过上锦衣玉食的优越生活,但是他们为了民族的自由和复兴,用自己的生命去敲响苦难深重的古老中国的黎明钟声。对林觉民、方声洞、喻培伦3位黄花岗烈士在辛亥革命前后情节记忆的建构,折射出的是19世纪的"80后"革命青年群体矢志不渝的爱国情怀和为救国救民而舍生取义的人生抉择。

再比如,在中国共产党成立前后,对于毛泽东个人形象的情节建构,能够反映出早期中国共产党人的群体形象。简言之,毛泽东于1893年出生于一个相对"富裕"的农民家庭,自幼读书,1914年进入湖南第一师范学校求学,毕业前夕和蔡和森等组织革命团体新民学会。五四运动前后接触和接受马克思主义。1920年,在湖南创建共产主义组织。1921年7月,出席中国共产党第一次全国代表大会。毛泽东在中国共产党成立前后的个人经历,反映出早期中国共产党人的群体特征:①他们大多接受过文化教育,属于知识分子群体。如陈独秀、李大钊是新文化运动的领袖人物,是闻名全国的北大教授;瞿秋白是著名的作家和翻译家;周恩来毕业于南开大学,恽代英毕业于武汉中华大学,等等。他们能够接受先进的思想理论和先进文化的武装。②他们大多出身于中等以上的家庭,放弃了较好的前途,而选择加入中国共产党。如,1920年毕业于天津北洋大学的张太雷,毕业证书都没有拿,毅然放弃了美好的前途,选择了中国共产党;出身于广东大地主家庭的彭湃,他家拥有"鸦飞不过的田产",然而他却把田契都烧了,把分得自己的田地分给了当地农民。可见,他们参加中国共产党并非为了谋求个人出路,而是真正出于对马克思列宁主义真理的信仰。③他们选择信仰马克思列宁主义,是目睹了社会现实并经过了对当时流行的社会政策、社会民主主义、激烈方法的共产主义(列宁的主义)、温和方法的共产主义(罗素的主义)和无政府主义等各种思想理论的比较研判之后的思想自觉。④他们作为19世纪的"90后",是一个青年的朝气蓬勃的革命群体。他们当中除了陈独秀年龄稍长一些以外,其他都是二十多岁、三十多岁的青年人。早期的中国共产党是一个乐观积极、着眼未来的革命组织。

再次,特定历史人物承载的情节记忆,往往与重大历史事件紧密相关。历史是由人推动的,历史发展的过程本质上就是无数历史人物不断活动的过程。尤其对于那些在历史发展进程中发生过重大影响的特定历史人物,总是与重大历史事件相联系,他们或是重大历史事件的组织者、策划者,或是重大历史事件的领导者、参与者,正是重要历史人物的活动不断地将历史的车轮推向前进。历史人物承载的情节记忆对于重大历史事件的反映,可以从两个方面呈现出来:

一方面,同一历史事件可以由不同的历史人物完成情节记忆的建构,呈现出历史的"横截面"。不同历史人物对同一历史事件的建构,可以从两个维度完成,即同向的建构与反向的建构。同向的建构即在同一历史事件中的立场观点、作用地位等具有相似的同向性,比如上文所言的早期中国共产党群体,这一群体成员选择了马克思列宁主义作为共同信仰,并由此完成中国共产党的创建工作。在创建中国共产党这个重大历史事件中,毛泽东与蔡和森两个人同为湖南一师的同学,一起组织参与各种救国救民的活动,但一个选择去国外研究国际共产主义运动,另一个选择留在国内研究中国实情,最终通过艰苦研究、探索、选择、创新,两个人同时坚定了马克思列宁主义的信仰。尽管他们走上马克思主义道路的方式并不完全相同,但他们确定马克思列宁主义为最终信仰的目标是一致的。这就是不同历史人物建构历史事件的同向性。不同历史人物在建构重大历史事件的过程中也可以呈现出立场观点、地位作用的不同,例如在标志着中国共产党成立的第一次全国代表大会上,出席会议的13位代表,虽然都亲身参与并见证了中国共产党的诞生,但是在后来中国革命发展的过程中,他们的思想、立场等均发生了明显的分化,有的人成为中国革命杰出的领导者,为中国革命做出重大贡献,有的人为中国的革命事业献出了自己的生命,但也有的人最终脱离党组织,甚至叛党投敌,成为可耻的叛徒。这种历史人物的分化从不同侧面反映出中国革命的极端复杂性与极端残酷性,在同一历史事件的建构中发挥着反向的作用。总之,无论是同向作用还是反向作用,历史人物的活动都是时代的反映,都参与到同一时代背景下历史事件的情节建构。

另一方面,特定历史人物的成长、活动可以承载不同历史阶段的情节记忆,再现历史发展、变化的完整进程。比如,在早期信仰马克思主义的人物中,包括董必武、吴玉章、林伯渠等中国同盟会会员、辛亥革命时期的活动家。以董必武为例,他亲身参与了武昌起义,加入过中国同盟会和中华革命党,并参加了之后反对北洋军阀的斗争。这一时期,董必武的个人经历参与了辛亥革命当中诸多重大历史事件的情节记忆。在经历了辛亥革命的失败之后,董必武毅然"开始研究俄国的方式"①,最终确定了马克思主义的坚定信仰。从三民主义到马克思主义信仰的转变,发生在五四新文化运动前后,此时,董必武的个人经历又参与到了新民主主义阶段诸多历史事件的建构当中去。而在新中国成立之后,董必武历任中央人民政府委员,政务院副总理兼政治法律委员会主任,最高人民法院院长,全国政协副主席,中华人民共和国副主席、代主席等职务,这一时期他的言行活动又承载着中华人民共和国时期若干重大历史事件的情节记忆。可见,同一历史人物在不同历史阶段建构的情节记忆,能够反映出历史进程的发展和走向。按照"纲要"课的教材体系,以第一次鸦片战争为起点的中国近现代史,经历了不同社会力量对国家出路的早期探索、辛亥革命、中国共产党成立、两次国内革命战争、抗日战争、解放战争,以及新中国成立之后中国社会主义道路探索、改革开放与中国特色社会主义的开创与发展、中国特色社会主义进入新时代的不同历史阶段。许多重要的历史人物都经历了两个甚至两个以上不同的历史阶段,他们丰富的、阶段性的历史记忆构成了历史发展的脉络,挖掘他们生命历程中不同阶段的情节、经历,能够完成对中国近现代历史愈趋完整的历时性呈现。

最后,特定历史人物承载的情节记忆,通常能够反映出一个时代国家、民族的命运走向。每一个历史人物都成长、生活于特定的历史时空下,历史人物的成长经历、个人遭遇往往与民族、国家的命运走向紧密相连。因此,特定历史人物承载的情节记忆,同样也是国家、民族的情节记忆。在中国近现代的历史进程中,有太多重要的历史人物,他们的人生经历与家国命运息息相关。一方面国家、民族的命运走向对于他们个人的成长经历产生了重要影响;另一方面他们的个人遭遇也促使他们做出正确选择,从而成为推动

---

① 中共中央党史研究室、中央档案馆编:《中国共产党第一次全国代表大会档案文献选编》,中共党史出版社,2015年,第121页。

社会发展、对国族命运产生重要影响的历史人物。朱德就是这样一个典型的历史人物。

抗日战争时期，朱德曾在延安党校的课上说过这样一段话："我一生中一共有两个老师，一个是蔡锷，另一个便是毛泽东。在加入中国共产党之前，我的老师是蔡锷。他是我在黑暗中的指明灯，加入中国共产党后，毛泽东便是我的指明灯。"这段话生动说明了朱德早年的两段重要经历。在旧民主主义革命时期，朱德目睹了清王朝的黑暗腐败，毅然投考云南陆军讲武堂，并跟随蔡锷一起开展反清、讨袁的武装革命。然而随着辛亥革命的失败和蔡锷将军的去世，云南再次陷入军阀混战的泥潭之中。朱德深感救国无门，毅然辞去了滇军旅长的职务，继续寻找救国救民的道路。一个偶然的机会，朱德从报纸上了解到新成立的中国共产党领导的工人运动蓬勃兴起，他随即起身赴上海拜访陈独秀，希望加入中国共产党，却因其旧军阀的身份而遭到了拒绝。然而朱德并没有就此心灰意冷。他不远万里来到欧洲，找到中国共产党旅欧支部，最终在周恩来和张申府的介绍下，正式加入了中国共产党。可以说，朱德是一位从辛亥革命当中走出来的开国元勋。朱德这两段重要的人生经历，都是其在当时历史条件下面对国家、民族的历史命运作出重要选择的结果。为推翻腐败的清王朝和北洋军阀的反动统治，他毅然参加了辛亥革命和讨袁战争，在辛亥革命失败之后，面对民不聊生的社会现状，他又在中国近现代的历史舞台上留下了一段感人至深的万里寻党的佳话。这样一段传奇的个人经历，折射出的国族命运是：①要完成民族独立和国家富强的历史任务，必须以推翻清王朝的封建统治为基本前提；②辛亥革命的失败表明，三民主义并不能救中国，民族资产阶级再也没有能力继续推动中国社会前进了；③北洋军阀的专制统治使中国社会更加黑暗腐败，人民的困苦日复一日，需要新的阶级成为中国革命的领导者；④中国共产党应运而生，中国共产党的成立是历史的必然。在她的领导下，中国革命的面貌焕然一新。以朱德的个人经历为基础建构情节记忆,能够鲜明地呈现出不同历史阶段国家、民族的生存状态,同时,朱德在不同历史条件下作出的重大人生抉择,也使其最终成为推动中国社会发展、改变中华民族历史命运的重要历史人物。这种将个人的成长经历与国家、民族命运交织在一起的独特方式,既呈现出宏大的家国图景,又不失微观的生活化叙事,能够在个人经历与国家命运的重叠中建构起完整、动人的情节记忆。

(二)历史事件承载的情节记忆

中国近现代史上的特定历史事件是指那些对中国近现代历史进程产生过重要影响的事件。这些历史事件往往具有完整性,包括其发生、发展、进程、结果的整个过程,是情节记忆的重要组成部分。特定历史事件承载的情节记忆,具有完整性、故事性、时代性和深刻性的特征。

首先,特定历史事件承载的情节记忆具有完整性。历史事件作为一个完整的过程,与普通事件一样,必须同时具备人物、时间、地点、事件的起因、经过和结果六个最基本的构成要素。以历史事件为基础而建构的情节记忆,同样也具有这样一个从发生到结果的完整过程。而历史事件本身,就是作为历史记忆的存储单元而存在。历史记忆正是由一个个完整的历史事件按照人们的现实需要和一定的历史逻辑而串联建构起来的。也就是说,就历史事件而言,单一历史事件承载的情节记忆具有完整性,而将若干完整的情节记忆组合起来,即形成了完整的历史记忆链条。一百八十余年的中国近现代史,也是由若干完整历史事件汇集而成的,我们通过选取每一个历史阶段具有典型意义和重大历史影响的历史事件建构情节记忆,并以教学目标为中心形成记忆的联结,能够为学生完整再现整个中国近现代历史的发展进程。

其次,特定历史事件承载的情节记忆具有故事性。在"纲要"课的教材体系中,对历史事件的呈现多是陈述性的,通常是通过客观的陈述性文字交代历史事件的"六要素",形成对历史事件发生、发展过程的简要性描述。这种陈述性的叙述方式有利于学生对于相关知识性内容的掌握,但是由于缺乏直观性、生动性和形象性,难以给学生留下深刻印象并触及学生的思想情感。以特定历史事件建构情节记忆,能够实现陈述性叙述向故事性叙述的转变。例如,"纲要"课教材在叙述《共产党宣言》中文全译本公开出版这一历史事件时,是这样写的:"1920年8月,陈望道翻译的《共产党宣言》中文全译本公开出版。这是马克思主义在中国传播史上的一件大事,在建党的思想理论准备中,起了十分重要的作用。"这样一种客观的陈述将《共产党宣言》中文全译本公开出版这一历史事件的人物、时间、地点、起因、经过和结果交代得非常清楚。接下来,教材继续叙述:"此前,为翻译这本书,陈望道秘密回到浙江义乌的家。他在潜心翻译时,把粽子蘸着墨汁吃掉却浑然不觉,还说:'真理的味道非常甜'。"[①]"真理的味道非常甜"作为一个经典的党史故事,生动、形象地再现了陈望道翻译《共产党宣言》的历史情节,在"纲要"课堂上,如果教师能够声情并茂地讲述这个故事,那么一个鲜活、立体的历史情境即刻就会出现于学生的头脑当中,直接参与到对《共产党宣言》中文全译本公开出版这段历史记忆的建构。故事性叙事能够极大地增强历史事件的生动性和感染力,更好地激发学生建构历史记忆的积极性和主动性。

再次,特定历史事件承载的情节记忆具有时代性。历史事件承载情节记忆的时代性特征可以从两个方面来理解:一方面是情节记忆的内容具有时代性。如前所述,历史记忆是选择建构的结果,选取哪些历史事件作为建构情节记忆的"素材",以及以何种叙事方式来实现情节记忆的建构,都取决于当前时代的现实需要。对于"纲要"课而言,教材成为建构情节记忆的文

---

① 本书编写组:《中国近现代史纲要》,高等教育出版社,2021年,第103页。

本"素材库",一切得以入选"纲要"课教材的历史事件,即已被认定为是对当下现实需求有益的,在当前时代环境里是具有建构历史记忆价值的;另一方面,历史事件承载情节记忆的方式具有时代性。这一点对于历史事件承载和建构情节记忆的效果来说非常重要。对于"纲要"课的教学对象——当代大学生而言,中国近现代史是他们较为熟悉的一段历史,教材当中的许多历史事件他们都有所了解。如何才能够将这些陈旧的"历史故事"讲出新意,重新激发学生的情感,唤起他们的记忆,必须选取恰当的方式来完成情节记忆的构建。比如,五四运动这个重要历史事件早已被学生所熟知,如果采取一般陈述式的方式显然难以吸引学生注意,但如果引入一段经过数字化修复的真实历史影像,则可以直观地还原历史情节,将学生迅速带入当时的历史情境,引发情感共鸣,建构和强化学生相关的情节记忆。只有那些符合历史潮流、充满时代色彩的建构方式,才有可能被"00后"大学生喜欢并接受,才能够保证情节记忆的建构效果。

最后,特定历史事件承载的情节记忆具有深刻性。任何一个历史事件的发生都不是历史的偶然,其背后必然存在着导致这一历史事件发生、发展的重要历史原因与深刻的社会根源。因此,特定历史事件承载的情节记忆,也不仅仅是一个个生动、完整的"历史故事",透过这些"历史故事",呈现在学生面前的也包括"故事"当中所蕴藏的历史认知、历史情感和历史规律。比如,对于"中国共产党成立"这一开天辟地的历史事件,学生除了完成对这一历史事件本身的历史认知外,必然会去追问:是什么样的社会状态最终导致了中国共产党的诞生? 中国共产党的诞生对于苦难的中国人民究竟意味着什么? 对于中国近现代的社会发展又会产生什么样的历史影响? 由此可见,在建构中国共产党成立这一重大历史事件情节记忆的过程中,学生会自觉地完成对中国共产党成立的历史背景、历史影响和历史意义的探究和认知,认识到中国共产党的成立所具有的历史必然性。因此,可以说,特定历史事件承载的情节记忆,不只是简单的历史情节的再现和历史故事的叙说,还能够将学生带入具有历史背景的主题叙事中,在以历史事件为主体架构的历史空间内,形成以历史事件为中心的全面的、深刻的理解性认知,为最终实现从情节记忆到价值记忆的递进奠定基础。

(三)历史现象承载的情节记忆

历史现象是历史本质的表征。中国近现代历史的发展过程以及历史人物、历史事件的发展变化都是通过一定的历史现象表现出来的。这些特定的历史现象是承载情节记忆的重要载体。

首先,特定历史现象承载的情节记忆能够反映出若干历史事件当中的共性因素。历史现象不同于历史事件,它不是某一个历史人物的活动,也不是某一个历史事件的具体内容,而是透过多个历史人物的活动,或多个历史事件所呈现的历史过程或历史发展趋势。也就是说,历史事件往往只是某个人或某几个人共同参与的一个独特活动过程,而历史现象则是社会成员,至少是某地区、某阶层、某团体成员行为中显示出来的共相。历史现象是从众多的历史事件中观察得到的,它是对事件的初步归纳和提炼,是诸多历史事件当中的共同因素。历史现象比历史事件具有更强的稳定性和普遍性。从历史现象与历史事件的关系分析可知,历史现象承载的情节记忆通常涵盖了若干历史事件的情节记忆。例如,在资本—帝国主义列强不断侵略中国、中国人民不断抗争的历程中,出现了中国人民的民族意识觉醒这样一种特定的历史现象,具体表现为一批先进的中国人开始用不同的方式诠释民族精神,寻求救国救民之路。

这一历史现象当中涵盖了若干具有共性因素的历史事件(包括但不限于):①第一次鸦片战争以及《南京条约》的签订;②林则徐前往广州考察"夷情",编辑出描述世界大势的著作《四洲志》,迈出了近代中国人"开眼看世界"的第一步;③魏源在《海国图志》中提出了"师夷长技以制夷"的理性爱国思想;④第二次鸦片战争以及第二批不平等条约的签订;⑤王韬、薛福成、马建忠、郑观应等早期维新思想家形成,主张不仅要学习西方的科学技术,同时也要吸纳西方的政治、经济学说;⑥以奕䜣、曾国藩、李鸿章、张之洞、左宗棠为代表的洋务派提出"自强""求富"的目标,掀起了"师夷长技以自强"的洋务运动;⑦甲午战败以及《马关条约》签订;⑧以康有为、梁启超等为代表的民族资产阶级登上历史舞台,开展资产阶级维新变法;⑨孙中山建立革命团体兴中会,喊出"振兴中华"的时代最强音。

这些历史事件表现出来的共性因素包括:①都是受到了资本—帝国主义列强侵略的强烈刺激而触发;②都是面对愈加深重的民族危机作出的反应;③尽管程度不同,但都主张向西方先进的资本主义学习;④都表现出挽救民族危亡的民族意识;⑤都饱含着强烈的爱国主义情感;⑥民族自觉不断升华,共同促进了民族意识的普遍觉醒。这一系列具有共性的历史事件共同促成了"民族意识觉醒"这一中国近现代历史上特定的历史现象。特定历史现象由若干与之相关的历史事件归纳、提炼而成,因此,其承载的情节记忆亦是若干历史情节的汇集与再现。通过特定历史现象承载的情节记忆,学生能够探寻到若干历史情节之间的共性关联,从而对历史发展的趋势和走向作出科学认识与准确判断。

其次,特定历史现象承载的情节记忆是对某一特定历史条件下政治、经济、文化和社会等多方面的整体性再现。历史现象作为某一阶段历史发展过程中的客观存在,它的出现必然是当时社会背景下各种因素共同起作用的结果,而这种历史现象出现之后也必定会对此后的历史发展产生不同程度的影响。因此,特定历史现象承载的情节记忆是全面的,它是对当时历史条件下多重社会因素的全面再现。例如,对于"中国封建社会的衰落"这一历史现象,它所再现出来的第一次鸦片战争爆发前夜中国封建社会的历史图景是这样的:政治上,君主专制集权,吏治极度腐败。清代官员的贪污腐化问题十分严重,嘉庆、道光之后,官员贪污受贿,成为普遍现象。各级文武官员,乃至幕僚、书吏、差役,侵占公帑,搜刮民财,无所不用其极;经济上,封建地主土地所有制经济占主导,经济异常衰颓。在封建土地制度下,地主迫使农民与其结成租佃关系,农民租种地主的土地需缴纳高额地租,严重束缚了社会生产力的发展。中国经济由18世纪的繁荣向19世纪中期以后的萧条转变。到了道光年间,这种情况更为明显,主要表现为银贵钱贱、物价下跌、交易停滞、商民皆困。在世界资本主义大发展和列强疯狂殖民扩张的时候,中国经济却陷入了衰颓的境地;思想文化上,封建文化专制主义维护"君君、臣臣、父父、子子"的封建秩序,实行文化上的愚民政策,形成了包括封建旧礼教、旧道德、旧思想、旧文化在内的思想文化体系,扼杀了知识界的思想活力;社会上,社会发展停滞不前,各种社会矛盾十分尖锐。衰落的经济和腐败的吏治等,致使社会矛盾更加激化。嘉庆一朝,南北民变此起彼伏,其中尤以白莲教起义最为严重。道光年间,又出现湖南瑶民起义等。这一次次的民变,给清王朝的统治以沉重的打击,也进一步激化了民众与统治阶级之间的矛盾。

由此可见,"中国封建社会的衰落"这一历史现象,全面再现了第一次鸦片战争爆发之前中国封建社会政治、经济、思想、文化和社会矛盾等多方面的状况,正是在各种复杂因素的共同作用下,中国封建社会开始走向了末世,由此成为世界资本主义向外殖民扩张的对象。历史现象作为一个复杂的综合体,其承载的情节记忆也是完整的、综合的。在"纲要"课的实际教学中,历史现象承载的情节记忆能够为学生呈现出复杂、全面的历史场景,以一种立体的、多元的叙述方式引导学生建构整体性的历史记忆。

再次,特定历史现象承载的情节记忆具有相似性与可比较性。有学者研究认为,历史事件具有不可重复性,而历史现象则具有相似性。历史事件的不可重复性,"构成一个国家和民族的独特的历史"①,而在不同历史条件下出现的历史现象,则可以呈现出相似的样态。历史现象的这种相似性,直接决定了它承载的情节记忆也可能会在某些特定的历史条件下再次以"相似"的方式呈现出来。大体上可分为两种情况:一种情况是随着历史进程的不断推进,相似的历史现象在时间维度上再次"上演"。例如,中国近代的通商口岸与今天的开放口岸都是对外开放,允许外国人居住、贸易的城市,然而无论是开放的性质、目的还是开放的结果,都有着本质的差别;再如,近代中国资本—帝国主义对华资本输出和投资与今天我国吸引外资的举措,尽管都是外国资本流入中国,但前者属于经济侵略,后者属于利用外资,二者亦存在本质不同;还有,中国近现代历史上的两次国共合作,都是时代需求的产物,都是在中国共产党的推动下完成的,都推动了中国革命的发展,但是两次合作的基础、目标、方式和结果等均不相同。另一种情况则是在相近的历史阶段内,相似的历史现象在空间维度上几乎同时呈现。比如,作为同样发生于19世纪中叶的改革运动,中国的戊戌维新与日本的明治维新存在诸多相似之处:同样处于封建社会末期,面临西方资本主义国家殖民侵略的威胁,都是"闭关锁国"的状态,都是儒家思想占有极其重要的地位,都是资产阶级性质的改良运动等。然而两场政治改革的结果却大不相同,一败一成,直接影响了中日两国后来的发展道路。事实上,尽管相似的历史现象会在时间维度或空间维度上再次出现,但是在通常情况下,形成类似历史现象的时空条件已经发生转换,历史现象的背景、性质以及结果等也会因此而不同。通过对类似历史现象承载的情节记忆进行类比,一方面,可以引导学生探究特定历史现象发生、发展和消亡的共同之处,从而全面把握历史发展的客观规律;另一方面,也可以通过对同时代或不同时代的历史现象进行纵向

① 陈先达:《历史唯物主义的史学功能——论历史事实·历史现象·历史规律》,《中国社会科学》,2011年第2期。

或横向的情节记忆建构,考察分析其中的异同和关联,进而加深和拓宽学生对于历史认识的深度和广度。

最后,特定历史现象承载的情节记忆最终要实现向价值记忆的飞跃。历史现象和历史本质是构成历史事物的两个基本要素。以历史现象承载情节记忆的目标,是通过对历史现象的分析引导学生认识到历史现象的本质,从而完成由情节记忆到价值记忆的飞跃。比如,在解放战争中,出现了人民群众踊跃支前的历史现象。那么,人民群众为什么会选择支持中国共产党和人民解放军? 这就涉及这一历史现象的本质——源于中国共产党的根本性质和自成立开始就建立起来的和人民群众之间深厚的鱼水关系。中国共产党是一个马克思主义的政党,其本质就是为了人民的利益。毛泽东说,共产党区别于其他政党的一个显著标志,"就是和最广大的人民群众取得最密切的联系。全心全意地为人民服务,一刻也不脱离群众"①。中国共产党从成立之日起,就把"人民"写在自己的旗帜上。中国共产党建立、发展的历史就是依靠人民群众不断壮大的历史。中国共产党的性质决定了她来自人民,始终代表着人民,时刻维护着人民的根本利益。这就是中国共产党和人民军队能够得到广大人民群众踊跃支持的最本质原因。中国近现代历史上所有历史现象的背后都存在着这样一个历史的"本质",以历史现象承载情节记忆,要十分注重对于历史本质的发掘,通过历史现象和历史本质两个层面,形成学生对于历史事物的全面认知,推动情节记忆向价值记忆的飞跃。

三、高级形态:价值记忆

价值记忆是在符号记忆和情节记忆的基础上,对"实物"和情节进行的

---

① 《毛泽东选集》(第三卷),人民出版社,1991年,第1094页。

价值分析与是非判断。在"纲要"课程中,表现为对中国近现代时期重要的历史人物、历史事件和历史现象做出的经验总结、本质判断和价值结论。价值记忆是"纲要"课承载历史记忆的高级形态,是经由符号记忆和情节记忆而达致的本质记忆。

(一)对符号和情节的经验总结

经验是认识的开端,要形成对历史人物、历史事件和历史现象的理性认识,首先就是要在符号记忆和情节记忆的基础上对其进行经验总结,并将经验不断深化,最终才有可能达致历史记忆的理性阶段——价值记忆。

对符号记忆和情节记忆的经验总结可以分为正反两个方面:"正"的方面即在中国近现代历史发展的过程中,在中国人民革命、改革、建设的历史进程中,总结和积累的正面的、成功的、有益的经验和认识。比如说,中国共产党在领导中国人民革命的过程中,积累了丰富的经验,也锻造出了克敌制胜的法宝。毛泽东曾指出:"统一战线,武装斗争,党的建设,是中国共产党在中国革命中战胜敌人的三个法宝,三个主要的法宝。"[①]一是建立广泛的统一战线。由于中国革命面对的敌人异常强大,单靠任何一个阶级单枪匹马进行斗争是不可能赢得革命胜利的,因此必须建立中国共产党领导的最广泛的统一战线。二是坚持革命的武装斗争。在半殖民地半封建的中国,武装斗争格外重要。由于反动势力凭借武装力量对人民实行独裁恐怖的统治,中国革命只能以武装斗争作为主要形式。三是加强共产党自身的建设。由中国国情和中国革命的特殊规律所决定,中国共产党是在农民占主体的环境里进行党的自身建设的。因此,克服各种非无产阶级思想影响,发挥思想建党的独特优势,始终保持党的先进性和纯洁性,以自我革命精神推动中

---

① 《毛泽东选集》(第二卷),人民出版社,1991年,第606页。

国革命不断走向胜利,就成为克敌制胜的重要法宝。这三大法宝,就是中国共产党在领导中国革命的过程中进行的经验总结。

"反"向的经验,即为教训。就是在中国近现代历史发展过程中,对中国人民在革命、改革、建设历程中遭遇的挫折或失败进行的总结,通过汲取失败的教训而避免重蹈历史的覆辙。例如,大革命失败后,"左"倾错误先后三次在党的领导机关中取得统治地位,即以瞿秋白为代表的"左"倾盲动主义错误,以李立三为代表的"左"倾冒险主义错误,以及以王明为代表的"左"倾教条主义错误。这三次严重的"左"倾错误给中国革命造成了巨大的损失。从这三次严重的"左"倾错误当中,中国共产党汲取了深刻的历史教训,一切要从中国实际出发,要善于将马克思列宁主义基本原理与中国革命的具体实际相结合,要善于依靠群众,要有鉴别、有选择地借鉴别国经验,等等。

对符号记忆和情节记忆进行正反两个方面的经验总结,往往可以通过对比的方式强化价值记忆的建构。例如,在"纲要"课的教学过程中,可以引导学生对甲午中日战争和中国人民的抗日战争两个历史事件进行对比,同样是对日作战,同样是处于半殖民地半封建社会,同样是经济技术极端落后的情况下,为何清政府领导的甲午战争以失败而告终,而中华民族的抗日战争则取得了最终的胜利?毛泽东曾深刻分析中国近代反侵略战争失败的原因,认为:社会制度腐败和经济技术落后是中国近代反侵略战争失败的两个主要原因。[1]而其中,社会制度的腐败又是导致中国近代反侵略战争失败最主要的原因。对比两场中日战争的不同结局,可以汲取这样的历史教训:落后是要挨打,但是落后不一定失败,中华民族的抗日战争就是明证;而落后加腐败则必然要失败,近代清政府领导的甲午战争就是明证。这样一正一反两个方面的经验和教训,可以使学生更加深刻地认识到,要完成民族独立

---

① 《毛泽东文集》(第八卷),人民出版社,1999年,第340页。

和国家富强两大历史任务,就必须推翻腐败落后的封建统治阶级这一重要
的历史结论。

(二)对符号和情节的本质判断

价值记忆是历史记忆的最高形态,标志着历史记忆已经进入理性认识
阶段。对历史符号和历史情节作出本质判断,是建构价值记忆的必要过程。
它需要对历史记忆的前两个阶段即符号记忆和情节记忆的内容作出判定。
这种"判定"由两个方面构成:一方面,是主观上的判定,即记忆主体对符号
记忆和情节记忆的内容作出的或肯定或否定的研判;另一方面,体现在客观
上,即这种主观判定是否符合客观实际。如果符合客观实际情况、与事实相
一致,这个判断即为"真",否则,则为"假"。只有当记忆主体对符号记忆和
情节记忆内容的主观判断为"真"时,价值记忆才有可能达成。

比如说,要对"鸦片战争是中国近代史的起点"作出本质判断,主观上,
作为记忆主体的学生必须通过符号唤起、情节建构、情感激发和仪式参与等
方式首先建构起关于"鸦片战争"的符号记忆与情节记忆,之后则需要在此
基础上对"鸦片战争是中国近代史的起点"作出肯定的本质判断,而这种主
观的判断客观上必须符合历史事实。学生在作出这种主观判断并使之不断
与客观历史趋同的过程,实际上就是作出正确价值判断的过程,因为在这一
过程中,学生必须认识到历史事件的本质,即鸦片战争以后,随着资本—帝
国主义势力的入侵,中国历史发展发生了重大转折:①中国的社会性质开始
发生根本性变化,由一个落后封闭但独立自主的封建国家成为一个半殖民
地半封建社会。这是鸦片战争成为中国近代史起点的根本原因。②中国社
会的阶级关系发生了深刻变化。原有的地主阶级和农民阶级发生了新变
化,并出现了工人阶级、资产阶级和小资产阶级等新的阶级。③中国社会的
主要矛盾发生了变化,并由此决定了近代中国历史任务的变化。鸦片战争

前,中国社会的主要矛盾是地主阶级和农民阶级之间的矛盾;鸦片战争后,社会矛盾变得复杂起来,帝国主义和中华民族、封建主义和人民大众之间的矛盾,成为中国近代社会的两对主要矛盾。正是由于这一系列根本性的变化,"鸦片战争成为中国近代史的起点"这一判断为"真",学生充分认识到这一历史事件的本质,并对其作出"真"的判断,标志着对这一历史事件价值记忆建构的完成。

在"纲要"课的教学内容中,存在着诸多需要学生对其作出是非判断的历史结论,比如,资本—帝国主义的侵略是近代中国贫穷落后的根源,洋务运动是地主阶级为挽救封建统治而进行的自救运动,辛亥革命的爆发是历史的必然,中国共产党的成立具有历史必然性,武装反抗国民党反动统治的斗争具有必要性和正义性,新民主主义革命就是推翻"三座大山"的革命,中间路线的破产具有历史必然性,中华人民共和国的成立开创了中国历史的新纪元,新民主主义社会是一个过渡性的社会,西方民主主义不适合中国国情以及世界上根本不存在"修昔底德陷阱",等等。在符号记忆与情节记忆的基础上,学生认知这些历史事物的本质,并对其作出正确的是非判断,这一过程既是实现"纲要"课教学目标的过程,也是学生建构价值记忆、促进价值共识的过程。

(三)对符号和情节的价值结论

历史结论,就是根据历史史实得出的历史认识。对符号和情节的价值结论,就是指在完成符号记忆和情节记忆建构的基础上,通过对符号记忆和情节记忆进行理性的价值研判而得出的历史认识。这种历史认识最终将内化为记忆主体的价值记忆。

在对符号记忆和情节记忆的内容进行价值研判的过程中,最重要的原则是必须坚持"论从史出"。这里所说的"史"不仅仅是指客观存在的历史史实,更是指经过符号记忆和情节记忆阶段而建构起来的带有主观性的、经过选择的历史记忆。作为对历史符号、历史事件和历史现象的主观认识,价值结论不能"凭空产生",它必须做到"有据可循",才能具有强大的说服力并发挥借鉴意义。价值结论的依据当然是客观、真实的历史史实,但是在一般客观历史的基础上,总结形成的历史结论或许是科学的、正确的,但未必是当下社会生活所需要的,未必能够最大限度地发挥服务当下的价值功能。这样的"历史结论"是历史学科属性的,而对于作为思想政治理论课的"纲要"课而言,这种单纯的历史学科属性的"历史结论"显然不能满足其思想政治教育功能的需要。那么,要形成思政课属性的"价值结论",使其能够具有强大的现实指向性,价值结论就必须建立在经过选择和建构的符号记忆与情节记忆的基础上,而不是一般存在意义上的一切客观历史。比如说,对于"没有共产党,就没有新中国"这一重要的价值结论,就需要以学生对于中国共产党的政治认同为目标,以维护和稳固中国共产党的执政地位为现实需求,来完成价值记忆的建构。首先要围绕教学目标和现实需求建构符号记忆和情节记忆,包括以大量的历史符号和历史情节来说明中国共产党成立前中国的社会状况以及社会各阶级各阶层对国家出路探索的失败,以此来证明中国共产党的诞生及其领导地位是历史的选择、人民的选择,之后还要通过中国共产党成立之后领导中国人民进行革命、建设、改革的伟大历程来说明只有中国共产党才能够带领中国人民完成民族独立和国家富强两大历史任务,由此得出"没有共产党,就没有新中国"这一历史性的价值结论。由此可见,价值结论的形成,是建立在大量的符号记忆和情节记忆的基础之上的,是有目的、有选择地组织运用"历史史实"的结果。

价值结论的形成,除了要以符号记忆和情节记忆作为基本前提外,还需要经历一个"价值研判"的过程,这个过程要通过总结、推理、归纳和演绎等多种方式对符号记忆和情节记忆进行深入分析,是一个从具体到抽象的理性思维的过程。符号记忆和情节记忆是具体的、感性的,而价值记忆则是抽象的、理性的,从符号记忆、情节记忆到价值记忆,必须有学生的思维参与才能够完成。事实上,对于价值记忆的建构而言,学生形成价值结论的思维过程远比认知价值结论本身更为重要。这是因为,经过深入探究和细致思考而得出的价值结论,要比直接从书本或教师的讲解中习得的价值结论更为牢固,更加有利于学生价值记忆的建构和内化。比如,对于"中国共产党是中国人民抗日战争的中流砥柱"这一价值结论,需要教师从抗战的路线和方针、倡导和维护抗日民族统一战线、开辟敌后战场和广泛开展游击战争以及以牺牲精神和模范行动鼓舞民众抗战到底等多个层面引导学生对中国共产党在抗日战争当中的表现和作用进行综合性的分析和思考,并且在大量具体史实的基础上,最终得出"中流砥柱"这一历史性结论。这样一个推导—思考—论证—总结的过程,就是学生进行理性思维的过程,它能够加深学生对于价值结论的理解,推动价值记忆的形成。

需要说明的是,对历史符号和历史情节进行的经验总结、本质判断和价值结论,三者之间并没有实质上明显的界限,有些时候,三者之间甚至是相互重合或可以互相转换的。比如上文提及的"鸦片战争是中国近代史的起点",它既是对"鸦片战争"这一历史事件的本质判断,也是基于中国社会各种根本性变化的历史性结论;"没有共产党,就没有新中国""只有社会主义才能救中国""只有中国特色社会主义才能发展中国",等等,也都是对中国近现代历史发展过程的经验总结,同时还是对中国近现代历史发展作出的最深刻最基本的价值结论。总之,经验总结、本质判断和价值结论都是建构价值记忆的重要方式。

此外,相对于符号记忆与情节记忆而言,价值记忆具有更加明显的主观性、丰富性和抽象性。首先,尽管符号记忆和情节记忆也都是主观建构的产物,但是作为对符号记忆和情节记忆进行经验总结、本质判断和价值结论,价值记忆的主观选择色彩更浓。一方面,价值记忆作为一个理性思维的过程,它受到记忆主体自身知识结构、个人情感、思想状态等主观因素的影响更大;另一方面,价值记忆本身就是以"服务于当下"而存在,当时社会的政治导向、价值观念、现实需求等必然会更加直接地参与到价值记忆选择建构的过程中来,因此,价值记忆具有更强的政治性和意识形态性。其次,价值记忆建构于符号记忆和情节记忆的基础之上,是对大量历史符号、历史事件和历史现象进行的总结性认识,其内容往往具有更高的概括性,其内涵也具有更强的丰富性。比如说,"五四运动是中国新民主主义的开端",它在内容上就涵盖了五四运动前后中国社会的政治经济状况和政治思想领域的变化,必须从新、旧民主主义两个历史阶段来完成对其价值记忆的建构。最后,如前所述,价值记忆属于理性认识范畴,相对于符号记忆和情节记忆的感性认识,价值记忆具有更强的抽象性。价值记忆的形成不仅需要具象的历史史实,更需要在历史史实的基础上进行抽象的理性思维,在认知历史本质的基础上完成从具体到抽象的过渡、感性到理性的飞跃。

第五章　历史记忆促进"纲要"课政治认同功能的实现

　　"纲要"课以符号记忆、情节记忆和价值记忆的形态承载历史记忆,在此基础上,要继续推动历史记忆向政治认同的转化,发挥"纲要"课的政治认同功能。本章内容即聚焦于此,主要围绕"纲要"课承载的历史记忆如何形塑大学生的政治认同,以及其政治认同的价值功能如何实现。本章将研究置于中国语境之下,定位于中国特色社会主义政治认同功能的实现。依据中国特色社会主义政治认同的三个层面展开研究:①国家层面的政治认同,包括对中华人民共和国的认同、对中华人民共和国中央人民政府的认同以及对作为执政党的中国共产党的认同;②政治制度与政策层面的政治认同,包括对中国特色社会主义的制度认同,以及对中华人民共和国各种法律、制度、规定、规范等的认同;③对政治价值观念的认同,包括对中国特色社会主义的理论认同、道路认同、文化认同,以及对社会主义核心价值体系的认同。研究内容具体包括"纲要"课承载的历史记忆如何促进中国特色社会主义政治认同的实现,以及如何发挥其在促进我国社会主义政权稳固、社会政治稳定以及社会政治发展等方面的价值功能。

一、历史记忆促进国家层面的政治认同

如前所述,中国特色社会主义政治认同的第一个层面是对中华人民共和国的认同、对中华人民共和国中央人民政府的认同和对作为执政党的中国共产党的认同。这是中国特色社会主义政治认同最核心和最重要的内容。其中,对中华人民共和国的认同是国家层面政治认同的中心,而中华人民共和国中央人民政府作为维持政治权力运转的国家机构,体现着国家权力,作为执政党的中国共产党是中华人民共和国中央人民政府的组织者和掌控者。在中国特色社会主义政治认同的语境下,对中华人民共和国的国家认同、对中华人民共和国中央人民政府的认同以及对作为执政党的中国共产党的认同具有内在的一致性。"纲要"课承载的历史记忆在促进中国特色社会主义国家认同、政府认同与执政党认同方面发挥着重要作用。

(一)确立心理归属

国家是一种历史性的存在,它具有时间上的连续性。而历史记忆作为一种在国家和民族长期发展过程中形成的集体记忆,它能够呈现一个国家的过去,展示一个国家的现在,预示一个国家的未来。"认同"是一个隶属于心理学范畴的概念,它指涉人的心理层面。国家认同是认同主体对自己所在国家的主权、地理、历史、文化等要素的认可而产生的一种心理上的归属感。国家认同的形成要以"我属于这个国家"的心理归属作为基本前提。"纲要"课承载的历史记忆能够从疆域认同、历史文化认同和中华民族共同体身份认同三个方面帮助大学生确立"我属于中华人民共和国"的心理归属,从而为国家认同的形成奠定心理基础。心理归属感的建立对于固化大学生爱国主义情感的方向、激发大学生的历史责任感以及加强中华民族凝聚力具

有重要意义。

一是疆域认同。"国家"首先是一个领土概念,领土不仅是国家权力行使的物理空间,在心理层面上,也是确立心理归属的重要场域。领土是主权国家最显著的具象化表现,体现了国家主权行使的范围。在这样一个物理空间内,人们能够体验到一种群体的统一性,内心深处会产生一种"我属于这个群体"的自然情感。而对于这个产生群体统一性感受的物理空间,人们也会自然而然地迸发出一种"热爱",产生"我热爱这片土地"乃至"我属于这片土地"的心理归属感。"纲要"课承载的历史记忆,能够帮助大学生形成"疆域认同",建立心理归属。近代以来,在资本—帝国主义的侵略下,中国由一个主权独立、领土完整的封建大国,变成了一个领土主权被破坏、四分五裂的半殖民地中国。《南京条约》割让香港岛,《北京条约》割让九龙半岛和昂船洲,《展拓香港界址专条》租借新界,葡萄牙通过《中葡友好通商条约》骗居澳门,《马关条约》割占台湾及澎湖列岛,沙俄通过一系列不平等条约侵占我国土地150多万平方千米……这些不平等条约以文字符号的形式真实记录着近代中国领土惨遭蚕食,主权丧失,国家分裂的悲惨状态,它能够唤醒学生对近代以来中华民族所经历的国破家亡、丧权辱国的创伤记忆。同时,中华民族为了捍卫国家领土主权完整、维护国家独立统一而英勇反抗外来侵略的动人历史情节,也能够唤起学生"领土神圣不可分割""寸土不让""不容侵犯"的强烈爱国情感。这些不平等条约以及反抗外来侵略的历史情节能够帮助学生建构起近代以来关于"领土"的历史记忆,使他们不但能够深刻理解领土完整、主权独立、国家统一的重要意义,也能够进一步激发他们"我的国家领土主权被侵犯了""我的国家领土神圣不可分割""我要捍卫我的国家领土主权完整"的强烈情感,从而形成一种"我属于我的国家""我属于这片土地"的心理归属和情感共鸣。

二是历史文化认同。共同的历史文化是联接群体成员的情感纽带,也是民族和国家得以维系的精神基础。失去共同的历史文化，民族则不能称之为民族，国家亦不能称之为国家，这也就是龚自珍所说"灭人之国，必先去其史"的原因所在。历史文化凝结于历史记忆，正是在共同体共享往事的经历中形成了共同的历史传统、生活习惯、思维方式和文化理念等。共同的历史文化在群体成员之间建构了同一性，这种同一性使得群体成员形成了"同根""同源"的心理感知，铸就了国家和民族的根基与灵魂。共同的历史文化造就了相同或相近的民族心理、民族品格，而相同或相近的民族心理与民族品格使得每一个共同体成员得以建立"我属于这个群体"的认知，进而形成对于国家和民族的心理归属。在近代中国，面对亡国灭种的前所未有的民族危机，共同的历史文化尤其彰显了其在维护国家统一、民族延续方面的巨大作用。在国家民族立场上，中华民族自古以来就秉持着"大一统"的观念，在漫长的历史发展过程中，中华民族战乱更替、迁徙融汇，但最终依然形成了统一的多民族国家状态。其根本原因就在于这种渗透于中华民族生命中的国家统一的观念。在长久的历史发展中，中华民族还形成了生生不息的自强精神，早在《周易》当中，就有了"天行健，君子以自强不息"的表述。千百年来，这种自强精神已成为中华民族普遍认同的精神品质。而正是这种强烈的国家统一的历史文化传统以及生生不息的坚韧的民族品格，使得中华民族在近代西方列强残暴的殖民侵略面前表现出了极大的历史韧性，不但没有灭亡，反而获得了空前的民族觉醒，形成了空前的民族团结，无数中华儿女为挽救国家危亡前赴后继、流血牺牲。这也正是近代以来中华民族历尽劫难而不死，屡遭侵略而未亡的根本原因。正如章太炎所说："对于本国文化，相与尊重发扬之，则虽一时不幸而至山河易色，终必有复兴之一日，设使国民鄙夷史乘，蔑弃本国文化，则真迷失本性，万劫不复矣！"[①]在"纲要"

---

① 《章太炎演讲集》，上海人民出版社，2011年，第110页。

课程中,通过建构中华儿女为救国救民而流血牺牲的英雄形象,分析仁人志士前赴后继势要挽救民族危亡的历史现象,能够深刻揭示共同的历史文化传统与国家危亡之间的内在联系。在这一过程中,学生得以充分意识到其自身作为中华民族的一分子,也具备着同样的民族精神、民族品质和民族情感,他们承袭着长久以来中华民族共同的历史文化,进而形成对于民族和国家的情感认同和心理归属。

三是中华民族共同体身份认同。中华民族是由56个民族共同缔造的,形塑中华民族共同体身份认同,是建立群体成员心理归属的重要途径。历史记忆承载着56个民族共同的过往经历,或荣耀,或悲伤,在对这些共同的过往经历不断地追溯中,群体成员能够深刻感受到中华民族共同的历史传统、奋斗历程和前途命运。正是在漫长的历史发展过程中,中华民族形成了共同的历史文化传统,塑造了辉煌的中华文明,捍卫了祖国的统一,推动了历史的进步。可以说,历史记忆为共同体成员找到了认同个人身份和建立心理归属的历史依据。"纲要"课承载了中国近现代以来一百八十余年中华民族共同的历史记忆,在这个曲折复杂的历史进程中,中华民族共同遭受了外国列强侵略的屈辱与苦难,共同经历了为救亡图存而进行的抗争与奋斗,共同尝试了对国家出路的艰苦探索,也共同创造了彪炳史册的伟大成就。中华民族作为一个共同体,全体成员都参与到民族、国家历史发展的过程中来,都为中国近现代历史发展作出了贡献。比如,在中华民族的抗日战争中,全国各族人民同仇敌忾,共同铸就了抗击日本帝国主义侵略的钢铁长城。在抗战烽火最先燃起的东北地区,1936年2月正式成立的东北抗日联军,除汉族外还有满族、朝鲜族、达斡尔族、鄂伦春族、赫哲族、鄂温克族等少数民族,充分体现了多民族团结抗战的特点。蒙古族人民不甘外侮,先后成立了义勇军、蒙汉民族抗日联合会等抗日武装和团体,抗击日本侵略者。广大回族同胞更是响亮地喊出了"天下兴亡,穆民有责"的口号,仅仅马本斋回民支队就进行了大小战斗八百七十多次。此外,西南地区、新疆地区各少数民族同胞,也都在"打倒日本帝国主义"的共同目标下踊跃参战、捐款捐物。①这些生动的历史情节、鲜活的人物形象,共同建构了危难关头中华民族众志成城,各族人民精诚团结共同抵御外侮的历史记忆。中国近现代以来,中华民族共同的情感、经历,塑造了强烈的中华民族共同体意识,通过对相关历史记忆的建构,能够充分展现各族人民患难与共、交往交流的历史场景,从而使中华民族共同体意识在大学生心里牢牢扎根,通过对自身作为中华民族共同体成员的身份认同,形成对民族、国家强烈的心理归属感。

归属感作为形塑国家认同的心理基础,对于固化大学生爱国主义情感的方向、激发大学生的历史责任感和加强中华民族凝聚力具有重要意义。首先,心理归属感的建立使得"我者"与"他者"得以区分,在大学生的内心深处建立起了"我的国家"与"他的国家"之间的界限感和差异感。正是由于归属感的建立,才出现了心理层面上的国与国之间的"边界",让大学生充分认识到"我的国家"与"他的国家"之间的区别,这种区别不仅体现在物理空间上,还体现在思想文化、历史传统等方面的巨大差异。心理上的界限感与历史文化上的差异感,能够固化大学生爱国情感的方向,使他们认识到他们所爱的是"自己的国家"——中华人民共和国,而不是"别的国家"。其次,心理归属感的建立能够使学生深刻认识到自己作为中华民族共同体的一员,个人命运与国家命运、民族命运之间形成了一种紧密的休戚与共的关系。国家是个体成长、生活的地方,是个体得以生存和发展的必要物理空间。国家发展的程度直接决定了自身生存的状态。就如同处于一个战乱频繁、经济落后的国家的人们,不可能获得幸福安康的生活。个人与国家、民族之间作为一个"命运共同体",是一种"一荣俱荣、一损俱损"的关系。由此,大学生

---

① 李涛:《抗日战争中的少数民族》,《光明日报》,2020年8月23日,第7版。

能够充分认识到只有国家富强、民族振兴,个人的生存、发展才能够获得切实的保障,因此会自觉地肩负起实现中华民族伟大复兴的历史重任。最后,心理归属感建立于中华民族共同体成员的共同性与一致性的基础之上,群体成员之间在社会、历史发展的过程中形成了命运与共的情感联结和民族心理。这样一种群体意识和情感联系,不仅能够将原本一个个孤立存在的个体连接起来,形成一个具有共同历史文化内核的民族共同体,而且能够通过对话交流、情感交融等方式化解其内部的矛盾,消除群体成员之间的分歧,使群体成员之间能够求同存异、同频共振,从而在根本上提升中华民族共同体内部的凝聚力。

(二)激发爱国情感

历史记忆的建构离不开情感的参与,一方面,情感可以来源于历史记忆,另一方面,也可以加深历史记忆的深度。"纲要"课教材作为阐释中国近现代历史发展的重要文本,其中蕴藏着大量丰富的爱国主义教育资源,以此为基础建构的历史记忆,具有激发大学生爱国主义情感的强大功能。国家认同是一种本国公民对其所属国家的认可而产生的心理归属感,爱国主义情感自然贯穿其中。正如陈独秀所言:"国人无爱国心者,其国恒亡。"[1]人们的国家认同一旦形成,作为政治概念的"国家"即变成了饱含深情的"自己的国家",也就是"祖国"。祖国是"一种纯粹的、完美的、近乎狂热的情感共同体"[2],充满着强烈的爱国主义热情。爱国主义情感能够为形塑国家认同提供情感支撑。只有当人们对自己的国家充满热爱之情时,他们/她们才会愿意遵守和维护这个国家的统治秩序,才会愿意积极地为这个国家效力,才会愿意在危难之时牺牲自我而为之奉献和效忠。"纲要"课承载的历史记忆能

---

① 陈独秀:《爱国心与自觉心》,《甲寅杂志》,第1卷第2号。
② 于京东:《祖国:一项基于近代西方语境的概念史考察》,《南京大学学报》,2017年第3期。

够激发大学生的爱国主义情感，为形塑大学生的国家认同提供情感支持。
具体表现在三个方面：

首先，历史记忆表征着中华民族过去的荣耀，使大学生对祖国的过往充满自豪之情。辉煌的历史能够让人产生自豪之情，能够塑造人们对于国家、民族的心理认同和情感认同。中国几千年的封建社会，创造了无比辉煌的中华文明，如毛泽东在《中国革命与中国共产党》一文中所指出："在中华民族的开化史上，有素称发达的农业和手工业，有许多伟大的思想家、科学家、发明家、政治家、军事家、文学家和艺术家，有丰富的文化典籍。"延续了五千多年的中华文明，留存下来大量珍贵的文化典籍、历史遗迹，这些重要的文字符号、实物符号，见证着中华民族过去的荣光，能够自然地唤起大学生的民族自豪感，形成对于国家和民族辉煌历史文化的自然认同。至中国近代，尽管山河破碎、民生凋敝，但是在救国救民的历史洪流中，涌现出诸多创造国家荣耀的历史人物，他们当中既包括伟大的英雄人物，也包括普通的人民群众，通过人物形象的塑造和情节记忆的建构，这些历史人物的成长经历和活动轨迹能够将国家荣耀的往事以具象化、生活化的方式展现出来，推动学生对于近代民族、国家荣耀过往的认同。1949年中华人民共和国成立之后，中国经济社会快速发展，建立了独立的比较完整的工业体系和国民经济体系，人民生活水平普遍提高，文化教育医疗科技事业不断进步，无论是政治、经济领域，还是思想文化和科学技术领域，均取得了前所未有的辉煌成就。这些辉煌的历史成就塑造了学生的民族自信心、自豪感，尤其使他们认识到了中华人民共和国成立之后，中国经济社会发生的翻天覆地的变化，更深层次地理解了"中华人民共和国的成立开辟了中国历史的新纪元"这一重要的历史结论，由此能够激发他们对于社会主义中国的热爱之情，塑造他们对于社会主义中国的认同之感。

其次，历史记忆呈现着中华民族当下的辉煌，使大学生对当代中国充满了自信之感。爱国主义情感不仅来自国家过去的荣耀,也来源于国家当下的辉煌。这种辉煌是对过去荣耀的续写,也是对过去荣耀的超越,是共同体往事在当下的延续。历史记忆会随着时间的流逝而逐渐淡化,仅仅凭借记忆中的"荣耀"来维系饱满的爱国主义情感显然是不够的。因此,在不断强化"过往荣耀"的同时,还需要关注当下,从现实出发不断建构新的历史记忆,持续唤起和激发人们的爱国主义情感。历史记忆具有延续性,它既是对共同体往事的追溯,也是对当前社会历史的呈现。在"纲要"课的教学中,以历史记忆呈现中华民族当下的辉煌,主要聚焦于改革开放以来的中国社会。要通过大量的文字符号、实物符号以及历史人物、历史事件、历史现象,来呈现改革开放以来中国特色社会主义创造的辉煌业绩,要"用党领导人民进行伟大社会革命的成果说话,用改革开放以来社会主义现代化建设的伟大成就说话,用新时代坚持和发展中国特色社会主义的生动实践说话,用中国特色社会主义制度的优势说话"[1]。同时,要以中华民族"当下的辉煌"作为参照系,将其置于历史纵横发展的时空中,进行历时性与共时性的比较。一方面,中华民族"当下的辉煌"在中国历史发展的进程中是前所未有的,是超越了"过去"的辉煌;另一方面,中华民族"当下的辉煌"在许多方面也是超越了世界上许多其他国家的"辉煌"。中华民族"当下的辉煌"作为一种特定的历史现象,其背后隐藏的历史本质是中国特色社会主义的显著优势,即"中国共产党为什么'能'、马克思主义为什么'行'、中国特色社会主义为什么'好'"[2]。在这样一个历史逻辑中,大学生不但能够通过"当下的辉煌"形成对国家、民族强烈的自豪之感,更能够对中国特色社会主义充满信心,强化对中华人民共和国的认同之情。

最后,历史记忆塑造着中华民族未来的图景,使大学生对未来中国充满

---

① 《新时代爱国主义教育实施纲要》,人民出版社,2019年,第5页。

② 《新时代爱国主义教育实施纲要》,人民出版社,2019年,第5页。

了美好之期。历史是有规律可循的,是能够预见未来的。如毛泽东所说:
"我们看历史,就会看到前途。"①以历史记忆来激发大学生的爱国主义情感,
不仅要依赖于国家"过往的荣耀"和"当下的辉煌",还离不开对国家美好未
来的憧憬与期待。"过往的荣耀"和"当下的辉煌"足以证明国家具有创造"荣
耀"与"辉煌"的意愿和能力,能够给予人们以极大的对于国家未来统治的信
心。这种"未来之期"不仅能够唤起人们对于国家的热爱之情,而且能够成
为人们为创造美好未来而努力奋斗的精神力量。"纲要"课承载的历史记忆,
不仅全面呈现了中华民族过去与当下的历史成就,而且在教师的引导和启
发下,学生能够从中寻找到历史发展的规律,总结出历史发展的经验,尤其
能够充分认识到党的十八大以来国家治理方面的显著成效。通过对国家治
理成效的理论分析和价值研判,学生能够充分肯定国家在治国理政方面的
卓越能力。这一过程就是学生建构中国特色社会主义价值记忆的过程,它
能够使学生更加坚信未来中国愈加美好的发展前景,并将这种内心美好的
期待外化为为建设未来中国而努力奋斗的行为实践,这种行为实践最终将
指向对于国家、民族最高层次的理解认同。

国家认同作为政治认同的重要层面,其本身就具有实践属性,以历史记
忆激发大学生的爱国主义情感,根本目标即在于养成大学生日常的爱国主
义行动。这种爱国主义行动在历史上主要体现为宏观叙事层面的"保家卫
国""为国家富强而英勇献身",微观叙事上则体现为一个个为国家、民族的
振兴和发展作出贡献的鲜活事迹。对于当今的大学生而言,爱国主义行动
不再体现为战争年代为保家卫国而浴血奋战,而是更多地体现在他们对于
国家政治生活的参与当中,包括对国家历史文化的热爱,对国家精神文明的
传承,对国家法律制度的自觉服从和维护,乃至在危难之时为国家而自我牺

---

① 《毛泽东文集》(第八卷),人民出版社,1999年,第385页。

牲的决心和行动。大学生的爱国主义行动将国家认同从心理层面和情感层面延展至行为实践层面,将国家认同从心理的归属感和对国家的热爱之情转化为具体的实际行动,并将个人行为与国家、民族的前途命运连接起来,从而使大学生自觉地肩负起历史责任,最终凝结成为民族复兴、国家富强的重要力量。

(三)记录中国共产党夺取政权的过程

在国家层面的政治认同当中,执政党认同与政府认同是重要的组成部分。政党认同来源于西方政治学概念,最早由美国学者坎贝尔提出,他认为政党认同是人们"在心理上对某一政党的归属感或忠诚感"①。国内学者在中国政治场景下进一步提出,"政党认同是政治主体在政治和社会生活中对政党所产生的一种思想、情感和意识上的归属感,是其对政党作出的一种心理反应和行为表达"②。政党认同分为执政党认同和参政党认同。在中国特色社会主义政治认同的语境下,执政党认同和政府认同就是对中国共产党及其领导的中华人民共和国中央人民政府的认同。其中,对作为执政党的中国共产党的认同是关键。

形塑大学生对于中国共产党的认同,首先来自对其执政地位的认可。中国共产党成为执政党,是历史的选择,是人民的选择。中国共产党执政地位的获得,不是历史的偶然,它具有极其深刻的历史渊源,是近代中国历史发展的必然结果。"纲要"课承载的历史记忆,完整再现了中国共产党获取政权的历史过程。中国共产党成立以前,中国社会的民族危机和社会危机空前加深,社会各阶级各阶层提出的救国方案纷纷破产,近代中国已然陷入了

---

① Augus Campell, *The American Voter*, John Willey &Sons, 1960,p.121.

② 柴宝勇:《政党认同的中国特性与执政党认同的建构》,《中共天津市委党校学报》,2011年第1期。

"山重水复疑无路"的悲惨境地。十月革命一声炮响,给中国送来了马克思列宁主义。在马克思列宁主义同中国工人运动的紧密结合中,中国共产党应运而生。这是中国历史乃至世界历史上"开天辟地的大事变"。自此之后,中国革命有了坚强的领导核心,中国人民在中国共产党的领导下,进行了土地革命战争、抗日战争和解放战争前后28年艰苦卓绝的新民主主义革命斗争,最终夺取了新民主主义革命的胜利,完成了民族独立、人民解放的历史任务。中国共产党的诞生,"深刻改变了近代以后中华民族发展的方向和进程,深刻改变了中国人民和中华民族的前途和命运,深刻改变了世界发展的趋势和格局"①。"实践充分说明,历史和人民选择了中国共产党,没有中国共产党领导,民族独立、人民解放是不可能实现的。"②可以说,中国共产党夺取全国政权的历史过程为中国共产党奠定了坚实的"执政之基","没有共产党就没有新中国"是近代中国社会必然性的历史结论。"纲要"课通过再现中国共产党领导中国人民进行革命的共同往事,深刻揭示了中国共产党获取执政地位的历史逻辑,为大学生认同中国共产党的执政地位,拥护中国共产党的领导,提供了重要的历史依据。

(四)凸显"人民至上"的核心价值

人们对执政党的认同,本质上就是对其意识形态以及意识形态之下的核心价值取向的认同。马克思主义认为,意识形态是在一定的阶级社会结构中与经济基础相适应的并"耸立"其上的政治上层建筑,在一个国家中占据统治地位的阶级,其形成的意识形态也具有与其匹配的地位。中国共产党的指导思想是马克思主义。大学生对马克思主义的认同程度越高,对中

---

① 习近平:《在庆祝中国共产党成立100周年大会上的讲话》,人民出版社,2021年,第3页。
② 《中共中央关于党的百年奋斗重大成就和历史经验的决议》,人民出版社,2021年,第8-9页。

国共产党的认同程度就会越深。

中国共产党自诞生起,就是一个马克思主义的政党。中国人民如何选择和接受马克思主义,是"纲要"课"四个选择"的核心教学目标之一。"纲要"课教材全面记述了马克思主义在中国广泛传播并与中国工人运动相结合的过程,这是中国共产党得以建立的思想基础和阶级基础。以"纲要"课教材作为基本遵循,通过历史符号、历史情节和历史现象,可以全面建构中国共产党作为马克思主义政党诞生的历史记忆,让学生深刻认识到马克思主义与中国近代社会历史的高度契合,理解中国人民选择和接受马克思主义的原因,以及中国共产党以马克思主义作为指导思想的历史必然性。同时,在中国革命、建设与改革的历程中,中国共产党善于把马克思主义普遍真理与中国具体实际结合起来,创造性地实现了马克思主义中国化的历史性飞跃。马克思主义与中国具体实际相结合、不断推进马克思主义中国化的历史过程,就是中国共产党带领中国人民不断解决中国问题,最终实现中国人民从站起来、富起来到强起来的历史过程。"纲要"课建构近代以来中国共产党带领中国人民革命、建设和改革伟大历程的历史记忆,能够充分证明马克思主义作为中国共产党指导思想和意识形态的科学性以及解决中国实际问题的有效性,从而强化大学生对于马克思主义的认同,强化大学生对于中国共产党的认同。

作为马克思主义意识形态之下的政党,中国共产党最鲜明的政治立场和价值取向就是"人民至上"。《共产党宣言》中明确指出:"无产阶级的运动是绝大多数人的、为绝大多数人谋利益的独立的运动。"①以马克思主义为指导思想的中国共产党,所代表的正是中国最广大人民的根本利益。"中国共产党始终代表最广大人民根本利益,与人民休戚与共、生死相依,没有任何

---

① 《马克思恩格斯选集》(第一卷),人民出版社,1995年,第283页。

自己特殊的利益,从来不代表任何利益集团、任何权势团体、任何特权阶层的利益。"①正是由于中国共产党始终代表并维护最广大人民的根本利益,在中国革命、建设与改革的过程中,才赢得了最广大人民群众的拥护和支持。中国共产党"人民至上"的核心价值取向,贯穿于其带领中国人民进行革命、改革与建设的整个历史进程,"纲要"课承载的历史记忆通过多种形态凸显着中国共产党"人民至上"的价值取向,能够塑造大学生对中国共产党的核心价值认同。比如说,在新民主主义革命时期,解决土地问题是中国共产党维护广大人民利益的重要体现。农民问题是中国革命的基本问题,而农民问题的根本就是土地问题。通过建构新民主主义时期中国共产党实行土地改革、消灭封建制度的历史记忆,并将其与国民党统治区经济萧条、民心尽失的历史图景进行鲜明对比,能够使学生深刻认识到正是由于中国共产党秉持着"人民至上"的价值理念,最大程度地代表并维护着最广大人民的根本利益,才赢得了广大人民群众的支持,并由此取得了一个又一个伟大的胜利。至中华人民共和国成立,中国共产党成为执政党,她依然始终将"以人民为中心"作为根本的执政理念,坚持"立党为公、执政为民",直接彰显了其"人民至上"的核心价值取向。正如习近平所强调:"始终坚持全心全意为人民服务的根本宗旨,坚持党的群众路线,始终牢记江山就是人民、人民就是江山,坚持一切为了人民、一切依靠人民。"②

　　历史是最有说服力的,毛泽东说:"只有讲历史才能说服人。"③"纲要"课承载的历史记忆凸显着中国共产党"人民至上"的价值取向,它以翔实的史实叙说着中国共产党代表人民利益、维护人民利益的真实过往,有力地证明

---

① 习近平:《在庆祝中国共产党成立100周年大会上的讲话》,人民出版社,2021年,第11-12页。

② 《中共中央关于党的百年奋斗重大成就和历史经验的决议》,人民出版社,2021年,第66页。

③ 《毛泽东文集》(第八卷),人民出版社,1999年,第276页。

了中国共产党自诞生以来就是一个"全心全意为人民服务"的政党。大学生对"人民至上"核心价值取向的认同,是对中国共产党政治认同的基本出发点。因为只有认同某一政党的价值理念,才有可能形成对这一政党组织本身的认同。"纲要"课所呈现的"人民至上"的核心价值,为大学生建构对于中国共产党的认同提供了意识性资源,对于巩固中国共产党的执政地位,维护我国的政治安全、政治稳定,具有重要意义。

(五)塑造中国共产党的光辉形象

良好的党员形象是塑造政党认同的重要因素。一般认为,党员形象是民众以一系列客观要素为基础对政党成员形成的一种相对稳定的主观认知、评价和整体印象,是政党成员展现的各种特征和品质在民众中的心理映射。政党成员是政党的主体,由政党领袖和普通党员构成。政党领袖和普通党员的形象建构都影响着政党认同的生成,但是相对而言,政党领袖由于其自身在政党发展以及在各种政治活动中的突出贡献和巨大影响,在民众当中往往具有更高的威信和更强的影响力。因此,政党领袖通常更能够代表政党的形象,对塑造政党认同发挥着更大的作用。

在某种程度上,政党领袖可以成为政党形象的"代言人",人们往往通过政党领袖的言行活动对其所领导的政党作出评价,"领导人是政党的核心,公众习惯通过他们的言行判断政党组织形象的优劣"[1]。政党领袖作为政党组织的代表和象征,其一言一行都会影响社会群体对政党的认知、情感和评价,进而影响对政党组织的认同塑造。在中国共产党创建、发展以及领导中国人民进行革命、建设与改革的历史进程中,党的历届领导人都以其独特的个人魅力和光辉的个人形象维护和提升着中国共产党的政党形象。"纲要"

---

① 魏伟:《外国政党塑造自身公众形象的动因及做法》,《当代世界》,2010年第12期。

课通过建构中国共产党领袖人物的情节记忆来塑造大学生对于中国共产党的强化认同。一方面,通过宏大的国家叙事展现党的领袖人物领导中国共产党不断发展壮大、不断扩大党的政治影响的历史过程,突出其在中国共产党历史发展以及在中国革命历史进程中的重大作用;另一方面,则通过细腻的个人叙事展现党的领袖人物作为普通人的生活和情感,展现其崇高的思想品德、强烈的政治责任感以及高度的政治自觉等优良的个人品质和政治思想境界。如此,从宏观和微观两个层面建构光辉、完整、鲜活的中国共产党的领袖人物形象,以此来形塑大学生对中国共产党的情感认同和行为支持。

尽管领袖人物对于政党形象的塑造影响巨大,但作为政党组织,其主体依然是组成政党的绝大多数的普通党员。因此,普通党员的个人或群体形象对于政党形象的塑造以及政党认同的生成亦发挥着重要的作用。"纲要"课在建构中国共产党领袖人物情节记忆的同时,也积极建构中国共产党普通党员的历史记忆。比如说通过《觉醒年代》等在大学生中产生广泛影响的优秀影视作品来塑造陈延年、陈乔年等中国共产党早期青年群体形象,展现中国共产党的精神品质,引发大学生的情感共鸣;在当代,通过展现各行各业为我国政治经济、科学文化和教育医疗等各项事业发展作出突出贡献的党员人物的动人事迹,来塑造新时代中国共产党的政党形象,展现新的历史条件下中国共产党的精神风貌。相对于党的领袖人物而言,普通党员存在于生活之中,出现在我们身边,因此对其形象的建构更加生活化,也更加"接地气",这种强大的亲和力更容易引发学生的共情体验,能够进一步加深大学生对于中国共产党的认同程度。

总之,无论是党的领袖人物还是普通党员,对于塑造中国共产党的政党形象,提升大学生对中国共产党的政治认同都具有重要意义。中国共产党人的行为实践反映着中国共产党的价值取向,体现着党的方针政策和路线纲领,向大学生全面地展现了不同历史时期中国共产党光辉的政治形象。中国共产党人身上所折射出来的中国共产党远大的理想信念、动人的先进事迹以及良好的精神风貌,都是塑造大学生对中国共产党政治认同的重要因素,为塑造大学生对中国共产党的政治认同提供了充实的魅力型资源。

(六)彰显中国共产党的执政成就

形塑大学生对于中国共产党的认同,除了要说明其获取执政地位的历史根源、肯定其核心的价值取向以及塑造其光辉的政党形象外,还需要建立在中国共产党对中国革命、建设和改革的实际贡献上。也就是说,大学生对中国共产党的认同,需要以中国共产党的执政成就作为业绩支持。事实上,一个政党的执政效果如何,她为民族、国家和社会作出过什么样的贡献,创造过什么样的价值,是否具有带领国民抵御风险、战胜困难以及创造更美好生活的能力,是其能否赢得民众认同的根本因素。"纲要"课承载了中国共产党成立百余年来领导中国人民从"站起来""富起来"到迎来"强起来"的历史记忆,为形塑大学生对中国共产党的认同提供了坚实有力的业绩支持。

首先,"纲要"课承载着中国人民"站起来"的历史记忆,奠定大学生认同中国共产党的业绩基础。"近代以后,我们的民族历经磨难,中华民族到了最危险的时候。自那时以来,为了实现中华民族伟大复兴,无数仁人志士奋起抗争,但一次又一次地失败了。中国共产党成立后,团结带领人民前仆后继、顽强奋斗,把贫穷落后的旧中国变成日益走向繁荣富强的新中国。"[1]"历史在人民的探索和奋斗中造就了中国共产党,中国共产党领导人民又造就了新的历史辉煌。"[2]"纲要"课通过建构中国共产党带领中国人民浴血奋战、英勇奋斗的历史记忆,再现了中国共产党领导中国人民赢得新民主主义革

---

[1] 习近平:《人民对美好生活的向往就是我们的奋斗目标》,《人民日报》,2012年11月16日。

[2] 习近平:《领导干部要读点历史》,《人民日报》,2011年9月2日。

命胜利的历史进程。中华人民共和国的成立,标志着中国人民彻底结束了半殖民地半封建社会的历史,真正实现了民族独立和人民解放,为实现中华民族伟大复兴创造了基本前提。"纲要"课建构的历史记忆,能够引导大学生充分认识中国共产党带领中国人民"站起来"的历史业绩,正是伟大的中国共产党将中国人民从无边的苦难中彻底拯救出来,中国共产党为中华民族的独立作出了巨大的贡献,也付出了巨大的牺牲,这是形塑大学生中国共产党政治认同的历史根基。

其次,"纲要"课承载着中国人民"富起来"的历史记忆,夯实大学生认同中国共产党的现实基础。实现中国人民"富起来"的伟大开端在于中国共产党带领中国人民进入改革开放和社会主义现代化建设新时期。新的历史条件下,中国共产党的中心任务已经由原来的实现民族独立、人民解放转变为为实现国家富强、人民富裕而奋斗。为此,中国共产党解放思想、实事求是,坚定不移地带领中国人民探索并走上一条中国特色社会主义道路。这条道路"是党和人民历经千辛万苦、克服千难万险取得的宝贵成果"①。中国由此"实现了从生产力相对落后的状况到经济总量跃居世界第二的历史性突破,实现了人民生活从温饱不足到总体小康、奔向全面小康的历史性跨越"②。"纲要"课记录了这一阶段中国共产党从中国实际出发、带领中国人民走上中国特色社会主义道路的历史过程,强化了改革开放以来中国人民"富起来"的历史记忆,充分彰显了中国特色社会主义建设取得的伟大成就,进而能够夯实大学生认同中国共产党的现实基础。

最后,"纲要"课承载着中国人民迎来"强起来"的历史记忆,增强大学生对中国共产党未来执政的信心与信念。党的十八大以来,中国特色社会主

---

① 习近平:《在纪念中国人民抗日战争暨世界反法西斯战争胜利75周年座谈会上的讲话》,人民出版社,2020年,第11页。

② 习近平:《在庆祝中国共产党成立100周年大会上的讲话》,人民出版社,2021年,第6页。

义进入了新时代。中国共产党持续推进中国特色社会主义事业向前发展，以不断满足人民群众对美好生活的向往为政治目标，党和国家事业全面开创新局面。"纲要"课全面呈现了党的十八大以来中国特色社会主义建设取得的历史性成就，中国人民迎来了从"富起来"到"强起来"的历史性飞跃，这正是以习近平同志为核心的党中央坚强领导的结果。这一历史性的变革，能够极大地增强大学生对中国共产党执政能力的信心和信念，进一步推进大学生对中国共产党未来执政地位的认同。

二、历史记忆促进政治制度与政策层面的政治认同

中国特色社会主义政治认同的第二个层面是对我国社会历史发展过程中形成的中国特色社会主义制度以及各种政策的认同。它包括对我国在社会主义建设过程中创立并逐渐完善的根本政治制度（人民代表大会制度），基本政治制度（中国共产党领导的多党合作和政治协商制度、民族区域自治制度、基层群众自治制度、中国特色社会主义法律制度），基本经济制度（公有制为主体、多种所有制经济共同发展，按劳分配为主体，多种分配方式并存，社会主义市场经济体制），以及建立在这些制度基础之上的各种法律、规定、规范等的认同。"纲要"课承载的历史记忆能够从历史的视角说明中国特色社会主义政治制度与各种政策形成的历史必然性，及其所具有的独特优越性、公平正义性与现实有效性，促进大学生对于中国特色社会主义制度的认同。

（一）历史基础：历史必然性

中国特色社会主义制度是中国共产党在马克思主义的指导下，立足中国实际，在中国革命、建设和改革的长期探索中逐渐建立并完善起来的。中

国特色社会主义制度是中国社会历史发展的产物，也是中国共产党带领中国人民自愿选择的结果。认清中国特色社会主义制度产生、发展和完善的历史过程，是认同中国特色社会主义制度的基本前提。"纲要"课承载的历史记忆，可以从两个方面为大学生建构中国特色社会主义制度认同提供历史基础：

一方面，"纲要"课承载的历史记忆能够说明社会主义制度代替资本主义制度是历史发展的必然规律。唯物史观认为，人类社会的发展是一个自然的历史过程，社会形态呈现出由低级向高级依次更替的客观规律，要经历原始社会、奴隶制社会、封建制社会、资本主义社会和共产主义社会（其第一阶段是社会主义社会）。按照这一观点，近代中国社会主义制度取代资本主义制度是社会形态发展的必然结果，符合历史发展的必然规律。"纲要"课承载着中国人民经过艰苦探索最终选择社会主义制度的历史记忆，有力地说明了社会主义制度代替资本主义制度是不可抗拒的历史潮流，是无可改变的历史发展规律。在选择社会主义制度之前，近代中国先后进行过多次资本主义制度的实践探索，但无论是君主立宪制、议会制、多党制、总统制等各种制度模式，均以失败告终。最终，是中国共产党将探索的目光从西方转向了东方，在资本主义制度一次次宣告破产之后，毅然选择了社会主义，并成功地建立了社会主义的新中国，在中国历史上第一次真正实现了民族的独立和人民的解放。资本主义制度破产以及历史和人民选择社会主义制度的过程，是"纲要"课教学的重点内容之一。通过建构相关历史记忆，不但能够呈现近代中国社会主义制度替代资本主义制度的历史现象，而且能够引导大学生透过这一历史现象，认识到中国人民选择社会主义制度是客观历史规律发生作用的结果这一历史的本质。中国的社会主义制度具有存在的合理性，而这种合理性是建立在历史发展的必然性的基础之上的。对这一历史本质的认识，是形塑大学生认同中国社会主义制度的重要前提。

　　另一方面,"纲要"课承载的历史记忆能够说明中国特色社会主义制度具有不断自我完善的能力,是一个始终保持先进性的持续发展的制度体系。大学生对于中国特色社会主义制度的认同,还来自其制度体系的先进性,这种先进性体现在中国特色社会主义制度能够随着时代的变迁和社会的发展而不断创新、不断完善,始终保持着解决实际问题的能力。新中国成立之后,经历了近三十年的建设与探索,中国的社会主义制度不断发展完善。这中间,既经历了曲折,也积累了经验,中国共产党对"什么是社会主义,怎样建设社会主义"有了更加深刻的认识。改革开放之后,中国共产党继续推进社会主义制度建设,逐步构建起具有中国特色社会主义制度体系。中国特色社会主义制度体系既符合科学社会主义原则,又符合中国特色社会主义社会建设的实际需要,是中国社会主义制度的自我完善和自我发展。如习近平所说,"中国特色社会主义制度是当代中国发展进步的根本制度保障,是具有鲜明中国特色、明显制度优势、强大自我完善能力的先进制度"①。历史记忆具有连续性,"纲要"课承载的历史记忆再现了中国特色社会主义制度从建立、改革到完善的历史过程,能够帮助学生建立新中国成立以来特别是改革开放以来中国共产党建立健全中国特色社会主义制度的连续性认知,使他们充分认识到无论是新中国成立后对生产资料私有制进行社会主义改造、建立社会主义基本制度,还是在改革开放后建立健全中国特色社会主义制度,其马克思主义的内核没有变,变化的只是中国特色社会主义社会建设的具体实际。而中国特色社会主义制度始终坚持以马克思主义为指导,不断从中国的具体国情出发,实现自身制度体系的发展与完善,永远保持着制度体系的生命力与先进性。中国特色社会主义制度强大的自我完善能力,能够极大地增强大学生对于这一制度体系的信心,使他们坚信中国特

色社会主义制度必将继续在社会主义事业的伟大实践中保持着无限的生机与活力,从而加深他们对于中国特色社会主义制度体系的认同。

(二)现实基础:独特优越性

对中国特色社会主义制度的认同还来自中国特色社会主义制度体系自身独特的优越性。这种优越性能够成为广大人民群众建设社会主义事业的强大精神动力,从而极大地促进社会主义建设事业的发展。而社会主义建设取得的巨大成就,又反过来证明中国特色社会主义制度具有无比的优越性,从而为中国特色社会主义制度认同奠定坚实的现实基础。"纲要"课承载的历史记忆能够在历时性与共时性两个维度的比较视野中最大程度地彰显中国特色社会主义制度的独特优越性,推进大学生对中国特色社会主义制度的认同。

在历时性的视野中,"纲要"课承载着社会主义基本制度建立尤其是中国特色社会主义制度建立以来,中国特色社会主义事业迅速发展、人民生活水平普遍提高的历史记忆。新中国成立之初,毛泽东就曾指出:"我们的人民民主专政的制度,较之资本主义国家的政治制度具有极大的优越性。在这种制度的基础上,我国人民能够发挥其无穷无尽的力量。"[1]"纲要"课通过大量的文字符号、翔实的历史数据,以及许多前所未有的历史现象建构历史记忆,有力地证明从新中国成立到改革开放的29年,中国社会主义各项事业迅速发展,实现从落后的农业国到先进的工业国的历史性转变。中国"从一个农业国(工农业产值中,农业占70%,重工业占比不到5%)变成了一个拥有独立、完整工业体系的国家,工业生产能力位居全球第六位"[2]。社会主义

---

① 《毛泽东文集》(第六卷),人民出版社,1999年,第184页。
② 李民骐等:《资本的终结:21世纪大众政治经济学》,中国人民大学出版社,2016年,第140页。

中国由此彻底改变了"一穷二白"的状态,完全摆脱了积贫积弱的境地。改革开放之后,中国特色社会主义制度逐渐确立并不断完善,社会生产力得到进一步解放,人民群众的智慧和力量得到了充分发挥。尤其是党的十八大以来,中国特色社会主义事业取得了历史性成就,中国的国际地位稳步提升。从"一穷二白"的新中国到今天跃居世界第二大经济体,社会主义中国迅猛发展的强劲势头是有目共睹的,这种中国社会发展的历时性改变既存在于"纲要"课建构的历史记忆当中,也存在于学生实实在在感受到的"当下"的现实生活中,这种鲜明的对比能够让他们深刻感受到中国社会主义制度尤其是中国特色社会主义制度突出的优越性。中国特色社会主义制度的优越性能够最广泛地凝聚全国人民的建设力量,能够保障我国政治、经济、社会的平稳发展,能够保证我国在国际竞争中立于不败之地,因而能够极大地促进大学生对于中国特色社会主义的制度自信,更加坚实他们对于中国特色社会主义制度认同的现实基础。

在共时性的视野中,"纲要"课建构着"当下"的历史记忆,能够通过国际维度的横向比较,凸显中国特色社会主义制度的优越性。正如习近平所指出的:"当今世界正面临百年未有之大变局,国与国的竞争日益激烈,归根结底是国家制度的竞争。"[①]

(三)伦理基础:公平正义性

形塑大学生对中国特色社会主义制度的认同,还要让他们认清中国特色社会主义制度具有公平正义性,能够真正地保障人民当家作主的权利,能够更好地维护人民群众的根本利益。在社会主义制度诞生以前,世界上的一切国家制度都以维护少数统治阶级的利益为目的,而对于作为社会财富

---

① 习近平:《坚持、完善和发展中国特色社会主义国家制度与法律制度》,《求是》,2019年第23期。

的创造者、历史发展的推动者的广大人民群众来说,始终都没有得到相应的社会地位。社会主义制度的诞生从根本上改变了这一状态。如恩格斯在《大陆上社会改革运动的进展》中所言,真正的自由和真正的平等只有在共产主义制度下才可能实现。社会主义作为共产主义的初级阶段,其制度体系的公平正义性,主要体现在对人民群众作为历史创造主体的地位的肯定。"纲要"课教师通过对史料的选择与建构,能够很好地说明中国社会主义制度"人民民主专政"的特性,为形塑大学生的中国特色社会主义制度认同奠定伦理基础。

"纲要"课承载的历史记忆不仅叙说着中国社会主义制度确立以前国家贫富分化、阶级矛盾尖锐的社会状态,而且能够以大量的文字符号、历史情节有力地证明社会主义制度是真正实现中国人民当家作主的民主制度。比如说,早在1949年9月,中国人民政治协商会议第一届全体会议通过的《中国人民政治协商会议共同纲领》就明确规定:"中华人民共和国的国家政权属于人民。人民行使国家政权的机关为各级人民代表大会和各级人民政府。"[①]作为重要的文本符号,《共同纲领》的规定充分证明这是中国历史上第一次人民真正当家作主,新中国的国体和政体,是中国有史以来最民主的、最能反映绝大多数人民意志的政权。宋庆龄也曾感喟:"在我看来,自从一九四九年十月一日——这具有历史意义的日子以来,中国最伟大的转变就是我们的国号中有史以来第一次有了'人民'这两个字。这两个字不是为了装饰点缀,它的重要意义在于同样有史以来第一次表明我们政府巨大力量之所在——人民。"[②]宋庆龄作为为中国革命作出重要贡献的历史人物,她对于中国社会主义制度的评价具有极强的说服力。改革开放之后,中国特色

---

① 中共中央文献研究室编:《建国以来重要文献选编》(第一册),中央文献出版社,1992年,第4页。

② 《宋庆龄选集》(上卷),人民出版社,1992年,第573页。

社会主义制度逐步确立,公平正义更是作为中国特色社会主义的核心价值,体现着中国特色社会主义制度体系的内在要求。党的十九届四中全会全面总结和概括了中国特色社会主义制度十三个方面的显著优势,其中就包括"切实保障社会公平正义和人民权利的显著优势"①。"纲要"课在对中国社会主义制度的公平正义性进行阐释时,能够通过鲜明的历史符号和生动的历史情节将原本复杂抽象的概念具体化、简单化。一方面,通过建构历史记忆讲清公平正义的原则、价值和理念是如何体现于中国特色社会主义的制度体系之中;另一方面,与现实相关联,说明公平正义如何在中国特色社会主义现代化建设中得到充分的发展。通过抽象概念与具体情节相统一、历史记忆与现实生活相联系的方式,更好地帮助大学生认识到公平正义是中国特色社会主义制度的根本政治属性,中国特色社会主义政治制度、经济制度和文化制度都坚持"以人民为中心"的政治理念,是最能够维护好发展好广大人民根本利益的制度体系。

(四)实践基础:现实有效性

对任何一种制度体系进行价值评判,都需要考察其在实践中是否行得通、是否有效率以及是否真管用。"中国特色社会主义国家制度和法律制度是一套行得通、真管用、有效率的制度体系","这是我们坚定'四个自信'的一个基本依据"。②现实的有效性是建构制度认同的实践基础。只有在实践中产生了良好效果的制度体系,才有可能得到公众的普遍认同。形塑大学生对中国特色社会主义制度体系的认同,也需要以制度体系在现实生活中

① 《中共中央关于坚持和完善中国特色社会主义制度 推进国家治理体系和治理能力现代化若干重大问题的决定》,人民出版社,2019年,第3页。
② 习近平:《坚持、完善和发展中国特色社会主义国家制度与法律制度》,《求是》,2019年第23期。

的实践效果作为基础。

中国特色社会主义制度从形成到完善,本身就是一个实践探索的过程。正如习近平所说:"中国特色社会主义国家制度和法律制度是在长期实践探索中形成的,是人类制度文明史上的伟大创造。"①"纲要"课建构着中国特色社会主义制度实践探索的历史记忆,能够清晰地向大学生说明,中国特色社会主义制度根源于中国社会主义发展的实际,是中国共产党带领中国人民在社会主义道路探索中经过不断地实践,不断地总结经验、汲取教训的结果。新中国成立后,初步构建起社会主义经济、政治、文化、社会等制度体系,为中国进一步发展奠定了根本政治前提和制度基础。这一时期制度建设的成果是巨大的,它保障了社会主义事业继续向前发展。但同时,在制度实践中,也出现了一些不利于中国社会生产力解放和发展的问题,错误和教训也是深刻的。改革开放之后,中国共产党从正反两个方面全面总结和反思了社会主义建设过程的经验与失误,对中国的社会主义制度进行大刀阔斧的改革,逐渐形成了既坚持马克思主义指导思想,又符合中国社会主义建设实际需要的中国特色社会主义制度。此后,中国特色社会主义制度在中国社会主义建设实践中不断得到完善和发展,始终保持着制度体系的科学性与先进性。

中国特色社会主义制度形成之后,经受住了社会主义伟大实践的检验,取得了巨大的实践成就。这些巨大的实践成就既体现于国家快速崛起、社会快速发展的宏大叙事中,也体现在人民群众实实在在的日常生活的微观叙事里。在"纲要"课教学中,有意识地通过亲历者叙述、媒介载体传播、文字实物印证等方式建构大学生关于中国特色社会主义制度形成以来国家日益强盛、生活日渐富足的历史记忆,能够使他们更加直观地感受到四十余年

---

① 习近平:《坚持、完善和发展中国特色社会主义国家制度与法律制度》,《求是》,2019年第23期。

来中国特色社会主义制度所取得的伟大实践成就,从而有力地证明中国特色社会主义制度在实践中所具有的显著有效性。在思想和情感上强化大学生对于中国特色社会主义制度的认同感,在行为实践层面激励他们要自觉坚持好、维护好经过长期实践检验的中国特色社会主义制度,并坚信在这一制度体系的保障下,中国特色社会主义建设必将取得更大的成就,创造更大的辉煌。

三、历史记忆促进政治价值观层面的政治认同

中国特色社会主义政治认同的第三个层面是政治价值观念方面的认同,大体包括对中国特色社会主义的道路认同、理论认同、文化认同,以及对社会主义核心价值体系的认同。政治价值观方面的认同是最高层级的政治认同,对国家层次和政治制度与政策层次的政治认同产生直接影响。"纲要"课承载的历史记忆在促进大学生对中国特色社会主义道路认同、理论认同、文化认同以及对社会主义核心价值体系的认同方面发挥着重要功能,有助于塑造大学生群体坚定的政治信仰、正确的政治观念和积极的政治态度,自觉抵制西方各种社会思潮侵袭,进一步维护我国社会政治稳定。

(一)历史和人民的选择:中国特色社会主义道路认同

形塑大学生的中国特色社会主义道路认同,就是在充分认知的基础上,使大学生在思想观念和价值取向上形成对中国特色社会主义道路的支持和认可,始终相信"中国特色社会主义道路是创造人民美好生活、实现中华民族伟大复兴的康庄大道"[①]。中国特色社会主义道路不是凭空产生的,"它是

---

① 《中共中央关于党的百年奋斗重大成就和历史经验的决议》,人民出版社,2021年,第68页。

在改革开放 30 多年的伟大实践中走出来的,是在中华人民共和国成立 60 多年的持续探索中走出来的,是在对近代以来 170 多年中华民族发展历程的深刻总结中走出来的,是在对中华民族 5000 多年悠久文明的传承中走出来的"①。"纲要"课承载的历史记忆能够从历史的视野和比较的维度中,为中国特色社会主义道路寻找历史依据,揭示中国特色社会主义道路是"历史的结论,人民的选择"这一价值结论。认同中国特色社会主义道路的历史必然性,是深化大学生中国特色社会主义道路认同的重要环节。

首先,社会主义道路是在资本主义道路走不通的历史背景下中国人民做出的必然选择。近代以来,为挽救深重的民族危机,无数仁人志士先后登上历史舞台,他们极力宣扬西方资本主义文明,积极引进西方资本主义制度,希望以此将封建落后的中国引上资本主义道路,实现近代以来民族独立、国家富强的强烈愿望。但最终,资本主义救国方案相继破产,资本主义道路并没有能够使中国彻底摆脱遭受侵略、任人宰割的悲惨境地,中国半殖民地半封建的社会性质也没有因此而得到改变。社会主义道路正是在资本主义道路走不通的紧要历史关头,中国的先进人士在茫茫无措中找到的一条崭新的革命与发展的道路。"纲要"课通过建构资本主义道路屡屡破产的历史记忆和选择社会主义道路之后中国革命发展的历史记忆,不但能够引导学生作出"资本主义道路不适合中国国情"的本质判断,而且能够通过选择社会主义道路前后中国革命呈现出的完全不同的面貌,使学生深刻认识到相对于不适合中国国情的资本主义道路而言,社会主义道路才是指引中国革命走向胜利的正确方向。通过历史记忆的建构,可以充分证明社会主义道路是近代以来先进中国人历尽艰难,在不断的社会实践中,对国家出路无数次探索之后作出的正确选择,有力地验证习近平所指出的,中国特色社

---

① 习近平:《在对历史的深入思考中更好走向未来 交出发展中国特色社会主义合格答卷》,新华网,2013 年 6 月 25 日。

会主义道路是"在对近代以来170多年中华民族发展历程的深刻总结中走出来的"这一重要历史结论。

其次,中国特色社会主义道路是在改革开放实践探索中走出的适合中国国情的发展道路。从新中国成立到改革开放的29年,是中国共产党领导中国人民不断进行社会主义实践探索的29年。这29年,中国社会主义建设取得了很大成绩,但也出现了一些曲折和错误。改革开放之后,中国共产党总结历史经验,立足中国社会主义建设的实际,形成了中国特色社会主义理论,开创了中国特色社会主义道路。由此,中国人民开启了由"站起来"到"富起来"的伟大历史征程。在中国特色社会主义道路上,中国人民的社会主义建设事业取得了辉煌的成就,"我们用几十年时间走完了发达国家几百年走过的工业化历程。在中国人民手中,不可能成为了可能"[1]。"纲要"课建构改革开放前后中国社会发展的历史记忆,可以非常清晰地帮助学生厘清两个历史阶段之间内在的逻辑关系,认识到中国特色社会主义道路是改革开放之后,在新的时代背景下,为解决新的社会矛盾、更快地解放和发展社会生产力,对中国社会主义道路的创新发展,其社会主义道路的本质并没有发生改变。同时,通过全方位、多角度地建构历史记忆,可以充分展现中国特色社会主义道路之下中国社会主义建设取得的辉煌成就,使学生从思想上更加认同中国特色社会主义道路是"实现中华民族伟大复兴的必由之路",坚信"只要始终不渝走中国特色社会主义道路,我们就一定能够不断实现人民对美好生活的向往,不断推进全体人民共同富裕"。[2]

最后,中国特色社会主义道路是独具特色、立足国情的"中国道路",而不是其他什么道路。中国特色社会主义道路是"中国道路",尽管从历史发

---

[1]　习近平:《在庆祝改革开放40周年大会上的讲话》,人民出版社,2018年,第19页。

[2]　习近平:《不断巩固中华民族共同体思想基础　共同建设伟大祖国　共同创造美好生活》,《人民日报》,2022年3月6日。

展的角度来看,在探索社会主义道路的过程中,中国共产党很长一段时间曾受到过苏联模式的影响,导致了道路探索过程中的一些挫折。但很快,中国共产党就摆脱了僵化的苏联模式的束缚,立足中国的社会主义革命和建设的实际,探索形成了具有中国特色的社会主义发展道路。这条道路符合中国国情,适应中国社会主义发展的需要,它不是照搬照抄别国模式,是真正解决中国问题、切实保障中国社会主义发展方向的中国道路。"纲要"课建构中国共产党摆脱苏联模式束缚、独立探索社会主义的道路尤其是探索形成中国特色社会主义道路的历史记忆,在前后对比、中外对比的历史视野中,凸显中国道路的独立性以及中国道路的独特性,使大学生充分认识到,只有中国特色社会主义道路才能解决"中国问题",我们既不能回到"封闭僵化的老路",也不能误入"改旗易帜的邪路",必须"坚定走中国特色社会主义道路,始终确保改革正确方向"。①只有坚持中国特色社会主义道路,才能够"把我国建设成为富强民主文明和谐美丽的社会主义现代化强国"②。

以历史记忆形塑大学生对于中国特色社会主义道路的政治认同,其目的在于帮助大学生充分理解"只有社会主义才能够救中国","只有中国特色社会主义才能够发展中国"的深刻道理,从而不为外界各种诋毁、动摇中国特色社会主义道路的声音所迷惑,始终保持清醒的政治头脑和坚强的政治定力,始终坚定中国特色社会主义道路不动摇。

(二)马克思主义新境界:中国特色社会主义理论认同

中国特色社会主义理论是中国共产党领导中国人民在改革开放伟大实践中创建并发展起来的科学的理论体系,具体包括邓小平理论、"三个代表"重要思想、科学发展观和习近平新时代中国特色社会主义思想。认同中国

---

① 《中共中央关于全面深化改革若干重大问题的决定》,人民出版社,2013年,第6页。
② 《中共中央关于党的百年奋斗重大成就和历史经验的决议》,人民出版社,2021年,第68页。

特色社会主义理论，就是在充分肯定其科学性、先进性和实践性的基础上，坚信这一马克思主义中国化的理论成果是实现中华民族伟大复兴的方向引领。理论的价值在于指导实践，只有科学的理论体系，才能够保证实践方向的正确性，才具有被认同的价值和可能。因此，充分认识理论体系自身的科学性，是形塑大学生中国特色社会主义理论认同的前提条件。"纲要"课承载的历史记忆能够从历史发展的视角证明中国特色社会主义理论是具有科学性的理论体系。

首先，"纲要"课建构的历史记忆可以说明中国特色社会主义理论体系的逻辑起点在于科学社会主义理论。中国特色社会主义理论体系是马克思主义理论的当代中国形态，它最初建构于科学社会主义理论之上。"纲要"课通过再现马克思主义传入中国的历史情节，塑造早期马克思主义者的群体形象，介绍马克思主义在中国传播的历史现象，可以帮助学生建构先进的中国人认识、接受与选择马克思主义的历史记忆，使他们认识到马克思主义是当时的中国"走投无路"下的一种选择，是适合中国国情的科学的思想理论。在马克思主义的指导下，中国共产党诞生，"从它一开始，就是一个以马克思列宁主义的理论为基础的党"①。自此之后，马克思主义深深扎根于中国大地，作为充满科学性和革命性的思想理论，最终成为中国革命、建设和改革的指导思想。而科学社会主义理论作为马克思主义的重要组成部分，为中国特色社会主义理论的产生提供了深层的土壤。

其次，"纲要"课建构的历史记忆可以证明中国特色社会主义的源流——毛泽东思想是富有科学性的思想理论体系。中国共产党成立后，开始将马克思列宁主义普遍真理与中国革命具体实际相结合，创立了毛泽东思想这一马克思主义中国化的伟大思想理论成果，实现了马克思主义中国

---

① 《毛泽东选集》（第三卷），人民出版社，1991年，第1093页。

化的第一次飞跃。在毛泽东思想的指引下,中国共产党带领中国人民赢得了中国革命的胜利,创建了社会主义新中国。在中国社会主义革命和建设道路探索过程中,将马克思列宁主义基本原理同中国具体实际进行"第二次结合",进一步发展了毛泽东思想。而中国特色社会主义理论作为马克思主义中国化第二次飞跃的理论成果,是在马克思主义中国化第一次飞跃的基础上继续拓展而形成的,是对毛泽东思想的继承和发扬。"纲要"课的教学内容涵盖了毛泽东思想创立、发展并指导中国革命的完整历史进程。"纲要"课以此为基础建构的历史记忆,可以选择标志毛泽东思想创立和发展的重要历史文本作为文字符号,通过文本解读从理论上揭示中国特色社会主义理论与毛泽东思想之间一脉相承的内在逻辑关联。同时,通过选择性地建构中国革命走向胜利的过程,以生动的情节记忆帮助学生认识到毛泽东思想是如何在中国革命的历史进程中发挥指导作用的,最终引导学生生成价值记忆——毛泽东思想是指导中国革命赢得胜利的科学的、先进的思想理论。而作为毛泽东思想继续发展的理论成果的中国特色社会主义理论,同样是具有科学性的先进思想理论体系,从而促进大学生对中国特色社会主义理论体系科学性的认同。

最后,"纲要"课建构的历史记忆能够说明中国特色社会主义理论是中国共产党领导中国人民在新的社会主义建设的伟大实践中不断开拓创新的理论成果,引导学生认识到中国特色社会主义理论是马克思主义中国化的新境界这一历史结论。中国特色社会主义理论虽然与科学的思想理论——马克思主义和毛泽东思想之间存在着一脉相承的内在逻辑,但还不足以证明其自身的科学性,还需要在社会主义建设伟大实践中再次验证其实践效果。中国特色社会主义理论是在改革开放伟大实践中逐步形成、发展与完善的,以"纲要"课教材为文本,以改革开放以来中国社会发展过程中的重要历史事件作为标志性节点,对其进行历史记忆的建构,以此可以帮助大学生建立中国特色社会主义理论形成与发展的连续性认知,架构中国特色社会主义理论形成与发展的宏观历史框架。同时,通过分析世界范围内社会主义普遍陷入低潮的情况下,中国社会主义蓬勃发展的历史现象,能够使学生深刻认识到中国特色社会主义理论体系在实践环节的有效性,这是中国特色社会主义理论体系科学性最有力的证明。它能够使学生坚信"中国特色社会主义理论体系是指导党和人民实现中华民族伟大复兴的正确理论"[1],是能够指引未来中国更好更快地发展的科学理论,从而更加坚定他们对中国特色社会主义理论体系的认同。

(三)中华民族的精神旗帜:中国特色社会主义文化认同

中国特色社会主义文化包括中华优秀传统文化、革命文化和社会主义先进文化三个组成部分。塑造大学生的中国特色社会主义文化认同,就是引导大学生从思想观念上对中华优秀传统文化、革命文化和社会主义先进文化的价值给予充分的肯定和高度的认可。习近平指出:"在5000多年文明发展中孕育的中华优秀传统文化,在党和人民伟大斗争中孕育的革命文化和社会主义先进文化,积淀着中华民族最深层的精神追求,代表着中华民族独特的精神标识。"[2]塑造大学生的中国特色社会主义文化认同,有助于建立他们作为中华民族共同体成员的心理归属,进一步增强中华民族内在的凝聚力,为抵御一切艰难险阻、建设社会主义现代化强国提供强大的精神力量和坚强的思想保证。

"纲要"课承载的历史记忆形塑大学生对中华优秀传统文化的认同。从文化发展的源流上来看,中华优秀传统文化、革命文化和社会主义先进文化

---

① 中共中央宣传部:《习近平新时代中国特色社会主义思想学习纲要》,学习出版社、人民出版社,2019年,第32页。
② 习近平:《在庆祝中国共产党成立95周年大会上的讲话》,人民出版社,2016年,第13页。

三者之间存在着一脉相承、相互贯通的内在联系。从时间段上来看,中华优秀传统文化不是"纲要"课教学的重点内容,但它是革命文化和社会主义先进文化的母体,中国共产党正是汲取了中华优秀传统文化的思想精髓,经过对中华优秀传统文化的创造性转化和创新性发展,在中国革命、建设与改革过程中逐渐形成了革命文化与社会主义先进文化。因此,认同中华优秀传统文化是认同中国特色社会主义文化的内在要求。"纲要"课大体上从两个方面建构有关中华优秀传统文化的历史记忆,形塑大学生的中华优秀传统文化认同。一方面是通过文字符号、实物符号和文物古迹等丰富的历史符号再现源远流长、博大精深的中华文明,传承和弘扬中华优秀传统文化,增强大学生的民族自尊心和自豪感;另一方面,在建构中国革命、建设和改革的历史记忆的过程中,充分挖掘中华优秀传统文化的内在意蕴,使大学生充分认识到中华优秀传统文化始终是支撑中国革命、建设和改革不断走向胜利的精神动力。此外,如前所述,中华优秀传统文化对于建构大学生的心理归属具有重要意义。中华优秀传统文化以其深厚的人文底蕴,已经深深融入中华民族的血液之中,塑造了中华民族共同的风俗习惯、历史传统和思维方式、行为方式,成为中华民族最深层次的文化基因。形塑大学生的中华优秀传统文化认同,就如同在他们的内心深处印上了浓浓的中国印记,这种心理上的身份标识能够自动形成抵御西方各种思潮的坚固屏障,成为维护和巩固中华民族共同体稳定性、统一性的有力武器。

　　"纲要"课承载的历史记忆形塑大学生对革命文化和社会主义先进文化的认同。文化作为一种观念形态的存在,其本身是无形的,它代表的是一种根植于内心的精神与信念。革命文化与社会主义先进文化是中国共产党领导中国人民在中国革命、建设与改革中形成的各种优良传统、作风以及培育形成的各种精神,是中华民族宝贵的精神财富,也是激励中华民族不断前进的不竭动力。"纲要"课对中国革命文化和社会主义先进文化认同的塑造,主要是以伟大建党精神为开端、以中国共产党人的精神谱系为基本架构来完成历史记忆的建构,通过生动的历史情节和鲜明的人物形象诠释中国革命、改革与建设过程中形成的各种精神的丰富内涵,使学生充分认识到正是这种精神文化的力量,激励着中国共产党和中国人民前赴后继、披荆斩棘,最终赢得了中国革命的彻底胜利,创造了社会主义建设的辉煌成就。

无论是战争年代还是和平年代,中国特色社会主义文化都是"激励全党全国各族人民奋勇前进的强大精神力量"①。塑造大学生的中国特色社会主义文化认同,就是为大学生注入这股强大的精神力量,使他们能够从容应对未来可能出现的风险和挑战,对中国特色社会主义充满信心,为中国社会主义现代化建设贡献力量。

(四)社会主义的意识形态:社会主义核心价值体系认同

社会主义核心价值体系形成于中国共产党领导中国人民进行社会主义革命、建设和改革的伟大历史进程之中,集中体现了当代中国社会主义的主流意识形态。在当前社会转型时期,社会主义核心价值体系对于塑造人们共同的价值取向,整合人们的思想价值观念,凝聚人心,维护社会稳定,发挥着极其重要的作用。形塑大学生的社会主义核心价值体系认同,就是在认知和理解社会主义核心价值体系基本内容与深刻内涵的基础上,为大学生群体提供一个普遍认同的、共同的思想引领,将其原本差异化的个体价值观统一于社会主流的、共同的价值体系之下,以此来巩固高校意识形态阵地,抵御西方国家对我国意识形态领域的侵袭,维护国家意识形态安全。社会主义核心价值体系的基本内容包括马克思主义指导思想、中国特色社会主义共同理想、以爱国主义为核心的民族精神和以改革创新为核心的时代精

---

① 习近平:《决胜全面建成小康社会 夺取新时代中国特色社会主义伟大胜利——在中国共产党第十九次全国代表大会上的报告》,人民出版社,2017年,第17页。

神,以及社会主义荣辱观四个方面。"纲要"课承载的历史记忆有助于塑造大学生的社会主义核心价值体系认同。

首先,马克思主义指导思想作为社会主义核心价值体系的灵魂,是中国共产党的根本指导思想。社会主义核心价值体系作为当代中国社会主义的主流意识形态,是马克思主义当代发展的重要理论成果。如前所述,"纲要"课能够通过建构历史记忆的方式形塑大学生对于马克思主义思想理论体系的认同,在当代中国的时代语境下,除了要继续深化大学生对马克思主义科学内涵和精神实质的理解和认同外,更需要将马克思主义指导思想与当代中国国情结合起来,形塑大学生对马克思主义指导思想的当代认同。一方面,"纲要"课能够通过当前我国社会发展过程中出现的一些重大事件、社会现象唤醒大学生"当下"的历史记忆,引发他们对于当前社会主要矛盾、主要问题的思考;另一方面,可以通过思想理论的分析使他们认识到马克思主义的思想武器在当前我国社会主义发展中是如何发挥作用、如何解决社会主义建设中出现的问题和矛盾,进而保障我国社会主义现代化建设顺利发展的。"纲要"课通过建构历史记忆,能够充分证明马克思主义在当代中国社会主义现代化建设实践中的有效性,这是促使大学生在新的历史条件下认同马克思主义指导思想的重要维度。

其次,中国特色社会主义共同理想是社会主义核心价值体系的重要内容,在当前阶段体现为在中国共产党的领导下,走中国特色社会主义道路,实现中华民族伟大复兴。"中国特色社会主义共同理想"的词根是"共同"和"理想",其中,"共同"体现了中华民族共同体的同一性,"理想"则体现了中华民族谋求发展的远大政治目标。确立大学生作为中华民族共同成员的心理归属和情感认同,是"纲要"课建构历史记忆的重要功能,它能够从共同的历史文化传统等方面将大学生的思想观念统一于国家层面的价值共识,为认同中国特色社会主义共同理想奠定同一性的心理基础。同时,实现中华民族的伟大复兴,是近代以来中华民族最伟大的梦想,"纲要"课整体的教学体系是以实现中华民族伟大复兴中国梦作为历史发展的主线,其建构的历史记忆本身就是对近代以来中国人民追寻中华民族伟大复兴中国梦的历史进程的完整再现。无数仁人志士在这一共同政治目标和远大政治理想的感召之下,将毕生精力奉献于国家、民族的发展之中,这样生动的历史情节和鲜活的历史形象,能够唤起大学生关注家国命运的政治情感,自觉地将国家命运与个人命运联系起来,最终转化为为实现中国特色社会主义共同理想而努力奋斗的行为实践。

再次,以爱国主义为核心的民族精神和以改革创新为核心的时代精神是社会主义核心价值体系的精髓。弘扬和传承以爱国主义为核心的民族精神和以改革创新为核心的时代精神,本身就是"纲要"课教学的重要内容和应有之义。爱国主义是中国近现代历史发展的主旋律,"纲要"课的教学内容中存在着极其丰富的爱国主义教育资源,以此为基础建构历史记忆,无论是为挽救民族危亡而舍生取义的爱国情结,还是为探索国家出路而接续奋斗的人物形象,都能够极大地唤起大学生的爱国主义情感,深刻理解爱国主义在不同历史阶段的集中体现和深刻内涵,并在爱国主义精神的激励下自觉肩负起实现中华民族伟大复兴的历史使命。以改革创新为核心的时代精神体现了社会主义核心价值体系鲜明的时代性和与时俱进的先进性。以改革创新为核心的时代精神孕育于改革开放的伟大历史实践,一方面,"纲要"课通过建构历史记忆充分说明变革和开放是中国历史发展的常态,中国历史尤其是中国近现代的历史就是一部先进的中国人不断改革创新、除旧布新的历史,使大学生认识到改革与开放具有历史的合理性;另一方面,以历史记忆彰显改革开放四十余年以来我国社会主义建设取得的辉煌成就,有力地证明了以改革创新为核心的时代精神能够为中国社会主义建设提供源源不断的精神动力,为大学生认同并继续传承和弘扬伟大的改革创新精神提供现实的合理性。

最后,社会主义荣辱观是社会主义核心价值体系的道德基础。以"八荣八耻"为主要内容的社会主义荣辱观,继承了中华民族优秀的传统道德精髓,从国家、社会、个人三个层面构建了社会评判的价值标准。恩格斯指出:"每个社会集团都有它自己的荣辱观。"①社会主义荣辱观体现着社会主义的意识形态和道德要求,它与社会主义制度紧密相连,体现着社会主义的价值追求。以"纲要"课塑造大学生的社会主义荣辱观认同,除了要将社会主义荣辱观的基本内容融汇于大学生的历史记忆,使其深刻领会社会主义荣辱观的内在意涵并以其作为自身的行为准则外,还要架构纵横的历史时空,在比较的视域中建构大学生的价值记忆,即认清社会主义荣辱观与中国封建社会的荣辱观、西方资本主义社会的荣辱观具有本质的区别,认清其社会主义道德要求的本质。认同社会主义荣辱观,对于在社会主义市场经济条件下引导大学生确定正确的价值取向,作出正确的道德选择具有重要的现实意义。

社会主义核心价值体系将马克思主义的指导思想、中国特色社会主义共同理想以及民族精神、时代精神和社会主义荣辱观等重要内容统摄为一个以马克思主义指导思想为灵魂,以中国特色社会主义共同理想为主题,以民族精神和时代精神为精髓,以社会主义荣辱观为基础的有机整体。把马克思主义理论与中华民族优秀文化结合在一起,把远大政治目标与日常行为规范融汇在一起,把时代精神与历史经验、世界眼光与民族传统联系在一起,构成了一个既有全球视野又有历史眼光、既立足现实又面向未来、既恪守原则又海纳百川的开放体系。②"纲要"课立足丰富的历史素材,从多个维度建构社会主义核心价值体系的符号记忆、情节记忆和价值记忆,促进和深

---

① 《马克思恩格斯全集》(第三十九卷),人民出版社,1974年,第251页。
② 刘薇:《铸魂育人:高校思想政治教育史》,南京大学出版社,2016年,第314页。

化大学生的社会主义核心价值体系认同。它有助于进一步巩固我国的意识形态,引领社会主义核心价值以及促进社会和谐稳定发展。

第六章　"纲要"课政治认同功能实践中的教学要素

　　"纲要"课政治认同功能的实现,就是将"纲要"课原本的教学内容重置于"历史记忆"的理论框架之下,通过建构历史记忆形塑大学生的政治认同,最终实现促进社会政治稳定与政治发展的政治认同功能。这一过程必须依托对"纲要"课进行有目的的、全面性的教学改革才能实现。"纲要"课是实现政治认同功能的基础和载体,从本质上看,"纲要"课政治认同功能实现的过程,就是对"纲要"课教育教学进行全面改造的过程。一般认为,教学主体、教学客体、教学介体和教学环体是构成思想政治教育过程的基本要素。其中,教学主体主要是指思政课教师,在教学活动中发挥主导作用;教学客体是作为教学对象的学生,在教学活动中处于主体地位;教学介体是为实现思政课教育教学目标而采取的教学艺术、手段、方法和路径等;教学环体是开展思政课教学的客观环境。思想政治教育过程四要素影响着思想政治理论课教学过程的展开以及教学目标的实现。在对"纲要"课进行教学改造以发挥其政治认同功能的过程中,教学主体、教学客体、教学环体和教学介体同样发挥着作用,它们通过作用于"纲要"课的教学过程而直接影响着历史记忆的选择与建构,进而影响着"纲要"课政治认同功能的实现程度。本章内容以高校思想政治理论课教育教学理论为基础,深入分析教学主体、教学客体、教学介体和教学环体思想政治教育过程的四要素在实现"纲要"课政治认同功能过程中的影响和作用,为之后全面改造"纲要"课的教学实践提供科学的理论支持。

一、教师主导：把握政治认同的核心目标

充分发挥思政课教师在教育教学中的主导作用,是新时代提升高校思政课教育教学效果的关键。习近平多次强调:"办好思想政治理论课关键在教师,关键在发挥教师的积极性、主动性、创造性。"[①]教师在思政课教学中发挥着统领全局的作用,是思政课教学的发动者、组织者和实施者,履行着贯彻教学目的、把握教学方向、选择教学内容、调适教学过程和预期教学效果等职能。在教学活动中,思政课教师扮演着"主动的输出者"的角色,致力于将马克思主义的信仰、中国特色社会主义的信念以及中华民族伟大复兴的信心灌输于学生的头脑之中,这一教学过程和教学目标必须在思政课教师的主导下才能完成和实现。以"纲要"课为载体建构历史记忆,同样要充分发挥"纲要"课教师的主导作用。"纲要"课教师作为历史记忆的叙述者、建构方式的选择者、记忆情景的营造者以及身体实践的组织者,全面掌控"纲要"课建构历史记忆的过程,牢牢把握"纲要"课形塑大学生政治认同的核心目标。

(一)历史记忆的叙述者:确保正确政治方向

"纲要"课作为思想政治理论课,承担着对大学生进行系统的马克思主义理论教育、国史国情教育的重要任务,具有极其鲜明的意识形态色彩。"纲

---

① 《习近平主持召开学校思想政治理论课教师座谈会强调:用新时代中国特色社会主义思想铸魂育人 贯彻党的教育方针落实立德树人根本任务》,《人民日报》,2019年3月19日。

要"课教师对于教育教学的主导作用,首先就体现在必须站稳政治立场,始终确保教育教学保持着正确的政治方向。无论"纲要"课的教学内容、教学形式等如何改革创新,都坚决不能偏离这个正确的政治方向。如前所述,在当代中国语境下,"纲要"课所要形塑的是大学生的"中国特色社会主义政治认同",而不是其他任何政治属性的"政治认同",它主要包括对中华人民共和国、中国共产党以及对中国特色社会主义政治价值观念等的认同。"中国特色社会主义政治认同"既是"纲要"课形塑政治认同的主要内容,也决定了"纲要"课形塑政治认同的政治方向。因此,在"纲要"课建构历史记忆、塑造大学生政治认同的过程中,"纲要"课教师主导作用的发挥,就是要严格把控"纲要"课建构历史记忆、塑造政治认同的正确政治方向,保证"纲要"课的政治认同功能始终为巩固马克思主义的指导地位服务、为维护中国社会主义制度与中国共产党的执政地位服务、为国家社会政治稳定发展服务。

历史记忆建构于历史事实的基础之上,"纲要"课教师承担着讲清历史内容的基本职能,因此,以"纲要"课为载体建构历史记忆,"纲要"课教师是作为"历史记忆的叙述者"的身份而出现的。以教材作为基本遵循,"纲要"教师通过主导历史记忆的建构过程而保证历史记忆的正确政治方向。

一是保证历史记忆具有鲜明正确的政治立场。历史记忆不等同于客观的历史事实,它是为实现特定的政治目标而对客观的历史事实进行的剪辑与重构,是人们按照一定的政治需要进行主观建构的结果,这就直接决定了历史记忆具有鲜明的政治性特征。"纲要"课教师主导建构的历史记忆,必须坚持正确的政治立场,这既是由"纲要"课作为思政课的课程性质所决定的,也是其发挥塑造大学生"中国特色社会主义政治认同"价值功能的基本要求。历史记忆的主观建构性,使得不同的群体组织可以对同一历史事实选择建构不同的历史记忆,以实现不同的政治目的。比如,同样对于中日战争,我们从中华民族独立和解放的政治立场将其建构为反抗外国侵略的"神圣的民族战争"的历史记忆,而日本国内许多政治势力则对侵略战争大肆美化,试图建构其作为战争"受害国"的历史记忆。"纲要"课教师作为"历史记忆的叙述者",其叙述的立场和方式直接影响甚至决定着历史记忆的政治立场。因此,在历史记忆的建构过程中,"纲要"课教师首要的作用就是要在各种复杂的政治思潮的影响和冲击下站稳正确的政治立场,以坚定的政治信仰和扎实的政治理论保证历史记忆建构的正确政治方向,始终指向塑造大学生的"中国特色社会主义政治认同"这一核心政治目标。

此外,塑造大学生的"中国特色社会主义政治认同",是"纲要"课实现其政治认同功能的整体性目标,要实现这一整体目标,在实践操作中,还需要将其拆解为若干个具体的政治认同目标加以塑造。"纲要"课教师保证历史记忆的正确政治方向,还体现在必须紧紧围绕每一个具体的政治认同目标来进行历史记忆的建构,保证选择的建构资源以及呈现方式紧扣政治认同的主题。以预期实现的具体的政治认同目标为中心,选择哪些资源作为历史记忆的建构"素材"而保留,同时选择放弃哪些"共同的过往"而将其暂时安置于"遗忘之地"。既不能对历史事实进行随意的裁剪,也不能使历史记忆游离于政治认同的主题之外,从而削弱历史记忆对政治认同的塑造作用,弱化历史记忆塑造政治认同的价值功能。

二是保证历史记忆的中华民族叙事视角。历史记忆根植于特定的文化传统和社会实践,由于每个国家、每个民族的历史文化传统不同、具体国情不同以及发展道路不同,不同国家、民族对于同一段历史建构的历史记忆会存在差异。"纲要"课教师作为"历史记忆的叙述者",能够通过把握历史记忆的叙事视角,保证历史记忆正确的政治方向,即从中华民族的叙事视角出发,组织和建构历史记忆。近年来,西方国家时常借助"整体史观"的名义在"全球史"的旗帜下以西方资本主义发展为中心来书写世界历史,这种做法将中国等一批发展中国家置于"西方文明"的边缘,无形中弱化了中华民族在世界发展中的地位和作用,不利于中华民族历史自信和文化自信的树立。"纲要"课教师能够在建构历史记忆的过程中突出中华民族的叙事立场,立足中国的国情实际,强化大学生的中华民族共同体意识。同时,"纲要"课教师还可以通过有意识地不断再现中华民族优秀的历史文化和国家建设的辉煌成就,展示新时代全新的中国形象,持续巩固大学生的民族自尊心和民族自信心,抵制西方国家以"全球史观"的名义对中国政治思想领域进行的隐性渗透,维护中国的意识形态安全。

三是保证以马克思主义的历史观建构历史记忆。建构历史记忆需要以一定的历史观作为指导。历史记忆的建构者运用什么样的历史观,直接决定着历史记忆的立场和观点,影响着政治认同的内容和方向。"纲要"课塑造大学生的"中国特色社会主义政治认同","纲要"课教师能够保证在马克思主义的意识形态之下,以马克思主义为指导,运用唯物主义的历史观建构历史记忆,塑造政治认同。一方面,在引导大学生建构历史记忆的过程中,"纲要"课教师能够主动地辨别和抵制以唯心主义历史观为代表的非科学的历史观,及时发现并纠正大学生历史观方面出现的偏差,帮助他们学会运用马克思主义唯物史观分析历史现象,重新回归马克思主义唯物史观的正确轨道,建构马克思主义意识形态的历史记忆;另一方面,"纲要"课教师也能够在以马克思主义唯物史观为主导的前提下,参考运用现代化史观、文明史观、全球史观以及社会史观等多种历史观,从不同维度解读中国近现代史,并引导大学生多视角地建构历史记忆,以最大程度地实现"纲要"课塑造政治认同的目标,发挥"纲要"课政治认同的功能。

(二)建构方式的选择者:强化历史记忆建构效果

选择什么样的方式来建构历史记忆是一个至关重要的问题。因为建构方式直接影响着历史记忆的建构效果及其对政治认同的塑造作用。在一定的政治立场和建构内容下,恰当的建构方式能够在很大程度上强化历史记忆,提升其对政治认同的塑造作用;相反,如果建构方式选取不当,则会削弱历史记忆对政治认同的塑造功能,甚至无法塑造政治认同。选择什么样的方式建构历史记忆,并没有统一的判定标准,它需要根据具体的建构目标、建构内容和建构对象进行具体分析而确定。从这个角度来说,历史记忆的建构方式具有明显的主观性,历史记忆的建构者在其中发挥着主导性甚至是决定性的作用。在"纲要"课的教学活动中,教师是历史记忆建构方式的选择者和决定者,他/她需要综合考虑政治认同的目标、历史记忆的内容以及呈现的方式和手段等多重因素,最终选取最适当的方式来完成历史记忆的建构,以使其最大程度地发挥塑造大学生政治认同的功能。

第一,"纲要"课教师能够选择恰当的素材建构历史记忆。历史事实是历史记忆的建构基础,"纲要"课教材以及与之相关的拓展性教学内容,为"纲要"课历史记忆的建构提供了庞大的"素材库"。不同的"素材"建构历史记忆的效果不一样,相同的"素材"在不同的"组合"之下,建构的历史记忆又有所不同。具体选取哪些"素材"作为历史记忆的建构"材料",要依据政治认同的具体目标而定。"纲要"课教师能够保证以政治认同的目标为中心,同时充分考虑学生的知识背景和认知习惯,在浩瀚的历史宝库中选取恰当的历史"素材"。一是能够保证历史"素材"的政治性,即确保它与政治认同的目标、内容以及立场、方向高度一致,紧密贴合政治认同的塑造需求;二是能够保证历史"素材"的典型性,无论是历史符号还是历史人物、历史事件和历史现象,都必须典型地反映出历史记忆的核心内容,"纲要"课教师通过选取典型的教学案例等教学资源,能够有效保证历史记忆塑造政治认同的针对性和说服力;三是能够保证历史"素材"的真实性,历史记忆的"素材"必须真实可靠的,缺乏可靠性或难以印证的历史材料不能作为建构历史记忆的"素材"使用,它会在很大程度上削弱历史记忆的建构基础,进而弱化政治认同的实现程度。"纲要"教师扎实的史学功底和较高的专业素养,能够有效辨别历史资料的真伪,从而保证历史"素材"的真实可靠性。总之,"纲要"课教师具备分析记忆"素材"与历史记忆、政治认同之间内在关系的能力,熟悉"纲要"课的教学内容、明晰"纲要"课的教学目标。因此,能够通过对"纲要"课教材和教学内容的融会贯通,选取最恰当的历史"素材",以最优化的组合方式建构历史记忆,增强"纲要"课形塑大学生政治认同的实际效果。

第二,"纲要"课教师能够选择适当的形态承载历史记忆。如前所述,"纲要"课承载历史记忆的基本形态包括符号记忆、情节记忆和价值记忆,分别对应着政治认同的三个层次——自然认同、强化认同和理解认同。选择什么样的形态来承载历史记忆,取决于政治认同层次和目标的需求。不同的历史记忆承载形态塑造政治认同的方式和程度也是不同的,在实际的教学过程中,"纲要"课教师能够综合运用多种形态来承载和建构历史记忆,较好地实现政治认同的具体目标。比如,要建构对甲午战争的历史记忆,中日双方对于战争的文字记录是最直接地再现战争情形的历史符号,学生通过分析和阅读,即能够建立对甲午战争的历史认知;通过塑造北洋海军的人物群像、讲述北洋舰队"与舰同沉"的悲壮历史情节,能够建构学生的情节记忆,很自然地唤起学生的爱国主义情感;而透过甲午战败、《马关条约》签订之后中华民族普遍觉醒的历史现象,则能够让学生形成"中华民族自强不息"的价值记忆。由此可见,同样是建构对甲午战争的历史记忆,"纲要"课教师既可以通过多种历史记忆承载形态的综合运用建构整体性的历史记忆,也可以选择其中的一种或两种建构甲午战争的某一历史侧面,以形成不同层级的政治认同。总之,"纲要"课教师对历史记忆建构方式和政治认同具体目标的全面把握,决定了选择何种历史记忆的承载形态来塑造政治认同,也在一定程度上决定了政治认同的塑造效果和实现程度。

第三,"纲要"课教师能够通过适当的手段再现历史记忆。通过什么样的手段再现历史记忆,本质上体现的是"纲要"课的教学方式、教学途径和教学载体。不同的教学手段再现历史记忆的方式各有优长,例如,通过文本资料呈现的历史记忆往往具有较强的真实性和直观性;以影像资料再现的历史记忆一般具有很强的生动性和震撼力;以网络载体再现的历史记忆具有参与性强、传播度高和碎片化的特点;而实践载体则能够通过沉浸式的切身体验唤起参与者的情感共鸣,进而促进历史记忆的建构。"纲要"课教师作为历史记忆"建构方式的选择者",能够选择适当的手段、途径和载体再现历史记忆,既围绕"纲要"课形塑政治认同的目标,也能够充分考虑当代大学生的认知特点和学习习惯。同时,"纲要"课教师还能够积极发挥主观能动性,不断开发和创新大学生接受度较高的再现手段和传承载体,促进和提升历史记忆的建构效果以及政治认同的塑造效果。

(三)记忆情境的营造者:唤起大学生的情感共鸣

无论是历史记忆的建构,还是政治认同的塑造,都离不开情感的参与。历史记忆的唤起需要共同的情感联结,而政治认同本身就蕴含着情感属性。因此,唤起大学生的情感共鸣是建构历史记忆、形塑政治认同的重要环节。情感的唤起依赖于情境的创造,不同的记忆情景能够带给人们不同的情感体验,从而对历史记忆和政治认同产生不同程度的影响。"纲要"课教师是历史记忆情景的营造者,他们能够通过一定的教学手段、教学方式和教学载体营造历史记忆的情境,在"纲要"课堂内,为大学生打造一个情感体验的物理空间。这个情感体验的物理空间短暂地"脱离"于大学生当下的现实生活,使他们暂时置身在中国近现代历史发展的时空维度之中。"纲要"课教师或通过符号唤起,或通过情节渲染,或通过气氛营造,使大学生在这个历史记忆的情境中切身感受历史发展的跌宕起伏,亲身体验先辈们的过往和经历,形成共同的历史情感和价值共识,为历史记忆的建构和政治认同的生成提供情感基础和思想基础。

作为"记忆情境的营造者","纲要"课教师全面把握营造历史记忆情境、唤起大学生情感共鸣的"度"。中国近现代史是一部"悲情"与"豪情"不断交织、起伏的历史。在西方列强的残暴侵略下,中华民族遭受了空前深重的民族灾难,带给中国人民无比伤痛的情感体验;同时,在民族觉醒之后的抗争、奋斗与探索中,又充满了中华民族实现独立、快速崛起的自豪之情。在营造历史记忆情境的过程中,"纲要"课教师能够把握好"悲伤之情"与"自豪之情"的尺度,调整好二者之间的合力与张力。一方面,"纲要"课教师在创设悲伤情境、建构苦难记忆时,能够避免对悲伤情绪的过度渲染。呈现中华民族曾经遭受的屈辱与苦难,目的在于激发大学生知耻而后勇的决心和勇气,以及为国家和民族而英勇奋斗的强烈情感,自觉承担起实现中华民族伟大复兴的历史责任。但如果造成创伤记忆的过度强化,则有可能会让学生看不到中华民族摆脱困境、创造未来的光明前景,从而对他们的民族自尊心和自信心造成消极影响。另一方面,"纲要"课教师在创设自豪情境、建构辉煌记忆时,也能够主动遵循适度原则。再现中华民族辉煌的历史过往,目的在于激发大学生对国家和民族的热爱之情,建立他们对国家、民族未来发展的信心和信念。但如果过于强化"过去的辉煌",则有可能让大学生沉浸于辉煌的历史记忆而忽视当下的现实社会,不利于对当前中国特色社会主义政治认同的塑造。总之,"纲要"课教师通过掌握"悲情"与"豪情"之间的平衡,全面建构中华民族不屈不挠、战胜苦难与创建辉煌的历史记忆,最大程度地唤起大学生的情感共鸣,为政治认同的塑造注入源源不断的情感能量。

（四）身体实践的组织者:塑造深度的政治认同

身体实践是建构历史记忆、形塑政治认同的重要方式。实践既是建构和深化历史记忆的重要手段,也是政治认同的最终指向。在"纲要"课的教学体系之中,实践教学亦是极其重要的组成部分。它是对课堂理论教学的延伸和拓展,与课堂理论教学形成优势互补,发挥着反哺和深化课堂理论教学的作用。"纲要"课的实践教学部分为建构历史记忆提供了实践载体,"纲要"课教师是实践教学和一系列实践活动的组织者。从组织策划到过程把控,再到实践效果的检验和深化,"纲要"课教师主导着整个实践活动的过程。

首先,"纲要"课教师是实践活动的组织策划者。实践教学是一个有组织、有目的的教学活动,无论是依托于教育实践基地开展的现场实践教学,还是通过各种政治仪式有意识地建构大学生的历史记忆,都必须在"纲要"课教师的理论指引和目标设定下才能实现。历史记忆作为集体记忆,它与个人记忆的显著不同在于它不是个体自然生成的。历史记忆的建构需要一定的历史观的指导,也需要基本的历史认知,"纲要"课教师能够在实践活动开展之前帮助学生学会以正确的历史观分析和看待历史问题,并完成基本历史知识的讲授,这是保证实践活动有效性的基本前提。同时,"纲要"课教师还能够为实践活动设定明确的主题和目标,即明确"通过什么活动、建构什么记忆、塑造什么认同?"并依此设计实践活动的内容和流程,避免学生漫无目的地参与实践活动,弱化实践活动建构历史记忆、塑造政治认同的价值功能。任何理论指引不到位或目标确立不清晰的实践活动,都只能作为一般的课外活动而存在,不能成为建构历史记忆、塑造政治认同的实践载体。

其次,"纲要"课教师是实践活动的过程控制者。实践活动的过程是实践活动的核心,最终是否能够达成预期的实践教育效果,过程控制是关键环节。历史记忆的建构是多重因素共同作用的结果,无论是参观名人旧居、历史建筑和场馆,还是参与各种政治仪式和纪念活动,都需要历史氛围的营造、历史情节的再现、历史意义的阐释和历史情感的唤起。"纲要"课教师控制实践活动的过程,有助于保证在实践活动的过程中,每一因素、每一环节都能够得以体现并发挥建构历史记忆的作用。同时,还能够有效保证实践活动始终聚焦于政治认同的目标,使实践活动的一切流程都为实现具体的政治认同的目标服务。总之,"纲要"课教师通过对实践活动过程的把控确保其能够切实发挥建构历史记忆、塑造政治认同的作用,避免实践活动流于形式或偏离目标。

最后,"纲要"课教师是实践效果的最终检验者。实践活动是否发挥以及在何种程度上发挥了建构历史记忆、塑造和深化大学生政治认同的作用,体现着实践活动的效果。"纲要"课教师是实践效果的最终检验者,他们/她们能够通过多种方式检验实践教学的效果。例如,可以通过实践报告以及开展形式多样的交流研讨活动,检查学生在实践活动中的收获和成果,观察历史记忆的生成情况以及学生的政治思想状况,及时发现问题并进行针对性的引导。同时,"纲要"课教师也能够通对实践活动的总结和反思,提炼一些有益的经验和好的做法,不断改进和创新历史记忆的建构方式,提升历史记忆的建构效果,更好地塑造大学生的政治认同。

二、学生主体:调动政治认同的积极主动性

习近平在全国学校思想政治理论课教师座谈会上指出:"思政课教学离不开教师的主导,同时要加大对学生的认知规律和接受特点的研究,发挥学生主体性作用。"[①]"纲要"课教学必须坚持主导性和主体性相统一,在发挥教师主导作用的同时,也要充分尊重学生的主体地位,调动学生学习的积极性和主动性。学生是"纲要"课的教学对象,也是政治认同的主体,无论是要提升"纲要"课的教学效果,还是建构历史记忆、形塑政治认同,都离不开学生

---

① 《习近平主持召开学校思想政治理论课教师座谈会强调:用新时代中国特色社会主义思想铸魂育人 贯彻党的教育方针落实立德树人根本任务》,《人民日报》,2019年3月19日。

的积极参与和主观能动性的发挥。在马克思主义看来,人和动物的根本区别即在于人能够有目的有意识地认识世界和改造世界,"动物只是按照它所属的那个种的尺度和需要来构造,而人却懂得按照任何一个种的尺度来进行生产,并且懂得处处都把固有的尺度运用于对象"[①]。人类所特有的主观能动性决定了学生对于"纲要"课的教学内容并不是无目的、无意识地全盘接受,而是在深入思考和辨别的基础上选择性地接受,只有那些经过思考和辨别而被接受的内容才能够被学生所肯定和认同,才有可能内化为信仰和价值,外化为行为和实践。因此,要发挥"纲要"课的政治认同功能,就必须激发学生的主观能动性,使他们主动参与、深度思考,充分发挥主体性作用。大体看来,学生的主体作用在"纲要"课建构历史记忆、提升政治认同的过程中表现在如下四个方面:

(一)"主体觉醒"有效提升建构主体的积极性

"纲要"课所要建构的是"学生的历史记忆",所要塑造的是"学生的政治认同",学生思想意识上的"主体觉醒",就是让学生意识到自己是"纲要"课教学活动的主体,是建构历史记忆和塑造政治认同的主体。这种思想意识和学习观念上的认识和转变,能够极大地提升学生建构历史记忆的积极性和主动性。尽管"纲要"课教师在课堂上发挥着主导作用,但并不等同于教师"主宰"和控制着课堂的一切。学生思想意识上的"主体觉醒",是"以学生为本,尊重学生、方便学生、发展学生"的"以学生为中心"教学理念的具体体现,能够使学生充分认识到自己在"纲要"课堂上的地位和作用,积极主动地将"教师的课堂"转变为"教师和学生共同的课堂",也就是我们所强调的"教师主导与学生主体相统一"的课堂。在这样的课堂教学中,教师的主导作用

---

① 《马克思恩格斯文集》(第一卷),人民出版社,2009年,第163页。

体现为给予学生必要指导和帮助,"譬如走路,教师指点一下,或者在前边
走,路还是要学生自己走。……要在学生走不通的时候,才给他们扼要点
明"①。也就是说,无论是历史记忆的建构还是政治认同的塑造,最终都要依
靠学生自身主观能动性的积极发挥。从这个角度来看,"纲要"课堂上的"主
体觉醒",能够让学生从内心深处将"要我建构""要我认同"转变为"我要建
构""我要认同",在思想意识上实现"我不得不记忆""我不得不认同"到"我
愿意记忆""我愿意认同"的转变。思想理念是行为实践的先导,学生主体意
识的觉醒是其发挥主体作用的思想前提,对于促进历史记忆的建构具有重
要意义。它能够让学生从内心深处认定自己作为"学习的主人"的身份,这
种主观意识和身份认定能够成为学生积极主动地建构历史记忆、塑造政治
认同的长久驱动力。同时,在教师让渡教学空间,给予学生更多自我发挥、
自主学习、自觉建构以及自动认同的机会时,学生会积极反应、主动配合,而
不是消极对待或漫无目的地放纵自我。体现在"纲要"课的教学活动中,在
坚持教师主导作用的前提下,学生"主体意识"唤起的程度越高,主体作用发
挥得越好,历史记忆的建构效果以及"纲要"课政治认同功能的实现程度也
会随之提升。

(二)解决政治困惑强化历史记忆建构的针对性

在实际的教学活动中,学生主体地位的重要体现之一是坚持一切从学
生出发的教学原则。教学活动的起点在于了解学生的思想状态,从而有针
对性地解决他们的思想困惑和认识误区。在当前时代背景下,多元文化的
冲击、社会巨变的挑战、网络媒体的兴起,以及西方国家以各种手段对我国
意识形态的"和平演变",都使得大学生的政治思想状况异常复杂。以深入

---

① 刘国正:《叶圣陶教育文集》(第3卷),人民教育出版社,1994年,第193页。

了解作为教学对象和认同主体的大学生的政治思想状况为基本前提,以他们的所思所想、所困所惑作为开展教育教学、建构历史记忆的基本出发点,能够有效强化大学生历史记忆建构的针对性,从而提升"纲要"课塑造大学生政治认同的实效性。

"纲要"课以建构历史记忆的方式塑造大学生的政治认同,那就决定了其以解决大学生的政治思想问题为目标,通过有针对性地构建历史记忆,帮助大学生形成正确、统一的政治认识和政治观念,养成科学、积极的政治行为。在这样一个教学框架中,"纲要"课教师能够根据不同的政治思想问题,充分考虑当前条件下影响政治认同的主要因素,同时联系学生日常学习、生活的实际,通过多种方式和途径有目的、有意识地建构历史记忆,塑造和巩固大学生的政治认同。比如说,有些学生通过对我国与西方国家现阶段经济发展水平的横向对比得出结论,认为我国的社会主义制度不如西方资本主义制度优越,进而对中国特色社会主义制度产生思想动摇。针对这种状况,"纲要"课教师能够通过构建中国特色社会主义制度建立以来中国社会主义建设伟大成就的历史记忆来证明我国社会主义制度的优越性,同时通过纵向比较来说明中国社会主义制度对中国社会发展所起到的保障作用,以此来推进大学生对中国特色社会主义的认同。再比如,有些学生在某些"抗日神剧"、不实网络言论的消极影响下,对中国共产党在抗日战争中的中流砥柱地位产生怀疑,"纲要"课教师能够有针对性地通过建构抗日战争中中国共产党的形象、呈现中国共产党英勇抗日的历史情节等方式,突出中国共产党在抗日战争中的作用和贡献,帮助大学生建构抗日战争的历史记忆,巩固他们对中国共产党的政治认同。所谓"一把钥匙开一把锁",解决不同的政治思想问题,要建构不同的历史记忆。尊重学生的主体地位,从学生的思想实际出发,能够保证历史记忆建构的针对性和有效性,提升"纲要"课形塑大学生政治认同的实际效果。

(三)调动参与热情增强政治认同的塑造效果

历史记忆的建构尽管以历史认知为基础,却不是仅仅通过简单的历史知识的传递就能够实现的,它实质上是一个"记忆再加工"和"记忆再生产"的过程,依赖于学生对其进行的分析辨别和选择建构。同样,政治认同也不是自然生成的,它是学生主动思维的结果。学生的主动参与和对话交流,是形塑政治认同的必要条件。从政治认同的关系构成来看,理解认同是政治认同的最高层次,是政治认同最终得以实现的标志。理解认同是认同主体之间的"求同存异"和"视域融合",它必须以共同体成员的双向互动和对话交流作为实现的条件。可见,历史记忆的建构和政治认同的生成都需要学生的双向交流与互动协作。充分发挥学生的主体作用,全面激发学生的课堂参与热情,营造积极向上、轻松活跃的课堂氛围,能够有效地增强学生之间互动交流的积极性和主动性,从而助力理解认同的达成,实现"纲要"课塑造大学生政治认同的最终目标。

首先,学生的课堂参与热情有助于价值记忆的生成。价值记忆指向理解认同,是理解认同得以形成的前提和基础。价值记忆建构于符号记忆和情节记忆之上,是对历史符号、历史人物、历史事件和历史现象的价值判断和是非评价。价值记忆作为历史记忆的理性阶段,是对事物本质的认识。然而价值记忆并不能自然而然地形成,它需要以记忆主体之间的互动交流作为实现的必要条件。在"纲要"课的教学活动中,学生广泛地参与课堂教学,能够促使他们在充分的对话交流中主动思维,在研讨互动中加深对历史符号、历史人物和历史事件的理解和认识,认清历史现象的本质,得出正确的历史结论,最终实现感性认识向理性认识的飞跃,达到历史记忆的最高层级价值记忆,为形塑理解认同提供前提和基础。

其次,学生的课堂参与热情有助于历史思维的形成。以历史记忆塑造政治认同,离不开历史思维的引领。从历史认知到历史思维,需要有效的连接方式。学生广泛地参与"纲要"课教学,意味着学生主体意识的觉醒以及其自主学习和主动思考的积极性获得提升,不断地发现、质疑与探究,有助于学生从历史认知到历史思维的转变。同时,学生的积极参与和对话交流往往是以某一预先设置的历史问题为主题而展开的,这种"以问题解决"为导向的"纲要"课教学,能够强化课堂教学的针对性,促进学生的思维聚焦与理论整合,养成正确的历史思维,帮助他们更加透彻地理解中国近现代历史发展的客观规律和内在逻辑,更加科学、全面地认识和看待中国近现代以来的各种政治现象及其本质,从而巩固和深化他们对于中国特色社会主义的政治认同。

最后,学生的课堂参与热情有助于政治行为的塑造。学生的课堂参与热情不仅体现于对"纲要"课堂内理论教学的参与度,也体现于对"纲要"课堂外实践教学的积极参与。社会是塑造政治认同的"大课堂",形式多样的实践体验课能够全面激发大学生参与实践的积极性和主动性。在学生的广泛参与下,"纲要"课结合重大理论问题、政治问题及社会问题组织开展的课外实践教学,能够及时关注和回应学生关心的社会焦点、热点问题,这种理论认知与行为实践有机融合的教学方式,能够极大地加深学生对于课堂理论教学的认识和理解,实现从历史认知向历史认同的转化,从政治理论到政治实践的转化,从知识体系到信仰体系的转化。这种转化有助于促进价值记忆的内化,并使其发挥指导政治行为的积极作用,实现价值记忆向理解认同的转变。

(四)以学生为中心拓展政治认同的时空场域

建构大学生的历史记忆,不能仅仅局限于"纲要"课有限的课内空间。大学生是生活在社会中的人,尊重大学生的主体地位,发挥大学生的主体作用,根本上是要从大学生作为"人"的本质出发,将"纲要"课有限的教学空间不断向外拓展,建构生活化、网络化和社会化的历史记忆空间。这种多层面的历史记忆空间能够拓展大学生政治认同的时空场域,有助于立体化、多维度地塑造大学生的政治认同。

第一,生活化的历史记忆空间增强历史记忆的亲和力和吸引力。大学生首先是"生活中的人",建构大学生的历史记忆,离不开生活维度。运用生活化的语言和方式对贴近大学生现实生活、与大学生现实生活紧密相关的历史"素材"进行解读和呈现,无疑能够极大地增强历史记忆的亲和力和吸引力。同时,大学生日常活动的校园是建构历史记忆的"生活圈",能够为大学生提供有利于历史记忆建构的物质文化环境。第二,网络化的历史记忆空间扩大历史记忆的参与度和影响力。除了大学生日常生活、学习的校园场所外,网络已经成为大学生群体最为活跃的空间场域。大学生作为"网络人"的身份特性,有助于发挥"网络场"在建构历史记忆、形塑政治认同方面的积极作用。大学生愿意积极主动地进入网络化的历史记忆空间当中,能够扩大历史记忆建构的参与度和影响力。第三,社会化的历史记忆空间深化大学生的历史认知。大学生作为"社会人"而存在,社会资源的广泛参与为大学生提供了体验社会的良好契机,能够促使大学生在社会实践中深化历史认知,塑造政治认同。总之,以学生为中心,从大学生生活、学习的实际出发,通过多样化的历史记忆建构方式拓展历史记忆的建构空间,能够有效提升历史记忆的建构效果。而多维度的历史记忆建构,有助于打造立体多元的政治认同时空场域,为促进大学生政治认同的生成与深化创造积极有益的主客观环境。

三、介体承载：架设历史记忆到政治认同的转化桥梁

在思想政治教育的系统中，介体连接着教育的主体和客体，在实质上发挥着上"承"教育要求，下"启"受教育者的作用。以历史记忆塑造政治认同，其过程中间也需要这样一个介体，作为历史记忆到政治认同的转化桥梁。在"纲要"课的教学实践中，仅仅建构历史记忆，并不能让学生自然地形成政治认同。同样，"纲要"课本身虽然具有塑造大学生政治认同的功能，但缺少历史记忆的建构与支撑，"纲要"课的政治认同功能也难以充分发挥。历史记忆与政治认同之间，必须通过一定的方法、手段、途径和载体等实现有效的连接，而这些连接历史记忆与政治认同的方法、手段、途径和载体，就是促使"纲要"课发挥政治认同功能、实现历史记忆向政治认同转化的"桥梁"——介体。作为认同主体的大学生，不仅需要通过一定的介体来认知历史、理解历史，并在此基础上选择和建构历史记忆，更需要在介体的作用下建立历史记忆向政治认同的连接，完成历史记忆向政治认同的转化。如果缺少介体的作用，大学生不但无从感知历史、建构历史记忆，更无从建立历史记忆与政治认同之间的通道，也就无法将历史记忆与政治认同进行有效的连接，自然也就难以达成形塑政治认同的目标。介体在促进历史记忆向政治认同转化的过程中大体发挥着关联承载、导向渗透以及交叉强化的重要作用。

（一）关联承载：全面承载政治认同的任务和目标

在促进历史记忆向政治认同转化的过程中，介体首先发挥着关联承载的作用。介体承载着建构历史记忆、塑造政治认同的诸要素，如历史记忆的建构者、建构的内容以及政治认同的主体、客体、内容和目标等，并且体现为

这些要素之间相互作用的形式。当这些要素相互之间不发生联系和作用，而是作为独立的个体而存在时，无论是历史记忆的建构还是政治认同的塑造，这些活动都不会发生。比如，大学生作为政治认同的主体，中国特色社会主义制度作为认同的客体(认同内容)，二者之间独立地存在，并不能形成有效的联系，即大学生不能自然地形成对中国特色社会主义制度的认同。必须通过诸如对比中国特色社会主义制度建立前后中国社会的发展状态、展示社会主义建设的辉煌成就以及亲身参与社会实践等方式和手段，才能够使大学生形成对中国特色社会主义制度的认同之感。也就是说，只有当诸要素之间在"纲要"课的教学系统中，按照一定的逻辑和规则发生了相互的联系和作用时，历史记忆的建构和政治认同的塑造才有可能实现。介体就是承载和连接"纲要"课诸教学要素，也就是从历史记忆到政治认同转化过程诸要素的桥梁和纽带。

同时，认同介体体现着"纲要"课的教育教学意图，承载着"纲要"课塑造政治认同的目标和任务，具有极其鲜明的价值取向。比如，历史建筑物、名人故居以及各种重要的历史场馆，本身是承载历史记忆的重要实物符号，当学生进入这些场地进行参观游览时，必须进行有目的、有意识地主题讲解或开展现场教学，充分揭示这些历史场馆以及其中展陈的各种历史实物所蕴含的历史意义、价值精神和历史情感。只有这种自始至终都承载着"纲要"课的教学意图和历史记忆的建构目标、政治认同的塑造目标的参观游览活动，才能够作为"纲要"课的实践载体、实践路径而被称为认同介体。一旦离开了这种目标和任务，那么游览活动只能沦为一般的参观游览，它不能作为建构历史记忆、塑造政治认同的介体而存在，也达不到促进历史记忆向政治认同转化的价值功能。事实上，近年来，"纲要"课的教学方式、手段、载体和途径等越来越丰富多样，但是在实际的教学实践中，在不同程度上存在着偏离或脱离教学目标、教学内容的现象，课堂的"热闹"程度与教学效果呈现出反比例的状态。在以历史记忆形塑政治认同的过程中,"纲要"课教师以承载和实现历史记忆的建构目标和政治认同的塑造目标作为开发和运用认同介体的标准和依据,指向塑造大学生的中国特色社会主义政治认同这一最终目标,保持认同介体与认同目标之间的协调一致性。以此开发和设计形式多样的认同介体,能够极大地提升历史记忆的建构效果和政治认同的塑造效果。

(二)导向渗透:促进历史记忆向政治认同的转化

介体承载着政治认同的目标和任务,而最终要实现政治认同的目标和任务,还需要落实到对政治认同具体过程和具体内容的承载上。介体通过对政治认同过程和内容的承载发挥导向教化和渗透转化的作用。

介体的导向教化作用表现为,在"纲要"课的教学过程中,介体直接地承载着"纲要"课的教学信息,大张旗鼓地建构历史记忆,表达政治认同的内容和目的,旗帜鲜明地引导大学生塑造中国特色社会主义国家认同、执政党认同和政治价值观认同。介体的导向教化作用属于显性思想政治教育范畴。比如,在"纲要"课堂上通过课堂理论讲授、文字符号解读、人物形象塑造以及历史情节再现等方式来形塑大学生的政治认同,或是通过邀请重要历史事件的亲历者、重要历史人物的后代以及相关领域的专家、学者为大学生进行主题鲜明的报告、讲座等活动,再现历史情节,分析历史现象,并揭示其背后隐藏的历史意义和历史价值,以此来引导大学生的政治思想,规范大学生的政治行为,等等。这些建构历史记忆、塑造大学生政治认同的方式和途径,都发挥了介体的导向教化作用。

介体的渗透转化作用则表现为,介体将其所承载的"纲要"课的教学内容隐蔽于各种形式的活动之中,通过学生的共同参与和耳濡目染,在潜移默化中接受和认同介体所承载的教学信息、建构的历史记忆以及各种政治理论和思想观点等,并经过特定的转化、内化作用实现对大学生政治观点、政治思想以及政治行为等的塑造和养成。比如,通过组织拍摄小视频等活动方式,引导大学生感受新时代中国特色社会主义新风貌,巩固大学生对于中国特色社会主义的信心和认同;通过在各种传统节日、各种纪念日组织开展庆祝活动,引导大学生在参与中感受中华优秀传统文化、革命文化和社会主义先进文化,塑造大学生的文化自信和文化认同,为建立牢固的中华民族共同体意识提供心理归属和情感基础;通过优秀的影视资源弘扬民族精神、展现时代风貌,在无形中激发大学生的爱国主义情感,培养他们为实现中华民族伟大复兴而努力奋斗的历史责任感。这些途径和载体都以"润物细无声"的隐性方式发挥着认同介体的作用,在潜移默化中引导大学生建构历史记忆,并将政治思想、政治理论以及政治价值等默默浸润于大学生的心灵和头脑之中,最终转化、内化为大学生的政治自觉。

此外,需要说明的是,无论是介体的导向教化作用还是渗透转化作用的发挥,都必须是一个活动的、互动的过程,都必须通过"纲要"课教师和学生的共同参与并相互作用才能实现。因为"纲要"课本身就是一个教学活动的过程,介体必须在活动中才能够发挥作用。比如,"纲要"课教材虽然是历史记忆的重要文本载体,但是只有经过教师"讲"和学生"听"的教学活动,"纲要"课的教学内容才能够"入脑""入心",才能够建构起有效的历史记忆,实现塑造政治认同的目标。因此,充分激发"纲要"课教师和学生两个方面的积极性,充分发挥教师主导、学生主体的双重作用,对于保证介体在建构历史记忆、塑造政治认同的过程中能够发挥良好的导向教化作用和渗透转化作用具有重要意义。

(三)交叉强化:多样化提升政治认同的塑造效果

无论是历史记忆的建构还是政治认同的形塑,抑或"纲要"课教育教学目标的达成,都是一个持续不断地改造大学生的政治思想、塑造大学生的政治心理及养成大学生的政治行为的过程。这个过程具有长期性、复杂性和反复性的特征,不是通过简单的一两次教育教学活动就能够一蹴而就地完成,它需要"纲要"课教师通过不同的方式反复地进行渗透和教导。为此,不但要设计和运用形式多样的认同介体,更要使之在建构历史记忆、塑造政治认同的过程中发挥互补和协同的作用。事实上,不同的认同介体承载的内容信息、目标任务是不同的,它们对其所承载的内容和目标的表现方式、体现程度也是有所区别的。比如说,课堂讲授介体作为一种自上而下大规模的知识传递过程,它能够将科学的、抽象的理论知识高度概括地"灌输"给学生,这种方式侧重于理性知识的传递。而课外活动介体则是一种自下而上的知识发现过程,学生的体验是鲜活的、生动的、具体的,它更侧重于学生情感的激发。其他如大众传播介体更侧重于感性认知,心理介体更注重于心理基础的塑造,等等。

不同介体的交叉运用和有效整合,能够发挥其各自的功能优势,多样化地提升政治认同的塑造效果。对于同一个政治认同的具体目标,可以通过交叉运用不同的认同介体,以不同的承载方式、不同的信息刺激方式和作用方式实现最佳的介体组合,高效地实现历史记忆到政治认同的转化过程。这种交叉强化运用多种介体组合式建构历史记忆、塑造政治认同的方式,能够有效地避免由于单一介体反复刺激而给学生带来的"疲劳之感",有助于提升"纲要"课堂的"新鲜度",同时,多样化的介体组合也能够从更多维度上对学生的政治思想和政治行为产生影响,在合力的作用下持续巩固和提升大学生的政治认同。当然,交叉运用多样化的介体组合,也要根据所要实现的政治认同目标而有所侧重,有些认同目标的实现需要以理论分析为主,有些则需要以情感激发或气氛渲染为主。通过对具体的认同目标和任务以及学生的具体情况综合研判,有目的、有意识地选择最恰当的认同介体并形成最佳的组合方式,能够全方位地保证大学生的政治思想、政治情感和政治行为向预期的方向转化。

四、环境熏陶:营造积极良好的政治认同情境

以"纲要"课建构历史记忆、形塑政治认同,在本质上是一项思想政治教育活动,它必须依赖一定的自然、社会条件,在一定的环境中才能够进行。这个"环境"就是开展"纲要"课教育教学、建构历史记忆与塑造政治认同的"环体"。马克思、恩格斯在《德意志意识形态》中指出:"人创造环境,同样,环境也创造人。"①也就是说,人的思想观念是外部客观环境影响的结果。"人们的观念、观点和概念,一句话,人们的意识,随着人们的生活条件、人们的社会关系、人们的社会存在的改变而改变。"②人们的思想观念会随着环境的变化而变化,环境发挥着影响和制约人们思想观念的重要作用。但同时,人们也不是消极被动地接受环境的影响和改变,在人类实践的过程中,也会通过发挥主观能动性积极地改造环境,使之更好地促进人的发展。"纲要"课建构历史记忆、塑造政治认同,需要以认同环境作为必要的外部条件和现实基础。大学生是"纲要"课的教育对象以及政治认同的主体,他们的思想观念、政治行为必然受到社会"大环境"与校园"小环境"的影响。社会"大环境"与大学生历史记忆、政治认同之间的内在关联已在第二章内容中进行过探讨,这里仅对与"纲要"课教育教学关系更加密切、与大学生日常生活和学习关联度更高的校园"小环境"进行分析,即校园文化环境如何在潜移默化中塑造和巩固大学生的政治认同。

---

① 《马克思恩格斯选集》(第一卷),人民出版社,1995年,第92页。
② 《马克思恩格斯选集》(第一卷),人民出版社,1995年,第291页。

(一)物质文化空间提供政治认同的物质基础

"纲要"课教育教学的展开依赖于一定的物质条件,历史记忆的建构和政治认同的塑造也必须依托于一定的物质场所。校园作为大学生日常学习和生活的地方,为"纲要"课发挥政治认同功能提供了最直接的物质基础和前提条件。环境具有育人功能,校园的物质文化环境能够在潜移默化中发挥塑造大学生政治认同的积极作用。一是校园环境中呈现的各种标志性的历史符号(比如带有历史符号的教学楼、宿舍楼、图书馆、艺术厅、体育场和展览馆等校园建筑以及载有历史信息的校园雕塑、绿化景观等)将大学生置于"看得见""摸得着"的历史文化空间中,使他们能够在耳濡目染中受到历史记忆的感染和熏陶。二是围绕历史记忆开展的校园文化活动作为"纲要"课教育教学最直接的课外延展,是学生的"第二课堂",不但能够极大地丰富"纲要"课的教学内容和教学形式,而且能够有效地提升历史记忆的传承效果。三是与历史记忆相关的各式学术活动能够有效地激发大学生的研究热情。在学术探究的过程中,促进他们将掌握的历史知识和政治理论不断内化,并通过学术活动展现出来,不仅活跃了校园的学术氛围,而且能够进一步深化大学生对历史知识和政治理论的理解。

校园文化环境具有强大的熏陶感染作用,其中所蕴含的历史文化韵味和政治价值倾向,能够深刻影响大学生历史记忆的建构和政治思想、政治观念与政治行为的形成和发展。在一个充满历史气息的校园文化环境内,随处可见的历史文化符号时刻作用于大学生的感官,其中所折射出来的历史精神、价值观念、思想意识等,能够在不知不觉中对大学生的政治思想和政治行为产生积极影响。大学生日常的学习、生活大多集中于校园文化环境当中,这种长期的、非强制的、无意识的历史文化环境,蕴含着极其丰富的历史信息资源,隐含着诸多能够对大学生的政治思想和政治行为产生较大影响的重要因素,它们必然会通过不断地感染、熏陶和渗透作用对大学生的思维观念、价值选择、政治信仰和政治行为等产生巨大的导向作用,在无形当中发挥着建构大学生历史记忆,塑造大学生政治认同的教育功能。

(二)精神文化环境助力政治思想的正向引导

校园精神文化环境是高校师生在长期交往交流过程中形成的价值观念和思想准则以及由此产生的学校精神氛围,它包括学校的精神、校风以及文化心理氛围等,是高校独有的历史传承、道德规范、精神氛围和人文气息等的集中反映。将历史记忆融入校园的精神文化环境建设,是高校传承历史记忆的重要手段和方式。通过打造充满历史气息的校园精神文化环境,能够将历史记忆与校园精神文化很好地结合起来,在无形当中拉近历史与现实的距离,将看似遥不可及的历史与大学生的精神文化生活联系起来,在很大程度上消除大学生对于历史记忆的疏离感。而历史记忆当中所蕴含的积极正向的价值观念、中华民族优秀的历史文化和精神品格,能够对大学生的政治思想、政治情感产生强大的引导作用,最终成为塑造和巩固大学生政治认同的内在精神力量。

一方面,中华民族长久以来形成的以爱国主义为核心的民族精神和以改革创新为核心的时代精神,以及百余年来中国共产党在长期奋斗中构建起的中国共产党人的精神谱系是校园精神文化的价值引领,能够使历史记忆当中丰富的精神文化资源在校园精神文化环境中长久地积淀下来,引导大学生形成坚定的理想信念、崇高的政治追求和稳定的政治立场,对大学生的政治理想、政治信仰和政治行为等产生长期的引导和塑造作用。另一方面,"校史"作为校园精神文化的重要组成部分,对大学生政治思想的影响和作用不可低估。每一所高校在其创建与发展的过程中都形成了独特的历史轨迹,"校史"当中不但蕴含着学校的历史传统、人文精神和价值取向,同时,也作为历史发展的一个侧面折射着不同历史阶段的时代主题和社会风貌。在校园精神文化环境的特定场域中，建构大学生关于学校的历史记忆，能够很好地将其中蕴藏的政治认同资源挖掘出来并融入大学生政治认同的实践活动中去。比如，五四新文化运动时期，北京大学的历史记忆就生动再现了先进知识分子选择和接受马克思主义的历史情节；周恩来与南开大学的历史记忆则塑造了中国早期马克思主义者成长、活动的历史形象；许多高校在抗日战争时期内迁大后方，在抗战的烽火中坚持办学、教育救国，有力地诠释了中华民族自强不息的民族品格，等等。每一所高校的精神文化都是其校史、校风、校训的精神凝结，大学生处于校园精神文化的环境之中，校史、校风、校训是他们最为熟悉、最感亲切的内容，在这样一种充满亲和力的历史文化氛围中，大学生更容易接受其中蕴含的政治情感、政治价值的影响和刺激，在不知不觉中塑造自身的政治思想和价值观念，并逐渐趋向于政治思想和政治行为的统一。

（三）主体广泛参与促进政治认同的自我塑造

大学生不仅是"纲要"课教学活动的主体和政治认同的主体，也是校园文化的重要主体之一。大学生充分发挥主体作用，积极参与有利于历史记忆建构和政治认同塑造的校园文化环境建设，是促进大学生政治认同自我塑造、自我巩固的良好契机。校园文化环境建设，大多是以形式多样的文化活动的方式呈现的，大学生作为校园文化环境建设的重要力量，需要在"纲要"课教师以及学校党团组织和学工部门的统筹和指导下，完成文化活动的组织与策划工作，其中不仅包括对整个活动的目标、流程等进行设计，还需要广泛搜集相关主题的各种历史资料、政治资料，并运用恰当的历史观和方法论对其进行深度的分析和解读，认识和理解其中蕴含的历史本质、精神观念以及政治价值等，这个过程能够有效地锻炼大学生的历史思维能力、政治分析能力和综合研判能力。相对于"纲要"课堂上"被动"地认知和"灌输"而言，这种主动的学习与建构，无疑能够极大地促进大学生对历史现象和政治现象深层次的、本质的认识。这是一个大学生主动建构历史记忆、自我形塑政治认同的过程。与此同时，相对于由官方、学校牵头主导开展的校园文化活动，由大学生自我参与、亲自打造的校园文化活动，具有更加广泛的学生基础，能够在大学生群体中产生更大的政治影响，具有更强的吸引力和更广泛的参与度。由此营造出积极、热烈的校园文化环境氛围，有助于形成大学生自我教育的积极状态，能够在寓教于乐和潜移默化当中深化大学生的政治认知，健全大学生的政治品格，塑造大学生的政治认同。

第七章　实现"纲要"课政治认同功能的教学实践路径

　　能否通过一定的载体与机制、方法与手段成功地实现历史记忆的建构，这是"纲要"课程政治认同功能最终能否落地的关键。实现"纲要"课政治认同功能的教学实践路径，就是将"纲要"课原来的教材体系、教学体系置于历史记忆建构的宏观框架之中，通过开发"纲要"课具体的教学方法、教学手段、教学载体以及教学模式、教学路径等，对"纲要"课的教育教学进行全面的"立体化"改造，以塑造和巩固大学生的政治认同。"纲要"课政治认同功能教学实践路径的开发，其本质在于探究历史记忆向政治认同转化机制的有效介入问题，即通过何种教学方法、教学手段和教学载体、教学路径等提升历史记忆向政治认同的转化效果，达到塑造大学生政治认同的转化目标。在这一过程中，必须注重理论与实践的连贯性，即必须以历史记忆到政治认同的生成逻辑以及历史记忆向政治认同转化的社会机制与心理机制作为基本理论依据，以鲜明的符号唤醒和激发大学生的自然认同，以生动的情节定位和规范大学生的强化认同，以正确的价值内化和实践大学生的理解认同。与此同时，还要注重教学实践路径的可行性，即开发出的教学方法、教学手段和教学载体、教学路径等在"纲要"课的教学实践中必须具有较强的可操作性，能够切实保证和提升"纲要"课的教育教学效果，实现固基大学生政治认同的核心目标。

一、"以符启人"：以鲜明的符号唤醒和激发自然认同

"以符启人"，就是以鲜明的历史符号唤醒和激发大学生的自然认同。具体包括对历史符号内涵的再赋予、对符号载体的再创造以及对符号形象的再设计。通过这三种方式，更加深入地发掘历史符号的重大象征意义，并使之以更加具象化的形式展现出来，以便更好地融入"纲要"课的教育教学体系，最终达致唤醒符号记忆、激发自然认同的目的。

（一）历史符号内涵的再赋予

符号都具有象征意义，要运用历史符号的象征意义唤醒和激发大学生的自然认同，就必须充分发掘历史符号当中所蕴含的历史信息、精神理念以及政治价值等。同时，要通过一定的方法和手段，赋予历史符号以新的内涵与意义，并对其进行具有时代性的阐释，使之能够更好地为当前我国的社会主义现代化建设服务。

首先，对历史符号内涵的再赋予，必须以对历史符号的研究性发掘和整理辨析为基础。"纲要"课讲授的是自1840年鸦片战争以来中国近现代蜿蜒曲折、探索奋斗的历史。在这段跌宕起伏的历史进程中，形成了大量具有丰富意义象征的历史符号，既包括各种实物符号，也包括各种历史遗迹与历史文本。它们或反映着近代以来中华民族在列强的侵略下遭受的屈辱与苦难，或见证着中国人民长久以来始终坚持的不屈不挠、砥砺奋进的抗争与奋斗。建构大学生的符号记忆，首先就要对"纲要"课教材以及教学体系中所涉及的历史符号进行针对性的发掘与整理，遴选一批具有典型性的历史符号，通过扎实的学术研究和丰硕的研究成果，赋予这些历史符号以深刻的、

体现时代价值的内涵与意义。在此基础上,要在"纲要"课具体的教学实践中,将这些历史符号的全新内涵有机融入教学内容当中去,成为唤醒和激发大学生历史记忆的理论基础。

其次,对历史符号内涵的再赋予,除了要对"纲要"课教学体系中涉及的历史实物、历史遗迹以及历史文本等重要符号进行研究性发掘与整理外,在建构历史记忆的过程中,还需要特别强调亲历者口述史对于再现与唤醒历史记忆的特殊意义。口述史不同于一般的历史记录或文本资料,其特殊性在于它是以亲历者的个人记忆为基础,通过一种个体记忆的叙事方式以个人回忆的形式再现亲历者个人所经历的某个历史事件或某段历史情节。对于当代大学生而言,他们并非中国近现代历史的亲历者,近代以来中国革命、建设与改革的历史进程对于他们而言是遥远的、冰冷的、空洞的,他们无法切身感受到历史的温度,加之历史记忆自身的代际递减效应以及国内外历史虚无主义等错误思潮的作用,当代大学生更是难以真正认识到中国革命、建设与改革的艰难性和复杂性。而口述史对于历史记忆的再现是源于个人的亲身经历,往往带有较强的情感因素,这种强烈的情感感染力能够在无形中拉近历史记忆与当代大学生的心理距离,唤起他们的情感共鸣。同时,亲历者在叙述时,大多会以一种故事化、事件化和情节化的方式将历史记忆呈现出来,赋予历史记忆更加生动的再现形式,更容易被大学生所记忆和接受。因此,在"纲要"课教学中,要注重口述史资料的运用,使其成为丰富历史符号内涵的重要资源,充分发挥其情感性和生动性的独特优势,为更好地唤醒大学生的历史记忆、激发他们的自然认同提供良好的前提和基础。

再次,赋予历史符号以丰富内涵,其中的关键环节在于对符号内涵的解读与诠释。如前所述,历史符号承载着历史记忆,而历史记忆不同于客观的历史事实,它是主观建构的产物。一方面,历史记忆的主观性决定了历史符号的内涵与意义不会在客观历史发展的基础上自然地显现出来,它需要人为地进行细致的解读与诠释才能够得以生成和浮现。换言之,历史符号内涵的再赋予必须建立在人的主观能动性的基础之上,只有通过人的解读与诠释,历史符号的丰富内涵才能够被不断地发掘并赋予意义象征。另一方面,通过主观建构起来的历史记忆,立足现实,服务"当下",具有鲜明的政治意义。对历史符号内涵的再赋予亦需要指向于此。只有通过合理的解读与诠释,才能将历史符号的内涵置于当下社会需求的解释框架,实现其自身蕴含的政治价值,最终归依于政治认同的实现。从这个角度来说,"纲要"课的教学过程实质上就是对历史符号的内涵不断加以解读与诠释的过程,即通过对历史符号内涵的解读与诠释,完成"纲要"课的教学目标,使学生深刻领会"四个选择"的历史必然性。为此,"纲要"课教师必须具备扎实的历史学功底与良好的政治理论素养,并采用适当的理论讲授、课堂研讨、课外实践等多重教学方法与手段,将对历史符号内涵的解读与诠释作为教学内容的重心,引导大学生形成对马克思主义、对中国共产党、对社会主义道路和改革开放的深切的、自然的政治认同感。

最后,对于历史符号内涵的再赋予,必须坚持与时俱进的基本原则,充分挖掘历史符号所蕴含的价值精神,使其成为新的历史条件下促进和巩固大学生政治认同的重要资源。在中华民族五千多年的历史长河中,尤其是在近一百八十多年中国近现代历史发展的进程中,形成了伟大的"中国精神",即以爱国主义为核心的民族精神和以改革创新为核心的时代精神。中国共产党成立以来,更是形成了伟大建党精神,并在长期奋斗中构建起中国共产党人的精神谱系。这些价值精神凝结于历史符号之中。新的历史条件下对历史符号内涵的再赋予,就是要结合中国近现代历史发展的脉络对这些历史符号所蕴含的重要精神资源进行时代解读,使大学生充分认识到正是历史的发展赋予了中国共产党当今的执政地位。在"纲要"课的教育教学中,要通过对历史符号的深刻阐释,弘扬中国共产党的伟大精神,阐明中国共产党的先进性,以此来引导大学生深刻理解中国共产党成为当前中国特色社会主义建设领导核心的深厚历史渊源与广泛现实基础,增强大学生对中国共产党执政地位的政治认同,并自觉以实际行动支持中国共产党对中国社会的全面统一领导。

(二)历史符号载体的再创造

历史符号载体的再创造,就是针对大学生这一特殊群体的认知特点、学习习惯与心理接收机制,结合"纲要"课的教育教学,通过不断创新历史符号的载体形式和承载形态,让大学生充分理解历史符号深刻的内涵意义,全面提升历史记忆在大学生群体中的传播度与接受度。具体而言,历史符号载体的再创造可以从以下四个方面入手:

一是创新网络载体。随着信息技术的快速发展,网络成为历史符号的重要载体,在传承历史记忆方面发挥着越来越重要的作用。近年来,无论是历史场馆还是高校院所,都积极拓展历史记忆的网络空间,不断增强历史符号及其承载的历史记忆的社会关注度与社会影响力。当前,较为成熟的历史符号网络承载形态主要包括:各大历史场馆开发的主题网站、官方微博以及微信公众号等,这些网络承载形态普遍具有内容丰富、传播快捷、更新迅速、交互性强等独特优势。"纲要"课要积极利用这些比较成熟的网络平台,将其发布和推送的信息资源引入教学,并与教学内容中涉及的历史符号实现有效对接,以网络载体提供的鲜活史实阐释历史符号的丰富内涵,不断增强历史符号的可读性与感染力以及"纲要"课教育教学的生动性和说服力。与此同时,除了要继续巩固前期网络阵地承载历史符号、传播历史记忆的良好效果外,"纲要"课教师还需要特别关注近期短视频与网络直播的广泛兴起,其中比较有代表性的如"抖音""快手""斗鱼"等主流社交APP(手机软件),这些新的社交应用平台或可成为新时期承载历史符号、传递历史记忆的新兴网络载体。根据2022年8月发布的《中国互联网络发展状况统计报告》显示,截至2022年6月,我国短视频用户规模达9.62亿,占网民整体的91.5%,网络直播用户规模达7.16亿,占网民整体的68.1%。①这一数据充分说明,短视频与网络直播在我国拥有极其庞大的受众群体,尤其对于青年人来说,各大短视频和网络直播平台已成为他们表达思想、展现个性的主流社交载体。鉴于其在广大青年群体中的巨大影响力,"纲要"课也应积极拓展网络教学空间,着手打造基于"纲要"课教育教学的短视频和网络直播平台。一方面,可以聘请资深的研究者、优秀的"纲要"教师、历史的亲历者以及历史场馆的讲解员等担任网络直播平台的主播,充分利用大学生作为网络群体的特性,深刻挖掘历史符号的丰富内涵,再现和传播其承载的历史记忆,增强其塑造和巩固大学生政治认同的价值功能。另一方面,也要积极发挥大学生作为教学主体和认同主体的主观能动性,围绕"纲要"课教育教学所涉及的若干历史符号及其承载的历史记忆设置若干主题,引导他们通过自己做主播、拍摄短视频等方式增强课程的参与度,激发他们的创意灵感与学习兴趣,甚至打造出大学生自己的"纲要"课"网红",使之在更广的范围内发挥更大的影响力,以此强化历史记忆的传播效度,培育大学生的政治素养与政治情感,唤起他们对于我国当前政治体系的自然认同。

二是创新文艺载体。"文艺"是承载历史符号、传递历史记忆的又一重要载体。一般来说,历史符号的文艺载体可具体划分为如下几类:①语言类文艺载体。主要指那些以小说、散文、诗歌等文学艺术的形式所呈现的历史符号。在"纲要"课的教学内容中,存在大量直接或间接以文学艺术的形式呈现出来的历史符号,例如梁启超的散文《少年中国说》,以强烈的进取精神寄托了作者对少年中国的热爱和期望;鲁迅的小说《狂人日记》《孔乙己》,对封

---

① 《中国互联网络发展状况统计报告》,央视网,2022年8月31日。

建思想和封建理念进行了有力的揭露和抨击;方志敏的散文《可爱的中国》以语言的革命性、战斗性和感召力催人奋进。这些以文学艺术作品的形式呈现出来的历史符号,往往兼具思想性与生动性,"纲要"课教师应善于将这些优秀的文学作品引入"纲要"课教学,结合教学内容选择性地进行导读,通过充满情感的语言文字深深浸染学生的心灵,使之更加深刻地理解历史符号当中隐藏的思想情感,以文学作品的强烈感染力激发他们的自然认同。②造型类文艺载体。造型类文艺载体是指以绘画、雕塑、书法、摄影作品等造型艺术形式所呈现的历史符号。这类历史符号在"纲要"课教材中亦很常见,例如中国近代时事漫画《时局图》,深刻揭露了资本—帝国主义侵略瓜分中国的现状;沈阳"九·一八事变"巨型台历雕塑,提醒着人们牢记日本侵略者在中国东北蓄意制造并发动的那场罪恶的侵略战争;1949年《开国大典》的珍贵照片,昭示着百年来历尽沧桑的中华民族第一次真正赢得了独立和解放,中国历史由此进入了新纪元。造型类文艺载体多具有较强的视觉冲击力,它们通过直观的感受引发观看者对其背后所隐藏的精神实质进行思考和探寻。体现在"纲要"课的教育教学中,造型类文艺载体多以历史图像的形式出现,集中于"纲要"课的教学课件和教学视频等教学资源载体中。"纲要"课教师应尽可能选取那些能够反映中国近现代历史进程,具有典型意义象征的绘画、雕塑、书法、照片等历史符号,在丰富教学内容的同时,引导学生深刻理解其内在所蕴含的历史记忆和政治价值。③实用类文艺载体。实用类文艺载体是指以建筑艺术、园林艺术、工艺美术、现代设计等实用艺术的形式呈现的历史符号。这类历史符号在日常生活中较为常见,与"纲要"课的教学内容结合得也比较紧密。例如,位于吉林省长春市的原伪满洲国统治机构旧址,于1936年基本建设完工,现今依然发挥着实用性作用,现为吉林大学医学部。如今,这些旧址遗迹在发挥实用价值的同时,也储存了大量的历史信息,是见证日本侵华罪恶史和民族耻辱历史的重要符号。此类实用型文艺载体基本在全国各地均有存留,在"纲要"课的教学中,教师可以通过组织课外实践、社会调研等方式充分利用这类符号载体,向学生传递建筑符号当中蕴藏的历史文化信息。④表情类文艺载体。表情类文艺载体主要是指以音乐和舞蹈的形式呈现的历史符号。这类载体生动活泼,活灵活现,具有极大的表现力和感染力,在日常的教学实践中,是学生喜闻乐见的一种载体形式。例如,由中国台湾歌手齐豫演唱的歌曲《遥寄林觉民》,以苍凉凄美的旋律表达出辛亥革命时期年轻的革命志士对妻子的深情和对处于水深火热中的祖国深沉的爱;由王莘创作的歌曲《歌唱祖国》传唱至今,生动描绘了新中国成立一周年之际,天安门广场五星红旗随风飘扬的热烈景象。在"纲要"课教学中,教师可多采用音乐和舞蹈的载体形式,通过音符、舞姿来传递历史符号的价值信息,营造课堂上的"情绪场",带领学生进入历史记忆的时空情境。⑤综合类文艺载体。综合类文艺载体,顾名思义,就是通过对戏剧、戏曲、电影、电视、网络艺术等艺术形式的综合运用来呈现历史符号。比如,在"纲要"课教学中,可以将某一历史符号作为主题,以布置课外作业的形式,让学生拍摄微电影、排练舞台剧、制作网络小视频等,作业完成后回到课堂进行教学展示,在增强"纲要"课教学的参与性和学生学习的自主性的同时,通过综合艺术的多重表现形式,使学生在情景交融中感受历史,形成认同。

三是创新实践载体。历史符号的实践载体就是以适当的社会实践活动项目承载历史符号,传递历史符号所蕴含的历史记忆等价值信息。历史符号实践载体的再创造,表现在形式上,主要是通过组织学生参与多种社会实践项目的方式,深化他们对历史符号及其承载的历史记忆的理解和认识,固基他们对于中国特色社会主义的政治认同。事实上,实践本身就是高校思想政治教育的重要载体。习近平多次强调,要"广泛开展各类社会实践"①,要"重视思政课的实践性,把思政小课堂同社会大课堂结合起来"②。与"纲要"课堂上对历史符号进行的理论解读不同,历史符号的实践载体强调的是体验和探究,对学生而言是一种自下而上地对历史符号承载的历史记忆进行自主发掘和认识的过程。学生在探寻历史符号、挖掘历史记忆的实践活动中,获得的体验是鲜活的、生动的、具体的。直接的感官体验相对于课堂上单一的语言文字而言,能够带给学生身临其境的深刻感受,从而深化他们对于历史符号所体现的文化信息和价值精神的理解和感悟。在"纲要"课的教学活动中,创新历史符号的实践载体,需要整合校内校外的优质教学资源,形成校际资源共享、校地资源共建的途径与方式。其中,必须建立一批稳定的实践基地作为历史符号实践载体的物质基础。任何历史符号实践载体的构建,都需要以稳定的实践基地作为支撑。为此,"纲要"课可以通过学校或学院层面与各地的历史场馆、历史纪念地等建立长期的合作与共建关系,定期举办主题实践活动。例如,2017年12月9日,由中国矿业大学发起,联合8所驻苏部属高校与淮海战役烈士纪念塔管理局共同建立了"爱国主义与革命文化"教育实践基地。依托这一实践基地,先后举行了十余场专题报告会,十万余名大学生参加了"淮海战役精神实践行""淮海战役精神宣讲行"等革命传统教育和实践活动。在活动中,淮海战役留存的大量历史符号给广大青年学生留下了极为深刻的印象,他们主动挖掘这些历史符号所蕴含的历史记忆,更加深刻地领悟了淮海战役精神,取得了良好的实践教育效果。

---

① 《习近平在全国高校思想政治工作会议上强调 把思想政治工作贯穿教育教学全过程 开创我国高等教育事业发展新局面》,《人民日报》,2016年12月9日。
② 《习近平主持召开学校思想政治理论课教师座谈会强调用新时代中国特色社会主义思想铸魂育人 贯彻党的教育方针落实立德树人根本任务》,《人民日报》,2019年3月19日。

四是创新活动载体。历史符号的活动载体是为了达到传承历史记忆的目的而有计划、有组织地开展的各种活动。这些活动中蕴含着某一特定历史记忆的内容和信息,通过大学生的参与和互动唤起符号记忆,激发自然认同。从本质上看,历史符号的实践载体与活动载体二者均属于"实践"范畴,其区别在于,实践载体往往是基于校外基地或历史场馆、纪念地而开展的实践性活动,而活动载体大多是依托于校内环境与校园文化而设计组织的各种校园活动。与实践载体相比,活动载体与大学生的日常生活联系更为紧密,参与性更广,互动性更强,也更容易在大学生当中产生积极影响。历史符号的活动载体是"纲要"课内教学活动的延伸与拓展,其形式多种多样,内容丰富多彩,能够与课堂内教师对历史符号的阐释和解读形成有益的必要的补充。例如,高校可以联合其所在地的历史博物馆、革命纪念馆、档案馆等相关机构定期开展校园展览,让具有特定意义的实物、图像等历史符号走进校园,使在校大学生近距离地感受历史文化,接受历史教育。同时,还可以通过开展如"重温革命家书 传承红色精神""传唱红色歌曲 感受信仰力量""五四诗会""一二·九校园长跑"等校园主题活动,将文字、歌曲等具有强大感染力的历史符号有机融入校园文化,创建有利于历史记忆传递的校园环境。此外,历史符号的活动载体还包括如历史知识竞赛、历史主题演讲、纪念仪式、纪念日主题签名活动等。总之,历史符号的活动载体就是在"纲要"课堂教学之外,将历史符号所蕴藏的历史记忆信息寓于这些校园活动之中,并使之以生动活泼的形式展现出来,使大学生能够在校园日常的学习、生活中潜移默化地感悟历史,塑造认同。

(三)历史符号形象的再设计

历史符号的内涵与象征意义,必须通过一定的形象设计才能够得以表述和传达,继而被人们所认知、理解和记忆。历史符号形象的再设计,就是通过对"纲要"课所涉及的历史符号进行动画、音乐、颜色、图形等方面的设计与包装,将其所蕴含的内在价值与历史意义以大学生喜闻乐见的方式呈现出来,增强历史符号的时代感和吸引力。

　　一方面,要对"纲要"课所涉及的历史符号进行分类、筛选与组合。这是对其进行形象再设计的重要前提。如前所述,"纲要"课承载的是自鸦片战争以来一百八十多年的中国近现代史,在这段异常复杂曲折的历史进程中,呈现出来的历史符号不计其数。要对这些历史符号形象进行再设计,首先就需要对其进行分类和筛选。大体看来,历史符号可以包括文字符号、声音符号、建筑符号和象征符号等多种类型。不同类型的历史符号,其承载历史记忆的形态和特点也是不同的。就某段特定的历史记忆而言,要想实现最好的建构效果与教学效果,就需要精挑细选出最典型的符号形象进行呈现。在此基础上,再依照教学目标以及大学生的认知特点和心理接收机制进行历史符号的形象设计。在实际的教学活动中,符号记忆的呈现有时是单一的某一种符号类型,如辛亥革命时期反满革命的旗帜、抗日战争时期的抗战歌曲、解放战争时期宣传土地改革的标语口号、社会主义建设时期的劳模奖章等,都以各自的符号形态引领大学生回到当时的历史情境,跟随"纲要"课教师一起重温中华民族革命、建设与改革的历史记忆。但有时,在"纲要"课的教学过程中,历史记忆的呈现需要多种符号形态的共同组合。例如,在"纲要"课的实践教学中,引导和组织大学生参观井冈山革命根据地,让学生穿红军军装、扛红军军旗、看红军宣传标语、走红军挑粮小道、尝红米饭南瓜汤等,全面体验当年红军创建井冈山革命根据地的艰苦历程,深刻理解"井冈山精神"的丰富内涵。这种多重历史符号形态的组合,能够构建更加生动立体的历史情境,相对于单一的历史符号形态而言,往往能够给学生留下更加深刻的印象,加之"纲要"课教师的适度引导,一般能够取得更好的教育教学效果。因此,在对历史符号进行形象设计时,需要以整体性思维为指导,通过对不同形态的历史符号形象进行综合设计,使其产生1+1>2的协同作用效果,力求全面还原预期呈现的历史场景,更好地唤起大学生共享往事的心理感知和情绪体验。

另一方面,在对历史符号进行分类、筛选与组合的基础上,需要完成对其形象的再设计。例如,在微信、QQ等被广大青年群体普遍使用的社交软件当中,就可以针对性地设计出许多具有历史时代感的表情包。这些表情包的设计元素可以包括历史人物、时代标语抑或采用某一特定历史时代的绘画风格等。如"认真看书学习,弄通马克思主义""人生若只如初见,社会主义天天建""搞社会主义的人运气都不会太差""走,一起去建设社会主义"等富有潮流气息和充满正能量的表情包,在当前大学生群体中都具有较高的流传度与使用度。这些表情包将原本严肃、刻板的历史符号变得生动活泼,在日常的信息交往中被反复传播使用,深受大学生群体的欢迎和喜爱。再如,在中国革命历程中创作形成的诸多经典的红色歌曲,凝结着中国革命的伟大精神和振奋人心的强大力量,多年来被人们广为传唱。但是,作为出生、成长于21世纪的当代大学生,这些"过时"的红色歌曲已然难以引发他们的情感共鸣。因此,在利用这些经典的红色歌曲传承历史记忆的过程中,需要对其进行再加工,通过重新编曲和全新演绎,使其具有更强的节奏感和时尚感,适应当代大学生群体的视听需求与接收心理。而对于那些更加复杂的文字类历史符号,则需要进行话语体系的转变。可以运用一些大学生群体使用频率较高的网络语言、热词等对原先枯燥、深奥的文本史料进行分析解读,以新颖、活泼的文字风格激发大学生的学习兴趣,提升他们认知历史的积极性与主动性。此外,历史纪念馆、旧址等建筑符号及其内部所珍藏的各种文物符号,则可以通过更具设计感、更加精美多样的文创产品增强其所蕴含的历史信息的吸引力。如近年来爆红的北京故宫文创产品,既展现了中华传统文化的精神,又融合了青年人喜欢的时尚理念,成为存续和传播历史记忆的新型载体。总之,对历史符号形象的再设计,根本上就是要激活历史符号的生命力,使其更加符合当代大学生的接受逻辑,达到更好地唤醒大学生符号记忆的直接目的。

二、"以情动人":以生动的情节定位和规范强化认同

"以情动人",就是通过对历史情节的再研究,重新调整建构历史情节叙事,并以生动精彩的情节叙事及其浓厚的历史情感浸染大学生,从而强化他们的历史记忆,定位和规范他们的认同。"以情动人"的关键,在于历史情节的"生动性"。在当前"纲要"课的教育教学中,要再现"生动"的历史情节、建构动人的情节记忆,就必须学会运用"讲故事"的教育教学方式。

"纲要"课的教学对象是大一新生,无论是从知识储备还是学习规律来看,他们都难以从抽象的概念来直接开启对于中国近现代历史复杂、曲折的发展历程的认识和理解。相对于此,他们往往更加习惯于从生动的历史情节和具体的历史史实入手,循序渐进地展开对中国近现代历史的理性思考和价值认知。因此,在"纲要"课程中,"讲故事"的教学方式对于大学生历史记忆的建构尤为重要。可以说,"讲故事"的方式,在很大程度上契合了大一新生这一学习阶段的认知规律和思考习惯。

(一)历史情节讲述的基本原则

具体来看,在"纲要"课的教学实践中,通过"讲故事"的方式建构情节记忆,要求严格做到"三个坚持",即坚持历史事实、坚持正确立场、坚持全面叙事,切不可一味追求历史情节的"生动性"而对"纲要"课的教学内容进行随意戏说、胡乱编排和信口开河。

第一,坚持历史事实,作为"讲故事"的根基所在。如前所述,尽管历史

记忆是主观建构的产物,但其形成的基础必然是已经发生过的客观真实的历史事实。无论如何,人们都不可能从虚构、臆想出来的"历史事实"中得出正确的、有用的历史性的经验和教训,更不可能据此作为形塑政治认同的历史基础。虚构、臆想出来的"历史事实"不能为形塑政治认同提供历史支撑,可以想象,一旦谎言被揭穿,历史的真相显露出来,那么以此为根基所塑造的政治认同必然会从根本上坍塌崩溃,从而直接导致国家政权的动摇和政治统治的危机。因此,坚持历史事实的客观真实性,是讲好历史故事、建构情节记忆的根基所在。这一点在"纲要"课的教育教学中非常重要。中国共产党领导中国人民革命、建设与改革的历史过程中,经历过曲折,也出现过失误和错误。比如,大革命时期以陈独秀为代表的右倾机会主义错误、土地革命时期以王明为代表的"左"倾教条主义错误,都给中国革命造成了重大损失。新中国成立后,在完成社会主义革命和推进社会主义建设的过程中,也曾先后出现过"大跃进"运动、人民公社化运动等错误,反右派斗争也被严重扩大化,而"文化大革命""酿成十年内乱,使党、国家、人民遭到新中国成立以来最严重的挫折和损失,教训极其惨痛"①。面对中国共产党领导中国人民在革命、建设与改革过程中出现的曲折和错误,"纲要"课教师不能采取回避或遮盖的态度,这些曲折和错误是中国近现代历史发展进程中的一部分,是客观存在的真实的历史事实,也是中华民族历史记忆的重要组成部分。如果选择回避或遮盖这部分历史,必然会削弱大学生政治认同的根基。建构情节记忆必须勇于承认历史事实,尤其对于那些发生过"失误和错误"的历史,正如习近平所指出,要采取"郑重的态度","一是敢于承认,二是正确分析,三是坚决纠正,从而使失误和错误连同党的成功经验一起成为宝贵

---

① 《中共中央关于党的百年奋斗重大成就和历史经验的决议》,人民出版社,2021年,第14页。

的历史教材"。①在承认历史的同时,还要尊重历史,因为对历史的正确认识必然来自对历史事实的客观认知。因此,"要坚持用唯物史观来认识和记述历史,把历史结论建立在翔实准确的史料支撑和深入细致的研究分析的基础之上"②。总之,采用"讲故事"的手法建构历史记忆,必须坚持实事求是的基本原则,既不能虚构、臆想,也不能遮蔽、掩盖,要以真实的历史事实为基础,决不能无视或者模糊、篡改历史事实。

第二,坚持正确立场,作为"讲故事"的价值导向。以"讲故事"的方式建构情节记忆,其最显著的优势莫过于"故事"本身所具有的强烈的生动性和感染力。通俗易懂的语言、扣人心弦的情节以及触动心扉的情感,往往更能够激发起大学生的兴趣,增强历史记忆的吸引力,提升大学生建构历史记忆的积极性与主动性。但是无论是以"讲故事"的方式还是以其他任何手段建构情节记忆,其目标都是通过生动的情节和炙热的情感说服人、打动人,最终实现大学生对于我国当前政治体系的强化认同。因此,在"讲故事"的过程中,尤其需要注意的一点是切不可"喧宾夺主""本末倒置",即因为过于强调"故事"的生动性、情感性而忽视或淡化其内在的政治性与价值导向功能。如果"故事"不能蕴含特定的历史意义和政治价值,那么它就不能成为情节记忆的建构资源,也无法发挥塑造和巩固强化认同的作用。因此,"讲故事"必须紧紧围绕强化认同的具体目标,始终以我国当前社会的主流价值观进行价值引领,体现中国特色社会主义的政治理念,在叙事方式上亦要始终坚持中华民族的叙事立场。只有坚持正确的政治立场和政治理念,情节记忆的建构才具有形塑大学生政治认同的价值意义。

---

① 习近平:《在纪念毛泽东同志诞辰120周年座谈会上的讲话》,人民出版社,2013年,第12页。
② 习近平:《让历史说话用史实发言 深入开展中国人民抗日战争研究》,《人民日报》,2015年8月1日。

第三,坚持全面叙事,作为"讲故事"的框架支撑。以"讲故事"的方式建构情节记忆,叙事方式的选择十分重要。历史情节的内容决定了"故事讲什么",而叙事方式的选择则关系到"故事怎么讲"的问题。不同的叙事方式,能够建构出不同的情节记忆,进而直接对强化认同的实现产生影响。一般认为,历史记忆的叙事方式包括宏大叙事与微观叙事两种。宏大叙事是将某一共同体的历史记忆与人类总体历史挂钩,它能够为历史记忆提供概括性的阐述框架,从而防止历史记忆的"碎片化";而微观叙事则从普通人的视角出发,通过展现普通人的日常生活和情感世界,使历史记忆变得更加鲜活、生动,从而拉近认同主体与历史记忆之间的距离,形成情感上的共鸣和心理上的连接。宏大叙事与微观叙事二者相辅相成,在建构情节记忆的过程中发挥着协同作用。坚持宏大叙事与微观叙事相结合的全面叙事方式,在民族、国家宏大的历史框架下展开精彩绝伦、生动感人的"故事"表述,能够为情节记忆的建构提供科学、完备并充满温度的框架支撑,有助于提升"历史故事"的讲述效果,进而强化情节记忆形塑大学生政治认同的价值功能。

(二)历史情节载体的再开发

讲好历史故事,重构历史情节,有赖于历史情节载体的再开发。基于"纲要"课的课程特点和具体的教学目标、教学内容和教学手段,历史情节载体的再开发可以从文字载体、影像载体和体验载体三个方面实现:

一是文字载体的再开发。文字是历史记忆的重要载体。借助文字,可以传递历史信息,营造历史情境,实现认同主体之间的信息交流与价值沟通。因此,文字载体在中华民族共同体历史记忆的传承与建构中发挥着不可或缺的作用。对于"纲要"课而言,教材是承载历史情节记忆最为重要的文字载体。一方面,要以教材内容为基本遵循,充分领会教材内容的精神要义,以教材作为建构情节记忆最权威的叙事文本。另一方面,"纲要"课教材仅仅为情节记忆的建构提供了"纲"和"要",具体情节的再现和阐释还需要补充更加丰富的历史资料,进一步拓展教学内容。如口述史资料、系列丛书、小说戏剧等文艺作品,都以震撼人心的文字力量生动讲述着"历史故事",能够极大地增强"纲要"课教学的代入感和感染力,是再现和重构历史情节的重要教学资源。与此同时,对于"纲要"课情节记忆文字载体的再开发,不仅仅局限于对教材内容的掌控与扩充,还需要重视课堂教学的作用。丰富的文字载体只有与适当的课堂情境有机结合,才能够发挥其建构情节记忆的最大功用。

二是影像载体的再开发。影像作品是记录、传播历史情节的重要媒介。实际上,以影像作品作为传承历史记忆的载体已具有较长的历史。早在1988年,美国史学家海登·怀特就提出了"影视史学"的概念,即用影视的方法传达历史以及对历史的见解。"影像史学"的最大特点在于改变了人们对于历史固化的严肃枯燥的印象,它能够通过生活化、具象化的方式将历史变得鲜活而生动。相对于文字载体而言,影像载体对于情节记忆的承载与建构具有更强的直观性和吸引力。"纲要"课要充分发挥影像资料作为课堂教学资源的优势,选取经典、优秀的影像资料补充课堂的教学内容,生动再现历史情节,助力大学生情节记忆的建构。影像载体往往聚焦于某一特定历史主题,集中地再现某一完整的历史情节,不但能够极大地提高"纲要"课的教学效率,而且能够显著提升情节记忆的建构效果。同时,历史人物作为历史情节的必要组成要素,其活动轨迹必然贯穿于历史情节当中。因此,历史情节的影像化再现,通常伴随着历史发展过程中那些伟大光辉的英雄形象的塑造。这些鲜活、生动的历史人物活跃于荧屏之上,以具象化、情感化和生活化的方式出现于大学生的视野之中,他们/她们坚定的政治信念、远大的政治理想和高尚的道德情操,在无形当中浸染着大学生的思想和情感,成为大学生效仿和学习的对象。影像载体以情感的感染力和思想的感召力直击大学生的心灵,拉近了历史记忆与大学生之间的距离,唤醒和激发着大学生的爱国主义情感,引发着大学生的情感共鸣和心理共振。以影像资料作为情节记忆的重要载体,就是要充分发挥各种历史影像强大的教育功能和独特的呈现优势,为大学生营造一种历史的"在场感",使他们沉浸于历史的时空中,仿佛那些生动的历史事件和光辉的英雄人物就在眼前,从而激发他们的历史情感,引导他们的政治行为。同时,影像载体多以"故事"讲述或纪录片的形式呈现历史情节,往往将其所要表达的政治理念和政治价值隐藏其中,这种更加"隐性"的呈现方式符合当代大学生的认知心理和认知特点,能够在很大程度上减少他们对于政治教育的抵触心理,更易于被大学生群体所接受,从而能够取得更加理想的情节记忆建构效果和强化认同塑造效果。

在实际的教学过程中,"纲要"课教师对情节记忆影像载体的开发与运用,需要特别注意如下四个问题:①要注重影像载体的政治性与严肃性。影像载体是一个相对宽泛的形式范畴,其中包含着多种载体形式和载体资源。比如,时人拍摄留存的影像资料,后人制作的历史纪录片、传记片,在客观历史基础上创作拍摄的影视剧以及流行于网络空间的各种以历史为主题的小视频等。不同的影像载体形式具有不同的承载特点,时人拍摄留存的影像资料具有较强的原始性和真实性,后人制作的历史纪录片、传记片体现出鲜明的理论性、思想性和政治性、时代性特征,而各种历史题材的影视剧以及网络小视频等则具有更强的传播性和接受度,在大学生群体当中具有更大的影响力。"纲要"课教师在开发和运用影像载体的过程中,要注意根据历史情节的特点、建构内容的差别以及政治认同的具体目标来设计和选择不同形式的影像载体,但无论选择和运用何种载体形式,都要将影像载体的政治性和严肃性作为优先考虑的地位,尤其是对影视剧以及网络小视频的设计和运用,要注意避免娱乐化和戏剧化的倾向,保证"纲要"课教学的规范性、严肃性以及情节记忆建构的政治性和严谨性。②要注意影像载体的真实性与科学性。在多元文化的时代背景下,各种形式和内容的影像资源异常丰富,这些丰富的影像资料或多或少都带有创作者和拍摄者人为主观的痕迹。同时,受到创作者和拍摄者制作水平、知识能力等因素的影响,一些影像资料可能缺乏可靠的史料支撑,对呈现的历史信息也缺少深度的剖析和解读。"纲要"课教师在运用影像载体建构情节记忆之前,要充分运用自身扎实的史学功底和政治素养对影像载体进行筛选和辨别,保证影像载体建构情节记忆的真实性与科学性。③要注重影像载体的典型性和聚焦性。利用影像载体建构情节记忆要聚焦于某一历史主题,选取典型的影像资料集中反映相关历史情节,冗长、发散的影像资料往往会引起学生的视觉疲劳,同时,对历史情节的呈现也缺乏针对性,不但会导致课堂教学效率低下,也会降低情节记忆的建构效果。④要注意影像载体与教学内容的契合程度。影像载体的设计和运用要充分结合教学内容,坚持为情节记忆的建构服务,以塑造大学生的政治认同为目标。"纲要"课教师要注意结合影像资料进行分析和引导,避免影像载体与教学内容出现"两张皮"的现象,提升影像载体与"纲要"课教育教学的契合程度。

三是体验载体的再开发。切身体验是建构和深化情节记忆的有效途径。情节记忆的体验载体多存在于"纲要"课堂之外,建立于形式多样的主题实践活动之上。大体看来,体验载体的再开发可以从以下四个方面入手:①基于物理空间的体验载体。无论通过何种形式的主题实践活动来建构情节记忆,都必须在一定的物理空间内展开。那些具有历史价值的遗迹遗址和历史场馆等,因其蕴藏着极其丰富的历史信息,理所当然地成为建构情节记忆的物理空间体验载体。"纲要"课教师要充分利用这些遗迹遗址和历史场馆,组织学生开展参观考察活动,并在这一过程中有目的地进行现场教学,通过丰富多彩的历史资料和形式多样的展现方式,对重大历史事件进行完整呈现,为大学生群体打造情节记忆的感受空间;②基于想象空间的体验载体。基于想象空间的体验载体主要包括一些富有鲜明政治意涵、具有明确政治指向的仪式活动。如前所述,政治仪式是建构历史记忆的重要方式,它通过程式化的过程,不断再现某一重要历史事件的前因后果与现实影响,连接着过去与现在、想象与现实。重要的历史纪念日为政治仪式的开展提供了良好的契机,"纲要"课要与高校党团组织、学工部门以及学生社团进行联合,以历史纪念日为时间节点,周期性地进行政治仪式和纪念活动。"纲要"课教师要在这些仪式性活动中发挥主导作用,引导学生对仪式活动中所再现的历史情节进行感知和体验,使学生铭记和感受到那些不断被重复的"应该被记忆和感知的历史情节",从而强化情节记忆定位和规范的作用,塑造和巩固大学生的强化认同。③基于信息技术的体验载体。信息技术的飞速发展极大地拓展了情节记忆体验载体的空间维度。AR、VR等先进技术手段的广泛应用,使得情节记忆的体验载体从现实空间发展到虚拟网络空间,突破了时空的限制,提升了历史情节体验的自由度。"纲要"课教师要将这些先进的技术手段引入课堂,在虚拟空间中为学生营造情节记忆的"身临其境"之感,激发大学生的学习兴趣,提升情节记忆建构的积极性和主动性。④基于社会展演的体验载体。社会展演是比较受大学生欢迎的一种集体活动,情节记忆的建构可以积极利用这一载体。"纲要"课可以借助线上、线下两个空间开展形式多样的社会展演活动,引导大学生在社会展演中演绎历史百态、体验历史情节,以此提升情节记忆的建构效度,扩大历史情节的传播范围。

三、"以理服人":用正确的价值内化和实践理解认同

"以理服人",就是通过在"纲要"课堂内培育对话和交流的场域,以及在

课堂外构建理论与实践的互动场景,使大学生对历史记忆形成理性研判,并自觉升华为内在的价值规范,以指导自身的政治行为和政治实践。

(一)课堂内对话和交流场域的构建与培育

如前所述,政治认同的最高层级是理解认同,在历史记忆到政治认同的转化机制中,价值记忆指向理解认同。因此,理解认同的实现,必须以价值记忆的建构为基本前提。而价值记忆的构建,有赖于认同主体之间的对话交流和理解沟通。发挥"纲要"课的政治认同功能,完成价值记忆向理解认同的转化,离不开课堂内的交流与对话。为此,打造"纲要"课内的对话与交流场域,对于价值记忆的生成和理解认同的实现具有重要意义。

首先,要营造平等、活跃的课堂环境。打造"纲要"课内对话与交流的场域,课堂环境发挥着重要作用。课堂气氛是沉闷还是活跃,师生之间能否进行平等对话,直接影响着认同主体之间交流与沟通的效果。心理学研究证明,只有在"心理安全"和"心理自由"的环境里,人们才有可能最大程度地展现出创造力。要在对话交流的条件下实现价值记忆到理解认同的转化,就必须使学生在"纲要"课堂上获得足够的安全感和自由感,使他们愿意发挥积极性与主动性,从而参与到课堂教学当中来,乐于表达自己的观点和想法。只有碰撞出思想的火花,才有可能点燃认同的圣火。

营造平等、活跃的课堂环境,一是要注重师生间的情感交流。所谓"亲其师而信其道",学生对于某一门课程的兴趣和认同,往往是从讲授这门课程的教师开始的。因此,"纲要"课教师在教学过程中应积极展现强大的亲和力,迅速拉近师生之间的距离,消除学生因身份差异而对教师产生的疏离感和敬畏感,同时,还要建立师生之间心理上的联系与思想上的信任。建立师生之间顺畅的情感交流与和谐稳固的师生关系,是营造平等、活跃的课堂环境的关键。二是要积极打造思维发展的空间。作为教学主体的学生一旦愿意主动参与到课堂教学当中来,他们就乐于将自己学习和思考的成果展现出来,并积极地与教师和其他同学讨论分享。在这一过程中,学生对某一历史主题的认知与理解可能出现偏差或错误,在这种情况下,"纲要"课教师不能对学生学习和思考的成果进行直接的全盘否定,这样会极大地降低学生对于课程学习的兴趣,伤害学生自主学习和独立思考的信心以及主动进行课堂对话交流的勇气。营造平等、活跃的课堂环境,必须为学生留下足够的思维发展的空间,以激励代替批评,以肯定代替否定,用合适的教学方法和高超的教学艺术引导学生,在交流对话中实现对他们历史认知与历史观念的思维引领,逐步推动其价值记忆的形成与巩固。三是要给予每位学生表达观点的机会。价值记忆是在对话交流中实现的,这就决定了它不能只是"少数人的游戏"。学生对于"纲要"课堂的主动参与程度,以及课堂上对话交流的深度与广度,对价值记忆的建构均发生着直接的影响。为此,"纲要"教师要创造多元化的课堂参与方式,为每个学生提供表达观点的机会。尤其是对于那些不善于以语言形式表达观点的学生,可以通过文字书写、网络讨论甚至弹幕等方式进行对话交流。总之,采取多种手段和方式营造一个轻松愉快、和谐平等的课堂环境,是引发学生主动思考、主动参与和对话交流、理解沟通的必要条件,是以"纲要"课为载体建构价值记忆、实现理解认同的客观要求。

其次,要打造"问题驱动"式的课堂教学。价值记忆的形成建立于符号记忆和情节记忆的基础之上,但符号记忆与情节记忆生成之后并不会自动地转化为价值记忆,认同主体必须通过对话交流与思维引导,才有可能做出对事物本质的价值研判,最终完成价值记忆的建构和理解认同的塑造。打造"问题驱动"式的"纲要"课堂,就是通过强化教学中的问题意识,引发学生的主动思考,由此建立历史认知到价值引领的有效连接。"纲要"课教师要综合考虑"纲要"课的教学内容、政治认同的目标以及大学生的政治思想状况,在此基础上总结、提炼理论的思考点,使之形成课堂教学的问题链,通过一环扣一环的逻辑紧密的问题导链,逐步引导学生运用已经掌握的历史知识和马克思主义的历史观、方法论开展互动和讨论,深化对历史知识的理解,解决政治思想问题。

打造"问题驱动"式的"纲要"课堂,其核心在于教师对问题的设置要具有科学性、启发性和针对性,并让学生"有话可说"。①问题要具有科学性。"纲要"课教师设置的问题必须是建立在历史事实基础上的"真"问题,一是这个"真"问题必须能够引发学生的思考,激发学生的探究热情,有助于建立学生的理性认知以及形成学生的历史思维,从而助推价值记忆的生成;二是这个"真"问题必须具有现实价值,蕴含着特定的政治意义和政治目标,能够发挥政治认同的导向作用。三是在思考与回答的逻辑上,必须符合马克思主义的历史观和方法论,使学生能够通过正确的思维途径解决这个问题。②问题要具有启发性。即问题的设计既不能抽象深奥超出学生的知识范畴,也不能过于简单直白而被学生轻易破解,必须恰到好处地能够激发学生的思维火花,引发学生的主动思考,并从中获得有意义的价值启示。③问题要具有针对性。教师设置的问题要聚焦于某一历史主题,并引导学生围绕这一主题展开思考和讨论,问题要有明确的目标指向,即如何通过探究问题的过程实现符号记忆和情节记忆向价值记忆的转变,缺少针对性的问题设置容易导致学生的思维过于发散,不利于政治认同目标的引导和实现。④要使学生"有话可说"。问题的设置不能"空对空"或"大而空",要建立在学生已经形成的历史认知和政治认知的基础之上,要贴近学生的实际生活,符合学生的思维习惯和语言习惯。要让学生听明白问题的实质是什么,并知道可以利用哪些历史知识和政治理论来分析和解答这些问题。只有让学生"有话可说",才能保证问题设置的有效性,从而使问题的解决成为可能。"问题驱动"式的"纲要"课堂,有利于学生的思维聚焦和理论整合,在"提出问题-解决问题"的模式中,促进学生的深度思考以及对历史本质的理解和认识,从而助力价值记忆的建构和巩固。

最后,要建立双向交流的教学模式。要构建和培育"纲要"课堂内对话和交流的场域,就必须将传统课堂"单向灌输"的线性教学路径转变为"双向交流"的协作探究模式,积极营造双向交流的互动教学空间。"单向灌输"的"纲要"课堂大多存在着生动性不足、互动性不强以及学生参与和学习的主动性不够的现象,不利于学生主动思考和对话交流的实现。

要改变这一状态,就必须强化师生之间以及生生之间的交流与协作:一是要树立"学生为中心"的教学理念。"单向灌输"的教学方式是"教师为中心"的教学理念的产物。"单向灌输"转向"双向交流",必须以理念的转变为先导,即以"学生为中心"的先进理念取代传统的"教师为中心"的理念,重视学生在课堂上的主体地位,发挥学生学习的主观能动性。二是要创新教育教学方法。"纲要"课教师要以"纲要"课教材为基础,以政治认同的目标为导向,打造线上与线下、课内与课外相结合的互动交流空间。同时,还要摒弃传统的"满堂灌""你讲我听"的教学方法,以价值记忆为目标,积极凝练"互动式""研讨式"教学方法,运用"翻转课堂""双线融合式教学"以及"大班授课、小班研讨"等多种教学手段和教学模式,实现教师讲授与学生参与的紧密结合,促进课堂的讨论与探究,增强课堂的活跃度与参与度,使"纲要"课堂真正地"活"起来,引导学生在协作探究中建构历史记忆、在双向交流中塑造政治认同。三是要依托网络互动平台。各种基于网络技术的APP自媒体平台已成为实现"纲要"课堂双向交流的创新载体。这一载体构建了线上、线下双重叠加的交流场域,有效拓展和延长了师生之间以及生生之间双向交流的空间与时间。利用好这些网络媒体平台,对于提升"纲要"课堂双向交流模式的效果大有裨益。

（二）课堂外理论与实践互动场景的设计与开发

价值记忆的形成，是基于对事物本质的是非判断与价值认识，单纯依靠理论认知并不能完成这一过程，还需要记忆主体的亲身体验与身体实践。因此，在培育和构建"纲要"课堂内对话和交流场域的同时，还需要积极设计和开发课堂外理论与实践的互动场景。在理论与实践的共同作用下，推动价值记忆的形成和理解认同的实现。

首先，要建立"纲要"课的课外实践教学机制。课外实践是高校思想政治教育的重要载体，也是高校思想政治理论课堂教学的有效延伸。①习近平多次强调，要广泛开展各类社会实践，②要"重视思政课的实践性，把思政小课堂同社会大课堂结合起来"③。但是，实际的教学活动中，受到时间、空间以及经费等多方面的限制，思政课普遍存在着"重理论、轻实践"的教学现象。要设计开发"纲要"课堂外理论与实践的互动场景，就必须改变这种现象。通过建立有效的课外实践教学机制，"系统规划实践教学的课程安排，制定切实可行的实践教学大纲，给予必要的学时、经费保障，促进实践教学的常态化、规范化"④。只有获得了切实的机制保障，"纲要"课的课外实践教学才有可能顺利展开，进而为课堂外理论与实践互动场景的设计与开发提供必要条件。

其次，要建立相对稳定的历史记忆教育实践基地。稳定的教育实践基

---

① 刘薇：《课堂—网络—实践"三位一体"的高校思政课协同育人模式》，《西部素质教育》，2019年第23期。

② 《习近平在全国高校思想政治工作会议上强调 把思想政治工作贯穿教育教学全过程 开创我国高等教育事业发展新局面》，《人民日报》，2016年12月9日。

③ 《习近平主持召开学校思想政治理论课教师座谈会强调用新时代中国特色社会主义思想铸魂育人 贯彻党的教育方针落实立德树人根本任务》，《人民日报》，2019年3月19日。

④ 刘薇：《课堂—网络—实践"三位一体"的高校思政课协同育人模式》，《西部素质教育》，2019年第23期。

地是建构历史记忆、形塑政治认同的物质基础。"纲要"课要全面整合校内校外的历史记忆建构资源,积极打造历史记忆建构的社会空间。一方面,要与重要的历史场馆、遗迹遗址、名人故居以及纪念馆等建立良好、长效的合作关系,并以此为依托,定期组织学生开展实地考察、实地走访、实地体验和实践调研等课外活动,并形成周期性的现场教学机制,使学生获得鲜活、直接、感性的实践体验和现实感悟,深化他们的理论认知,在积淀与体验中完成价值记忆向理解认同的转化;另一方面,也可以定期聘请教育实践基地的研究人员、管理人员、名人后代、知名学者和历史学家以及历史事件的亲历者与见证者等到校进行讲座、报告或进行其他形式的实践交流活动,通过他们的专业研究、亲身经历以及个人记忆,对学生进行理论传递和价值引导,在交流互动中帮助学生认清事物的本质,并作出正确的是非判断。根据笔者的教学实践,这些方式和手段在实际的教学活动中比较受学生欢迎,也具有较强的可操作性,取得了较好的实践教学效果。

再次,要将高校驻地的历史记忆资源融入"纲要"课实践教学。任何一所高校的所在地,在其长期发展的历程中,都会形成独具特色的地方性的历史文化资源。这些优秀的地方历史文化资源既是鲜活的历史记忆的见证,也是构建"纲要"课实践教学的源泉。将高校驻地的历史记忆资源融入"纲要"课实践教学可以从三个方面入手:①整合地方性历史记忆资源,并将其融入"纲要"课的教学内容与教学体系,促进理论教学与实践教学的有机融合。②依托丰富多彩的校园文化活动,将地方性历史记忆资源引入校园,通过主题鲜明、形式多样的校园活动,促进二者的紧密结合,创设积极活跃的校园气氛。③走出校园,将"纲要"课的教室搬到当地的历史场馆或纪念遗址,通过情感体验与现实体会,帮助和引导学生感悟与重温厚重的历史记忆。总之,要采取多种措施大力挖掘和研究地方性的历史记忆资源,充分发挥区位性历史文化资源的优势,并使之转化为"纲要"课实践教学的优势,扩大与提升"纲要"课实践教学的范围与效度。

最后,要打造"纲要"课线上实践的教学空间。线上实践是"纲要"课实践教学的新载体,在"纲要"课的实践教学中,发挥着越来越重要的作用。打造"纲要"课的线上实践教学空间,一是要充分利用网络新媒体的传播与互动优势,通过专题报道、专题网站、微博、微信、公众号等新媒体平台,传播生动、丰富的历史记忆资源,全面实现历史记忆资源的数字化呈现与便捷化分享;二是要通过精悍短小的碎片化推送、形式多样的网络互动等方式,增强历史记忆传承的可参与度与可接受度,使学生在平等交流的网络空间中感受和体验历史记忆;三是利用大数据等先进技术手段,了解大学生对于历史问题的关注点与关注度,以及他们对于重大历史问题的思想认识和本质判断,从而开展针对性的历史观教育、价值观教育,帮助他们形成正确的价值记忆和理解认同。

此外,"纲要"课堂外理论与实践互动场景的设计与开发,其目的在于充分发挥理论与实践的双重优势,形成二者在生成价值记忆、实现理解认同方面的优势互补。有基于此,在这一过程中,有几个问题需要特别注意:一是课外实践教学必须结合课内重大理论问题组织开展,它必须能够充分说明或验证理论的科学性与正确性,避免理论与实践相分离,进而导致价值记忆的偏离或错误。二是理论与实践必须有效"互动",理论必须能够指导实践,实践必须能够深化理论,只有二者的深度融合,才能构成理论与实践相互作用的交流场域,最终培育和巩固理解认同。三是要综合运用多种实践教学方式,避免长期、单一的实践教学方式使学生丧失参与兴趣。同时,要架构多元化、立体化的"纲要"课外实践机制,发挥多种课外实践教学方式的协同效应。四是要加强对线上实践教学空间的管理与规范。网络空间鱼龙混杂,在利用其开展课外实践教学的过程中,必须时时加强监管,对于一些不恰当甚或错误的言论进行规避和引导,保证课外实践教学的正确政治方向。

结　语

　　政治认同是保障我国政治安全的前提条件。大学生群体是国家和民族的希望和未来。当前历史条件下,社会内外环境的巨大变化,不断影响和冲击着大学生群体的政治认同,不但影响着中国高等教育立德树人目标的实现,也为我国的政治安全和社会稳定带来了隐患。因此,形塑大学生的政治认同既是当前中国思想政治教育学领域重点关注的基础理论课题,也是党和国家高度重视的社会现实问题。历史记忆是塑造政治认同的重要基础,是政治认同得以实现的基本前提。历史记忆通过选择与建构的作用使认同主体意识到"自我"与"他者"的区别,进而界定和建立起自身的政治归属与政治认同。"纲要"课作为高校重要的思想政治理论课程之一,是对大学生开展思想政治教育的主渠道,其本身所兼具的历史学的基本属性,使其具有了通过建构历史记忆的方式来塑造和巩固大学生政治认同的价值功能。

　　正基于此,本书以思想政治教育基本理论为依据,综合了政治学、心理学、历史学和社会学等领域的相关知识,以"中国近现代史纲要"课程为研究对象,探讨了历史记忆向政治认同转化机制如何有效介入"纲要"课教学的问题,即"纲要"课程通过何种载体、机制、方法和手段来建构历史记忆,以促进大学生的政治认同,得出了以下结论:

第一,"纲要"课作为一门具有历史学基本属性的思想政治理论课,其本质就是通过历史记忆来强化大学生的政治认同。历史记忆是集体记忆当中以历史形态呈现和流传下来的记忆,是一个社会中多数成员脑海里留存的对过去事件的系统性再现。历史记忆具有社会性、具象性、延续性与现实性等基本特征。历史记忆是选择与建构的结果,它不是对全部历史事实的记忆,而是记忆主体根据自身的价值判断,进行的选择性记忆与结构性遗忘的辩证统一体。历史记忆的基本功能是认同与区分。在共同情感与同一价值的作用下,形成对共同体成员的自我包容与群体的身份认同。政治认同是社会个体成员在一定的社会联系中确定自己的身份,如把自己看作某一政党的党员、某一阶级的成员、某一政治过程的参与者或某一政治信念的追求者等,并自觉地以组织及过程的规范来规范自己的政治行为,具有情感、心理和行为的三重属性。政治认同具有意识性、实践性、多维性、动态性和社会性的特征,在实际的政治生活中发挥着促进政权稳固、促进社会政治稳定以及促进社会政治发展等重要功能。在当代中国语境下,中国特色社会主义政治认同的核心问题是对中国共产党的认同和对中国特色社会主义的认同,这是当代中国政治认同的主题。

第二,历史记忆、政治认同与"纲要"课之间存在着内在的逻辑关联性,这是"纲要"课承载历史记忆与实现政治认同功能的理论基础。可以从三个方面把握这个问题:一是历史记忆与政治认同之间存在着内在逻辑关系,选择与建构构成了历史记忆到政治认同的生成逻辑,"唤醒—激发、定位—规范、内化—实践"构成了历史记忆到政治认同的实现机制;二是社会环境与历史记忆、政治认同三者之间构成的因果关系,代际递减效应、历史虚无主义思潮和历史记忆符号的消失造成了历史记忆的消解,进而在一定程度上导致了政治认同的解构;三是历史记忆、政治认同与"纲要"课之间存在的逻辑关联,"纲要"课通过保存历史记忆、秉持历史叙事、培养历史认知等基本功能承载历史记忆,推动历史记忆到政治认同的生成过程。

第三,历史记忆向政治认同的转化需要一定的机制保障,政治认同是社会和心理双重机制共同作用的结果。社会机制是指外部的社会制度、价值及情感支持机制,心理机制是指内部的心理需求、防御及接收机制。其中,构建稳定的社会价值支持系统是实现历史记忆向政治认同转化的社会机制的核心,构建中国本土价值体系、建立中国本土价值自信以及搭建中国本土价值载体,分别为历史记忆转向政治认同提供了方向保证、思想根基和有效路径。政治认同作为政治主体的政治心理活动,其形成过程大体要经过政治认知的树立、政治情感的催生、政治信念的形成以及政治行为的产生四个阶段。

第四,"纲要"课通过符号记忆、情节记忆和价值记忆的基本形态承载历史记忆。符号记忆是"纲要"课承载历史记忆的初级形态,是指具有意义象征的、承载了共同体往事的具象化了的"实物"。大体包括相关文字和文本记载、所涉及的文物古迹和纪念物,以及相关历史场馆和纪念场所等。每一不同的历史符号都具有不同的象征意义,承载着不同的历史记忆。情节记忆是"纲要"课承载历史记忆的中间形态,是指符号背后带有具体情境的故事,以及故事所承载的浓厚情感。包括对于特定历史人物活动过程的记忆、对于特定历史事件发生与发展的记忆,以及对于特定历史现象出现与存在的记忆。价值记忆是"纲要"课承载历史记忆的高级形态,是在符号记忆和情节记忆的基础上,对"实物"和情节进行的价值分析与是非判断。在"纲要"课程中,表现为对中国近现代时期重要的历史人物、历史事件和历史现象做出的经验总结、本质判断和价值结论。价值记忆是经由符号记忆和情节记忆而达致的本质记忆。

第五,"纲要"课通过建构历史记忆的方式形塑大学生的"中国特色社会主义政治认同",发挥促进我国社会主义政权稳固、促进我国社会政治稳定和政治发展的价值功能。历史记忆促进"中国特色社会主义政治认同"的三个层面:一是形塑大学生群体国家层面的政治认同,即对中华人民共和国、中央人民政府和中国共产党的政治认同。历史记忆通过确立大学生的心理归属、激发大学生的爱国情感,为形塑国家认同奠定心理基础并提供情感支撑;通过记录中国共产党获取政权的过程、凸显"人民至上"的核心价值、塑造中国共产党的光辉形象和彰显中国共产党的执政成就,为形塑执政党认同提供历史依据、价值基础、魅力资源和业绩支持。二是形塑大学生群体政治制度与政策体系层面的政治认同。历史记忆通过证明中国特色社会主义制度的历史必然性、独特优越性、公平正义性和现实有效性,为形塑中国特色社会主义制度认同提供历史基础、现实基础、伦理基础和实践基础。三是形塑大学生群体政治价值观层面的政治认同。历史记忆通过揭示历史和人民的必然选择、证实中国特色社会主义理论的科学性与塑造中华民族的精神旗帜,来促进大学生群体对于中国特色社会主义道路、中国特色社会主义理论和中国特色社会主义文化的政治认同;通过体现当代中国社会主义的主流意识形态,来塑造大学生群体对于社会主义核心价值体系的政治认同。

第六,"纲要"课政治认同功能的实现有赖于教学主体、教学客体、教学介体和教学环体等基本教学要素作用的发挥。"纲要"课教师作为历史记忆的叙述者、建构方式的选择者、记忆情景的营造者以及身体实践的组织者,在"纲要"课建构历史记忆、形塑政治认同的过程中发挥着主导作用;大学生是"纲要"课教学活动的主体,也是政治认同的主体,通过促进大学生的"主体觉醒"、关注大学生的思想政治困惑、调动大学生的课堂参与热情以及以学生为中心构建历史记忆空间等方式,能够充分发挥大学生的主观能动作用,有效提升大学生建构历史记忆的积极性、针对性,增强政治认同的塑造效果;认同介体承载着建构历史记忆与塑造政治认同的诸要素,是连接历史记忆与政治认同的桥梁与纽带,在建构历史记忆、形塑政治认同的过程中发挥着关联承载、导向渗透和交叉强化的重要作用;而良好的校园文化环境具有熏陶感染、正向引导和自我塑造的育人功能,能够为形塑大学生的政治认同提供有利的政治情境。

第七,"纲要"课需要通过一定的载体、机制、方法和手段来建构历史记忆,才能实现其促进大学生政治认同的功能。依据历史记忆到政治认同的转化机制,可以从三个层面开发实现"纲要"课政治认同功能的教学实践路径:一是以鲜明的符号唤醒和激发自然认同,通过对历史符号内涵的再赋予、符号载体的再创造以及符号形象的再设计,更加深入地发掘历史符号的重大象征意义,并使之以具象化的形式展现出来,更好地融入"纲要"课教学。二是以生动的情节定位和规范强化认同,通过对历史情节的再研究,重新调整建构历史情节叙事,并以生动精彩的情节叙事及其浓厚的情感浸染大学生,发挥定位和规范强化认同的作用。三是用正确的价值内化和实践理解认同,通过课堂内培育对话和交流的场域,以及在课堂外构建理论与实践的互动场景,使大学生对历史记忆形成理性研判,并自觉升华为内在的价值规范以指导自身的行为实践。

综上所述,"纲要"课的本质是通过选择与区分机制来建构历史记忆,借以强化大学生的政治认同。本书对"纲要"课教育教学进行"立体化"改造,以全面发挥"纲要"课的政治认同功能。在提升"纲要"课教学效果的同时,巩固我国意识形态阵地,有效维护我国的政治安全和政治稳定。当然,由于学识水平、研究能力以及研究周期的限制,研究中还存在着不严谨和不完善的地方,例如理论积淀不足、史料掌握不充分、观点分析不深入等,有待进一步修改和完善,诚恳希望得到学界专家和同人的批评指正。今后,本人将持续关注相关研究领域的最新研究动态,以期对相关问题研究有新的思考和突破。

参考文献

一、马克思主义经典著作

1.《马克思恩格斯全集》(第一卷),人民出版社,1995年。

2.《马克思恩格斯全集》(第三卷),人民出版社,2002年。

3.《马克思恩格斯全集》(第三十九卷),人民出版社,2016年。

4.《马克思恩格斯选集》(第一—四卷),人民出版社,1995年。

5.《马克思恩格斯文集》(第一卷),人民出版社,2009年。

6.《列宁全集》(第五十五卷),人民出版社,1990年。

7.《毛泽东选集》(第一—四卷),人民出版社,1991年。

8.《毛泽东文集》(第六卷),人民出版社,1999年。

9.《毛泽东文集》(第八卷),人民出版社,1999年。

10.《邓小平文选》(第二卷),人民出版社,1994年。

11.《邓小平文选》(第三卷),人民出版社,1993年。

12.习近平:《在纪念毛泽东同志诞辰120周年座谈会上的讲话》,人民出版社,2013年。

13.习近平:《在庆祝改革开放40周年大会上的讲话》,人民出版社,2018年。

二、中文著作

1.薄一波:《若干重大决策与事件的回顾》,中共党史出版社,2008年。

2.常轶军:《现代化与政治认同》,中国社会科学出版社,2020年。

3.程思远:《我的回忆》,华艺出版社,1994年。

4.陈左高:《中国日记史略》,中国书籍出版社,2016年。

5.费正清:《伟大的中国革命》,世界知识出版社,2000年。

6.冯契:《哲学大辞典》,上海辞书出版社,2001年。

7.共青团中央、中共中央文献研究室:《毛泽东邓小平江泽民论青少年和青少年工作》,中国青年出版社、中央文献出版社,2003年。

8.宫志刚:《社会转型与秩序重建》,中国人民公安大学出版社,2004年。

9.何沁:《中华人民共和国史》,高等教育出版社,1997年。

10.胡军:《知识论》,北京大学出版社,2006年。

11.江宜桦:《自由主义、民族主义与国家认同》,扬智文化事业股份有限公司,1998年。

12.金炳华:《哲学大辞典》,上海辞书出版社,2007年。

13.金冲及:《二十世纪中国的崛起》,上海人民出版社,1999年。

14.邢鹏飞:《大学生中国特色社会主义理论体系认同研究》,社会科学文献出版社,2019年。

15.梁丽萍:《中国人的宗教心理——宗教认同的理论分析与实证研究》,社会科学文献出版社,2004年。

16.梁启超:《中国历史研究法》,中华书局,2009年。

17.李民骐等:《资本的终结:21世纪大众政治经济学》,中国人民大学出版社,2016年。

18.刘惠明:《作为中介的叙事》,世界图书出版公司,2013年。

19.刘薇:《铸魂育人——高校思想政治教育史》,南京大学出版社,2016年。

20.李晓文、张玲、屠荣生编著:《现代心理学》,华东师范大学,2005年。

21.钱穆:《国史大纲》(上册),商务印书馆,1996年。

22.申丹:《西方叙事学:经典与后经典》,北京大学出版社,2010年。

23.史仲文、胡晓林:《中华文化精粹分类辞典》,中国国际广播出版社,1998年。

24.苏国勋:《理性化及其限制——韦伯思想引论》,上海人民出版社,1988年。

25.孙逊、杨建龙:《都市空间与文化想象》,上海三联书店,2008年。

26.陶东明:《中国大百科全书·政治学》,中国大百科全书出版社,1992年。

27.谭君强:《叙事学导论》,高等教育出版社,2008年。

28.王海洲:《合法性的争夺——政治记忆的多重刻写》,江苏人民出版社,2008年。

29.王惠岩:《政治学原理》,高等教育出版社,1999年。

30.王伟光:《利益论》,人民出版社,2001年。

31.文红玉:《新中国成立初期中国共产党政治认同建设研究》,人民出版社,2019年。

32.虞坤林:《二十世纪日记知见录》,国家图书馆出版社,2014年。

33.赵静蓉:《文化记忆与身份认同》,生活·读书·新知三联书店,2015年。

34.赵毅衡:《符号学》,南京大学出版社,2012年。

35.中共中央党史研究室、中央档案馆:《中国共产党第一次全国代表大会档案文献选编》,中共党史出版社,2015年。

三、期刊论文

1.白仲琪、伍麟、赵山:《大学生政治认同与高校心理健康教育》,《吉林广播电视大学学报》,2016年第1期。

2.巴玉玺:《对"四个认同"内在作用关系的相关思考》,《社科纵横》,2016年第5期。

3.柴宝勇:《论政党认同与政党领袖的关系》,《理论月刊》,2009年第5期。

4.柴宝勇:《政党认同的中国特性与执政党认同的建构》,《中共天津市委党校学报》,2011年第1期。

5.常轶军:《政治认同的四大支柱:历史记忆、现实利益、价值观念与话语体系》,《新视野》,2014年第6期。

6.陈独秀:《爱国心与自觉心》,《甲寅杂志》,第1卷第2号。

7.陈付龙:《政治认同的意识形态视域解读》,《学校党建与思想教育》,2015年第11期。

8.陈华:《建构历史记忆 增强政治认同——"中国近现代史纲要"课程叙事的意义与功能》,《思想政治课研究》,2017年第2期。

9.陈玲、佟晓玲:《红色资源融入高校校园文化的价值、原则与路径》,《喀什大学学报》,2022年第5期。

10.陈爽:《可以触摸的战争记忆——记一部新发现的志愿军战地日记》,《书城》,2010年第11期。

11.陈先达:《历史唯物主义的史学功能——论历史事实·历史现象·历史规律》,《中国社会科学》,2011年第2期。

12.陈锡敏:《思想政治理论课与大学生国家认同》,《教学与研究》,2017年第2期。

13.陈秀阳:《中国近现代史纲要课中历史人物评价的原则探讨与思考》,《太原城市职业技术学院学报》,2022年第10期。

14.崔健、向荣:《高校思想政治理论课教师应具有宽广的历史视野》,《思想教育研究》,2019年第8期。

15.崔晓苗、王毅:《红色档案展览的情感传播向度研究》,《山西档案》,2022年第5期。

16.邓艳:《论个体心理发展的社会化心理机制及对青少年思想教育的方法论要求》,《青少年学刊》,2019年第2期。

17.丁存霞、苏泽宇:《传播与认同:新时代文化强国建设的关系范式》,《青海社会科学》,2018年第6期。

18.丁涛、李悦、刘颖:《建党百年来"四个自信"的生成逻辑》,《东北财经大学学报》,2022年第1期。

19.杜春梅:《党史学习与高校思政课增强大学生政治认同的逻辑关系》,《石家庄学院学报》,2021年第23期。

20.方旭光:《政治认同之于政治生活的价值及取向》,《内蒙古社会科学》(汉文版),2012年第4期。

21.方旭光:《政治认同——政治实践的范畴》,《兰州学刊》,2006年第9期。

22.范春林:《学校德育中的社会心理机制》,《当代教育科学》,2014年第19期。

23.范映渊、詹小美:《媒介化生存场域中的中国梦认同培育》,《北方民族大学学报》,2018年第4期。

24.费孝通:《关于我国民族的识别问题》,《中国社会科学》,1980年第1期。

25.冯连军、朱宝林:《高校思政课教师的主体地位、现实困境和发展向度》,《学校党建与思想教育》,2020年第13期。

26.冯晓艳:《建党百年主题创作与共产党人形象的集体记忆建构》,《新闻研究导刊》,2022年第14期。

27.高宁:《从重大历史现象看历史发展的轨迹》,《湖南广播电视大学学报》,2000年第3期。

28.顾海良:《高校思想政治理论课程体系的演化及其基本特点》,《思想理论教育》,2007年第7期。

29.郭辉:《"历史记忆"与中国近代思想史研究的拓展》,《史学月刊》,2019年第6期。

30.郭奇林:《1860年英法侵略中国:书信、日记、回忆录中的历史》,《史学理论研究》,2015年第4期。

31.何博:《历史记忆与国家认同》,《思想理论教育》,2015年第1期。

32.何生海:《习近平关于国家认同重要论述初探》,《北方民族大学学报》,2020年第1期。

33.侯良健:《影视资源在高校思想政治理论课教学中的运用与思考》,《思想理论教育导刊》,2016年第8期。

34.黄长义:《"中国近现代史纲要"课程目标的解析与建构》,《学校党建与思想教育》,2013年第1期。

35.黄煌华:《红色记忆的赓续逻辑:唤起、建构与刻写》,《思想理论教育》,2022年第4期。

36.黄基凤:《中华优秀传统文化与国家认同培育的内在关系》,《学校党建与思想教育》,2019年第14期。

　　37.黄延敏:《"中国近现代史纲要"课教学的价值引领目标及其实现》,《思想理论教育导刊》,2020年第12期。

　　38.黄智斌:《后疫情时代档案记忆构建与实践创新》,《山西档案》,2022年第2期。

　　39.胡荣山:《略论高校思想政治理论课的"四种意识"》,《教育现代化》,2016年第9期。

　　40.姜宇:《"党领导一切"的历史经验与现实思考》,《江南社会学院学报》,2018年第3期。

　　41.康立芳:《以历史记忆培育政治认同——大学生思想政治教育的新视角》,《湖北社会科学》,2016年第5期。

　　42.康立芳:《执政党认同的系统演进》,《宜春学院学报》,2016年第5期。

　　43.康立芳:《"中国近现代史纲要"图像叙述的价值与进路》,《思想政治教育研究》,2021年第5期。

　　44.赖晓飞:《构建中国特色社会主义的政治认同——政治认同研究的回顾与展望》,《学术论坛》,2017年第5期。

　　45.劳拉简·史密斯、路芳:《游客情感与遗产制造》,《贵州社会科学》,2014年第12期。

　　46.廖英:《论报纸的社会记忆再生产》,《新闻研究导刊》,2016年第14期。

　　47.李菲:《遗产:历史表述与历史记忆》,《徐州工程学院学报》(社会科学版),2012年第6期。

　　48.林峰:《历史虚无主义的叙事逻辑及克服路径》,《思想教育研究》,2017年第9期。

　　49.刘白杨:《〈中国近现代史纲要〉课程与大学生历史认同建构》,《赤峰学院学报》(汉文哲学社会科学版),2016年第7期。

50.刘广远、崔开远:《历史事件与国难记忆:报纸媒介中的"九一八事变"——以1931年〈申报〉"抗战报刊散文"为中心》,《当代文坛》,2021年第4期。

51.刘惠、胡建:《论政治认同的含义、类型与特征》,《昌吉学院学报》,2014年第2期。

52.刘权政、黄晶、刘长亮:《中国共产党百年自信成就中华民族伟大复兴——论"四个自信"的科学内涵与历史现实依据》,《西藏民族大学学报》(哲学社会科学版),2021年第3期。

53.刘铁芳:《国家认同的教育意蕴及其实现》,《探索与争鸣》,2018年第2期。

54.刘薇:《"中国近现代史纲要"教学方法的哲学思考》,《思想教育研究》,2013年第7期。

55.刘伟兵:《思想政治教育视域中的"仪式"问题研究》,《中国石油大学学报》(社会科学版),2017年第3期。

56.骆丹:《社会化心理机制对青少年思想政治教育的启示》,《山西青年职业学院学报》,2017年第1期。

57.骆郁廷、孔祥鑫:《论中国共产党百年奋斗的历史认同》,《社会主义核心价值观研究》,2022年第1期。

58.马蕾:《符号——信仰:以国家仪式为载体的政治认同》,《云南行政学院学报》,2019年第5期。

59.马明中:《论高校思想政治与人文教育的功能的有效实现——兼论"中国近现代史纲要"内涵的挖掘与运用》,《教育探索》,2013年第5期。

60.马萍、潘守永:《从"仪式性"看纪念馆的"文化展演"空间实践》,《东南文化》,2017年第2期。

61.潘丽文:《青年政治认同建构的红色记忆路径》,《思想理论教育》,2018年第10期。

62.裴恒涛:《中国共产党百年红色文化符号建构的历史记忆及价值意蕴》,《红色文化学刊》,2022年第1期。

63.彭兆荣:《无边界记忆——广西恭城平地瑶"盘王婆"祭仪变形》,《广西民族研究》,2005年第4期。

64.彭正德:《论政治认同的内涵、结构与功能》,《湖南师范大学社会科学学报》,2014年第5期。

65.秦正为:《中国特色社会主义制度体系的形成及其历史意义》,《探索》,2012年第1期。

66.邱柏生:《浅析我国政治心理学研究的现状》,《复旦学报》社会科学版,1996年第4期。

67.邱仁富:《社会主义核心价值体系认同论纲》(上),《桂海论丛》,2008年第3期。

68.权麟春:《社会主义核心价值体系的政治认同》,《中共福建省委党校学报》,2014年第11期。

69.任晓伟:《科学认识中国共产党领导人民创造历史辉煌的基本规律》,《思想理论教育》,2019年第10期。

70.师喆、许超:《试论中国特色社会主义政治学知识体系的建构》,《学习与探索》,2020年第6期。

71.孙旭红、夏叶:《历史虚无主义思潮对新时代国家认同的消解及其纠治进路》,《理论导刊》,2020年第10期。

72.陶俊怡:《论历史虚无主义对青年红色记忆的深层破坏及其应对策略》,《思想教育研究》,2021年第6期。

73.陶宇:《时空的镜像:社会记忆的理论谱系与研究推进》,《长春工业大学学报》(社会科学版),2012年第9期。

74.滕明政:《教师主导性和学生主体性相统一的思政课教学模式探究》,《高校马克思主义理论教育研究》,2021年第5期。

75.汪兵:《习近平关于中共党史的重要论述问题研究综述》,《高校社科动态》,2018年第2期。

76.王成兵:《国家认同:当代认同问题研究的新焦点》,《学术论坛》,2010年第6期。

77.王光鑫:《如何评价历史人物——习近平总书记关于党史人物评价的重要论述》,《中共青岛市委党校 青岛行政学院学报》,2022年第3期。

78.王娟:《筑牢高校思想政治理论课教师队伍的鲜明政治底色》,《学校党建与思想教育》,2020年第3期。

79.王蜜:《文化记忆:兴起逻辑、基本维度和媒介制约》,《国外理论动态》,2016年第6期。

80.王先明、李尹蒂:《义和团的历史记忆与文化认同——"后义和团"的文本类型比较研究》,《人文杂志》,2011年第4期。

81.王晓霞:《中国共产党精神谱系融入"纲要"课教学刍议》,《高校马克思主义理论教育研究》,2021年第2期。

82.王秀芹、龙登杰:《历史虚无主义思潮对大学生政治认同的影响及对策研究》,《湖北开放职业学院学报》,2019年第9期。

83.王玉珏、牟胜男、郭若涵:《档案与文化认同的价值实现:公民、社群、国家的视角》,《山西档案》,2021年第1期。

84.王玉珏、许佳欣:《"功能主义"和"建构主义"视角下集体记忆与档案价值挖掘和应用研究》,《北京档案》,2021年第3期。

85.王仲孚:《历史认同与民族认同》,《历史教学问题》,2001年第1期。

86.魏伟:《外国政党塑造自身公众形象的动因及做法》,《当代世界》,

2010年第12期。

87.温小平:《纪念性符号与思想政治教育的发展》,《思想理论教育》,2019年第7期。

88.温小平:《文本图像记忆:思想政治教育叙事转向与社会认同》,《思想教育研究》,2017年第8期。

89.吴德刚:《坚持以马克思主义的立场、观点和方法研究党史——学习习近平总书记关于党史工作的重要论述》,《世界社会主义研究》,2018年第1期。

90.吴丽霞、邱北海:《解放记忆——以戚墅堰火车站职工夏英伦日记为视角》,《档案建设》,2021年第11期。

91.吴晓明:《〈拉贝日记〉中的创伤记忆与灾难书写》,《文学教育》,2021年第11期。

92.吴学兵:《高校思想政治理论课程新方案内容体系的基本特征》,《思想理论教育》,2007年第11期。

93.吴雅清:《福州特色历史建筑的文化记忆建构》,《东南传播》,2022年第4期。

94.吴玉军:《符号、话语与国家认同》,《学术论坛》,2010年第12期。

95.吴玉军、顾豪迈:《国家认同建构中的历史记忆问题》,《中国特色社会主义研究》,2018年第3期。

96.吴玉军:《国家认同视阈中的社会主义核心价值体系》,《中国特色社会主义研究》,2011年第4期。

97.吴玉军:《社会主义核心价值体系与当代中国的国家认同》,《北京教育》(高教),2011年第8期。

98.新华社:《从农民日记看农村变迁:一位农民60年"土地记忆"》,《国土资源》,2009年8月号。

99.熊胜华:《留住历史记忆 保护特色建筑文物》,《中华建设》,2012年。

100.薛中国:《政治认同概念解读》,《吉林省教育学院学报》,2007年第3期。

101.许金晶:《南京大屠杀:从历史事件到国家记忆》,《日本侵华南京大屠杀研究》,2018年第2期。

102.许如邯:《媒介记忆与政治认同:〈新华日报〉对抗日战争的记忆建构(1938—1947)》,《青年记者》,2022年第17期。

103.徐勇:《用中国事实定义中国政治——基于"横向竞争与纵向整合"的分析框架》,《河南社会科学》,2018年第3期。

104.杨昊杰:《推进改革开放伟大创新的动力因素探析》,《兵团党校学报》,2019年第2期。

105.于京东:《现代爱国主义的情感场域——基于"记忆之场"的研究》,《社会科学战线》,2020年第5期。

106.于京东:《祖国:一项基于近代西方语境的概念史考察》,《南京大学学报》,2017年第3期。

107.于凯:《"中国近现代史纲要"课程的价值塑造功能及实现途径》,《思想理论教育》,2011年第11期。

108.曾竞:《国家认同:爱国主义的内核》,《辽宁行政学院学报》,2012年第2期。

109.曾水英、殷冬水:《国家认同何以形成？——以爱国主义教育中的"国家叙事"为分析中心》,《江汉论坛》,2020年第10期。

110.詹小美:《中国梦价值认同的当代建构》,《青海社会科学》,2014年第4期。

111.詹小美:《选择与建构:历史记忆固基政治认同的逻辑共生》,《思想理论教育》,2016年第12期。

112.詹小美、康立芳:《集体记忆到政治认同的演进机制》,《哲学研究》,2015年第1期。

113.张娟、习裕军:《政治合法性理论研究在西方:一个文献综述》,《中州学刊》,2007年第1期。

114.张敏:《从"追踪回应"到"叙述竞争":新时代中西政治学话语的探索与争鸣》,《学习与实践》,2020年第11期。

115.张卫伟:《革命历史记忆阐释中的爱国价值拓展》,《中国特色社会主义研究》,2022年第3期。

116.张学科:《个人书写与集体记忆建构:日记出版价值的社会学考察》,《出版与印刷》,2022年第5期。

117.赵爱霞:《历史记忆理论视域下的历史虚无主义批判性考察》,《天水行政学院学报》,2018年第6期。

118.赵琼:《国家认同建构中的历史记忆问题——以对共有祖先的追述为视角》,《中国政法大学学报》,2014年第3期。

119.赵琼、吴玉军:《历史记忆与国家认同——基于美国国家认同教育中历史英雄人物符号的塑造问题分析》,《思想教育研究》,2017年第7期。

120.周光辉、李虎:《领土认同:国家认同的基础——构建一种更完备的国家认同理论》,《社会科学文摘》,2017年第1期。

121.周平:《政治学构建必须以知识供给为取向》,《政治学研究》,2017年第5期。

122.周绍东:《深刻把握历史自信与"四个自信"的辩证关系》,《国家治理》,2022年第7期。

123.周湘宁:《关于"反帝反封建"的历史记忆——对若干重要党史人物早期日记的检视》,《北京党史》,2022年第2期。

124.周小明:《论马克思的政党认同思想对当今执政党认同的理论启迪

与实践启示》,《延边党校学报》,2016年第3期。

125.周宣辰:《视觉·情感·价值:"短视频转向"视域下青年集体记忆建构的三重向度》,《理论导刊》,2022年第9期。

126.庄仕文:《论政治认同的内涵与结构体系》,《沈阳干部学刊》,2017年第5期。

127.朱奎泽:《高校弘扬主旋律的重要渠道——略论〈中国近现代史纲要〉课的开设与功能》,《兰州交通大学学报》,2009年第5期。

128.朱芊:《当代大学生政治认同形成机制探析》,《唐山师范学院学报》,2020年第2期。

策划编辑：郑　玥
责任编辑：佐　拉
装帧设计：汤　磊

"中国近现代史纲要"课程作为高校重要的思想政治理论课程之一，是对大学生开展思想政治教育的主渠道，其本身的历史学基本属性，使其具有通过建构历史记忆的方式塑造和巩固大学生政治认同的价值功能。本书以思想政治教育基本理论为依据，综合政治学、心理学、历史学和社会学等领域的相关知识，探讨"中国近现代史纲要"课程通过何种载体、机制、方法和手段建构历史记忆，促进政治认同。

上架建议：思想政治教育

ISBN 978-7-201-21124-4

9 787201 211244 >

天津人民出版社
官方微信

定价：89.00元